W0379284

ISBN 13 : 978-2-911218-84-2
EAN 13 : 9782911218842
Éditions Altipresse
150, rue Aristide-Briand
92300 Levallois-Perret
Tél. : 01 47 30 53 10
livres@altipresse.com
Tous droits de traduction, de reproduction
et d'adaptation réservés pour tous pays.

Maquette / Couverture / Graphisme : Bastien Otelli
Traduction : Frédéric Marsaly
Révision : Laurence Gay & Germain Chambost
© Altipresse Novembre 2011

Roger Rapoport

Crash Rio-Paris

les secrets d'une enquête

Traduit de l'américain par Frédéric Marsaly

Éditions ALTIPRESSE

À la mémoire de Dan Rapoport
qui plane désormais au-dessus de nous...

Préface

par Jean-Pierre Otelli

Roger Rapoport est un grand professionnel du journalisme américain. Depuis de longues années, il effectue des reportages sur le développement de l'industrie aéronautique à travers le monde, sur la science, l'éducation et la politique. Il est surtout l'auteur du *I Should Have Stayed Home*, (j'aurais dû rester chez moi), un ouvrage sur les difficultés des voyages aériens (250 000 exemplaires aux Etats-Unis, traduit en plusieurs langues).[1]

L'ouvrage qu'il présente sur le crash de l'Airbus Rio-Paris est le fruit d'une longue enquête réalisée aux Etats-Unis, en France, en Allemagne et en Angleterre.

L'auteur a interrogé des syndicats de pilotes de ligne, des experts de la sécurité aérienne, des collaborateurs d'Airbus et d'Air France, des enquêteurs du BEA et des représentants des différentes autorités françaises. Il a également consulté des experts de l'EASA, de la FAA et de la NASA.[2]

Avec une précision implacable, il souligne les failles techniques et les carences d'un système dont les rouages sont souvent grippés. Il en tire des conclusions claires afin que ce genre de drame ne se reproduise pas.

Crash Rio-Paris, *les Secrets d'une Enquête* est un livre incroyablement documenté. On ne peut l'ignorer dans la recherche de la Vérité.

1. Il est également l'auteur d'un ouvrage best-seller sur Michael Moore : The Making of An American Iconoclast.

2. EASA : European Aviation Safety Agency (Agence Européenne de la Sécurité Aérienne). FAA : Federal Aviation Administration (Administration Fédérale de l'Aviation, équivalent de la DGAC française). NASA : National Aeronautics and Space Admnistration (Administration Nationale de l'Aéronautique et de l'Espace).

Introduction

Toutes les nouvelles technologies – et les commandes de vol électriques ne font pas exception – offrent de grandes opportunités aux départements commerciaux. Les promesses d'un système de commandes de vol plus sûr et plus efficace laissent envisager des avantages évidents. Les commandes de vol électriques replacent les décisions du pilote au cœur d'un système destiné à maintenir le vol hors de tout danger. En prenant en charge, en lieu et place de l'équipage, des actions comme l'ajustement des compensateurs afin d'améliorer les performances en vol, cette technologie réduit sensiblement le travail des pilotes. Ces commandes de vol impliquent également que toutes les données sont filtrées par un ordinateur et non plus par un système hydraulique. Si le système nécessite, certes, d'être amélioré et mis à jour, il est toutefois plus facile d'installer un nouveau logiciel plutôt que de réentraîner les pilotes.

Mais comme l'histoire industrielle l'a fréquemment démontré, la courbe d'apprentissage reste abrupte entre les pédales d'une Toyota et les enceintes de confinement du cœur d'une centrale nucléaire ! Les accidents demeurent, certes, des événements d'une faible probabilité, toutefois ce n'est pas parce qu'une compagnie a construit avec succès des millions d'automobiles ou des centaines de centrales nucléaires que ces technologies sont pour autant dépourvues de failles. L'émergence de nouveaux concepts basés sur l'historique des tremblements de terre précédents, par exemple, entraîne parfois le déni que de nouveaux – et peut-être plus forts – séismes puissent survenir… et pourtant ils surviennent.

Très tôt dans l'histoire des commandes de vol électriques, les pilotes d'essais et les aviateurs confirmés ont ressenti le besoin de mieux comprendre les arcanes de cette technologie novatrice qui bouleversait leur façon de piloter. Des accidents ont été le résultat d'erreurs faites par des pilotes utilisant une technologie qu'ils n'avaient pas encore totalement intégrée. En présentant les commandes de vol électriques comme une réponse aux défis auxquels devaient faire face les pilotes et les compagnies aériennes, l'industrie commettait cependant l'erreur - importante - d'assurer qu'il serait désormais plus facile de former des équipages.

L'automatisation entraîne une délégation de l'autorité dans la plupart des cas. Mais lorsque se présente une situation où les pilotes doivent reprendre le contrôle d'un avion disposant de commandes de vol électriques, le laps de temps disponible pour en prendre la décision est parfois très court, quelques minutes et souvent bien moins. Les alarmes visuelles et sonores, les turbulences, les instruments en panne et la topographie peuvent en un clin d'œil transformer un paisible cockpit en centre de crise. Et c'est précisément à ce moment-là que la rigueur de l'entraînement prend toute sa dimension critique : l'équipage doit être capable de reprendre la main sur le vol sans tarder. Sans cet entraînement spécifique, les pilotes forcés de revenir à un pilotage traditionnel peuvent se trouver terriblement gênés.

Dans un monde où toutes les compagnies ne sont pas logées à la même enseigne, et où certains pays ne prennent même pas la peine d'enquêter sur les accidents, les technologies de pointe elles-mêmes se retrouvent parfois à la merci d'opérateurs à court de financement ou simplement incapables de faire ce pour quoi ils sont payés. Et même les meilleures compagnies peuvent être handicapées par de mauvaises relations entre le personnel et la direction... ce qui peut nuire à la sécurité des vols.

Pour toutes ces raisons, les commandes de vol électriques, comme toutes ces prometteuses nouvelles technologies, ne peuvent constituer, dans ce monde imparfait, des solutions parfaites. Paradoxalement, ces nouvelles technologies entraînent de nouveaux risques et de nouveaux défis. Analyser et comprendre sans tarder les catastrophes aériennes afin d'en tirer les leçons et d'appliquer les corrections nécessaires est impératif pour éviter des drames et des pertes humaines supplémentaires.

Les victimes

31 mai 2009, 18 h 40 minutes. L'avion de ligne A330 d'Air France, immatriculé F-GZCP, attend devant sa porte d'embarquement tandis que le soleil se couche sur Rio de Janeiro et l'aéroport international Galeão-Antonio Carlos Jobin. Le plus important aéroport du Brésil, bien que n'étant pas le plus actif, voit passer quelque 11,8 millions de passagers par an. Il tient son nom de l'île de Galeão, où il est situé, du mot portugais signifiant « galion », car au XVIIe siècle se trouvait là un chantier naval. Il partage son emplacement avec une base de l'aviation militaire brésilienne, à 15 kilomètres au nord de la ville. Son nom de baptême, Antonio Carlos Jobin, est celui d'un chanteur-parolier très populaire considéré comme le père de la bossa nova.

Le taux de sécurité des Airbus A330 était alors parfait, grâce en partie à un système de pilotage informatisé et à des commandes de vol électriques – « *Fly-by-Wire* » – conçues pour rendre toute erreur de pilotage impossible. Imaginée pour empêcher les errements qui avaient entraîné des accidents sur des appareils produits par ses concurrents, cette technologie avait fait d'Airbus l'un des succès industriels les plus éclatants de la fin du XXe siècle.

Depuis le vol inaugural, en 1992, plus de 100 millions de passagers – soit largement plus que toute la population française – ont volé autour du monde au cours d'environ 1 million de vols à bord d'Airbus A330 et A340.

Fierté pour le constructeur, parmi les clients satisfaits de l'A330 se trouve alors le président de la République française, Nicolas Sarkozy, qui a choisi comme avion présidentiel un A330 acheté d'occasion auprès d'Air Caraïbes pour la somme de 227 millions de dollars à peine six semaines plus tôt. Son palais volant – qui va faire de lui un chef d'État envié en Europe – comportera une salle de réunion pour 12 personnes, une chambre privée ainsi qu'une douche.

Le vol Air France 447 qui s'apprête à quitter Rio ne bénéficie évidemment pas d'un tel confort... Mais l'avion du président Sarkozy n'a pas été aménagé pour transporter 216 passagers et 12 membres d'équipage !

Typique d'un soir d'automne dans l'hémisphère Sud, le temps est calme et chaud. Les étoiles commencent juste à apparaître. Au cœur du terminal climatisé, les passagers attendent l'annonce de l'embarquement et n'ont aucune raison de s'inquiéter pour ce vol routinier qui est pourtant sur le point d'entrer dramatiquement dans l'Histoire de l'aviation.

Parmi ces passagers se trouve Pascal Linguet, responsable des crédits-clients d'une importante entreprise de composants électriques, CGE Distribution. Seul membre non accompagné du voyage de motivation au Brésil, tous frais payés, offert par la CGE à 19 membres de son personnel, Pascal Linguet, 48 ans, en est aussi le plus âgé. Il doit s'envoler pour Paris. De là, il rentrera chez lui, à Rilhac-Rançon dans la Haute-Vienne, une petite commune aux alentours de Limoges. Là, son épouse Marie-Noëlle et ses deux fils adolescents attendent son retour. Ensemble, Pascal Linguet et sa femme ont visité New York, l'Irlande, Venise et une grande partie de la France. Pour ce voyage, Marie-Noëlle Linguet a pourtant renoncé à se joindre à son mari et à tous ses collègues – accompagnés de leurs épouses, compagnes ou amis – afin de rester à la maison pour s'occuper des enfants. Comme la plupart de ses collègues, Pascal Linguet est un voyageur régulier qui se sent un peu chez lui dans un Airbus. Cependant, dans le groupe de la CGE, tout le monde n'est pas aussi serein. Laetitia Alazard, 23 ans, effectue là son premier voyage en avion. Effrayée à l'idée de voler, elle n'a accepté qu'à reculons le billet d'un collègue qui n'a pu se libérer. Elle est accompagnée par une amie, Aurélia Pasquet, une présence rassurante pour elle.

Sept personnalités politiques s'apprêtent également à embarquer ce soir-là dont Luigi Zortea, maire de Canal San Bovo en Italie ; Chen Chiping, vice-maire de la province chinoise du Liaoning ; Daniel Bencat, ancien maire de Kozarovec en Slovaquie, et Marcelo Parente, chef de cabinet du maire de Rio. Trois conseillères municipales d'Ermenonville, dans le département de l'Oise, se trouvent également parmi les passagers. L'une d'entre elles, Anne Grimout, chef de cabine à Air France, a profité des tarifs avantageux proposés par la compagnie à ses salariés pour offrir deux sièges à ses amies, Nathalie Marroig et Marie-Josée Treillou.

Plusieurs parents voyagent avec leurs enfants, comme Christine Schnabl et son fils Philippe, âgé de 5 ans, en route pour la Suède afin de rendre visite à leur famille. Profitant de l'avantage prodigué par les nombreux points de sa carte de passager régulier, son mari brésilien, Fernando, et leur fille Céline se sont envolés pour Paris quelques heures plus tôt avec une autre compagnie.

Des artistes font également partie du voyage, comme le danseur Eithne Walls – qui est apparu dans « Riverdance » alors qu'il fait ses études de médecine – ; Fatma Ceren Necipologu, une harpiste turque ; Silvio Barbato, chef d'orchestre au Théâtre municipal de Rio de Janeiro, et Julian de Aquino, chanteur brésilien en route pour l'Allemagne afin de commencer les répétitions pour la comédie musicale « Wicked ».

Hommes d'affaires et ingénieurs ont également réservé leurs places sur ce vol. Parmi eux, Luiz Roberto Anastacio, président de Michelin Amérique du Sud et deux de ses collègues partent pour une réunion au siège de la compagnie qui fabrique les pneus de tous les avions Airbus.

Les annonces de pré-embarquement sont faites en portugais et en français. Il faut vingt-trois minutes pour que les passagers récupèrent leurs enfants et leurs bagages de cabine, empruntent la passerelle, trouvent leurs sièges et s'installent pour le long vol qui les attend. Les portes de la rampe d'accès sont enfin fermées et le vol Air France 447 s'engage sur les taxiways puis s'envole à 19 heures 29 minutes - soit 12 heures 29 minutes, heure de Paris.

Un avion a été perdu

Trois heures quarante-cinq minutes plus tard, l'avion, transportant ses 216 passagers et 12 membres d'équipage, disparut sans laisser la moindre trace. Sans la moindre alerte émanant du cockpit, à 23 heures 14 minutes, soit 4 heures 14 minutes à Paris, dans la nuit du 1er juin, le vol Air France 447 s'évanouit dans l'Atlantique depuis une altitude de 35 000 pieds, en moins de quatre minutes. À son impact sur les eaux il se brisa, subissant une force équivalente à trente-deux fois celle de la pesanteur.

Alors que l'Airbus A330 chutait, son *Aircraft Integrated Data System* et le *Centralized Fault Display System* transmettaient une terrifiante succession de problèmes et de pannes, *via* le système de communication ACARS (*Aircraft Communications And Reporting Systems*), au siège de la compagnie à l'aéroport de Paris Roissy-Charles-de-Gaulle. Ce document, qui allait devenir le testament de l'avion, ne déclencha pourtant aucune inquiétude particulière au centre de contrôle opérationnel de la compagnie française.

Parce que le vol océanique ne pouvait pas être suivi au radar, les contrôleurs de Dakar, au Sénégal, qui étaient responsables de l'avion à ce point de son trajet, ne virent pas l'accident. Ils n'attendaient même pas l'avion car le centre opérationnel d'Air France avait, par erreur, oublié d'adresser à Dakar l'e-mail de routine comprenant le plan de vol de la route transatlantique du vol 447. Même après que le centre en route du Sénégal eut été prévenu par les contrôleurs brésiliens du centre Atlantico que l'avion était en chemin, une ambiguïté de communication entraîna une confusion sur le sort de l'avion.

Plus de deux heures après l'accident de l'avion, les contrôleurs des îles Canaries, qui, eux, avaient bien reçu le plan de vol original du vol Air France 447, appelèrent Dakar pour obtenir une position de report. Le centre sénégalais tenta, sans succès, de contacter l'avion par *Very High Frequency* (VHF). D'autres pilotes volant alors dans la région ne reçurent, eux non plus, pas le moindre mot de l'AF 447.

À 6 heures 18 minutes, heure de Paris, un autre avion d'Air France prévint le siège qu'il n'était pas en mesure de contacter le vol 447. Quelques minutes plus tard, la compagnie envoya un message ACARS depuis Paris vers l'avion manquant. Peu après 10 heures, peu de temps après qu'une équipe de maintenance se soit réunie pour gérer les problèmes énumérés par le message ACARS à son arrivée à Paris, Air France lança une demande de recherche et sauvetage.

Vers 11 heures, la compagnie aérienne mit en place une cellule de crise et le directeur général de l'époque du groupe Air France-KLM, Pierre-Henri Gourgeon, reçut un appel terrible de Gilbert Rovetto, directeur adjoint des opérations. Pierre-Henri Gourgeon apprit alors que les contrôleurs des différents centres le long des côtes atlantiques n'avaient eu aucun contact avec le vol disparu. « Cela veut dire que nous avons bien perdu un avion », avouait Pierre-Henri Gourgeon. Le colonel Xavier Mulot, commandant de la Section de recherches de la gendarmerie des transports aériens (GTA), organisa en urgence une réunion avec des représentants de la direction générale de l'aviation civile (DGAC), du bureau d'enquêtes et d'analyses (BEA), et du procureur de la République.

Comment un avion peut-il disparaître ?

Le président Sarkozy fut informé rapidement et conduit à Roissy-Charles-de-Gaulle pour témoigner son soutien à quelque 70 proches des victimes qui attendaient ses mots de réconfort dans une salle de réunion. Alors que la compagnie aérienne commençait à partager cette tragique information, Paris finissait un week-end de trois jours.

Le lundi de Pentecôte avait commencé sous une météo parfaite, idéale pour une promenade à vélo dans le bois de Boulogne ou une visite de la capitale depuis la Seine à bord d'un bateau-mouche. Avec l'arrivée de cette nouvelle, la tranquillité de ce week-end prolongé laissait la place à une terrible réalité. Au sein des personnels d'Air France, les portables commençaient à sonner et des textos s'échangeaient un peu partout dans le monde. Il y était notamment question d'un avion militaire qui aurait quitté Dakar pour rechercher l'avion disparu.

Dans les bistrots bondés le long des trottoirs, les conversations passèrent rapidement de la défaite de Rafael Nadal – la veille au tournoi de Roland-Garros – aux rumeurs à propos du crash. Vers 13 heures, l'information fit l'ouverture des journaux télévisés et des bulletins radiophoniques et circula en boucle sur le Web. Les journalistes étaient stupéfaits : « Comment est-il possible à une époque où l'on envoie des sondes se poser sur Mars, où l'on peut gérer ses actions avec un téléphone portable depuis l'Himalaya, qu'un avion, avec à bord 228 personnes dont 8 enfants, puisse disparaître ? » écrivit alors Robert Marquant dans le *Christian Science Monitor.*

Un prêtre vint porter son assistance morale aux familles ainsi qu'au personnel qui commençait à avertir les proches. Les journalistes continuaient à interrompre les programmes réguliers pour annoncer les nouvelles les plus fraîches. Les espoirs d'un miracle furent réduits à néant le lendemain matin, quand l'aviation militaire brésilienne repéra deux zones de débris à environ 1 000 kilomètres au nord-est de la côte. Des navires furent dépêchés vers ces débris. Les images de la récupération de la dérive de l'appareil, portant les couleurs bleu, blanc, rouge d'Air France et du drapeau français, furent diffusées dans les journaux télévisés de la planète entière.

On pleura les victimes dans 34 pays. Le président Nicolas Sarkozy se joignit aux 10 000 fidèles rassemblés à Notre-Dame de Paris, le 3 juin, pour une cérémonie œcuménique. La foule fondit en larmes lorsqu'un prêtre lu le poème du Brésilien Ademar de Barros, *Des empreintes dans le sable* :

« "Tu nous as pourtant promis d'être avec nous tous les jours !
Pourquoi n'as-tu pas tenu ta promesse ?
Pourquoi m'avoir laissé seul aux pires moments de ma vie ?
Aux jours où j'avais le plus besoin de ta présence ?"
Mais le Seigneur m'a répondu : "Mon ami, les jours où tu ne vois qu'une trace de pas sur le sable, ce sont les jours où moi, je t'ai porté." »

Dix mille autres personnes assistèrent à une messe spéciale à l'aéroport de Roissy en mémoire des 12 membres d'équipage et de leurs quatre autres collègues qui avaient perdu la vie dans le drame. Il y eut un grand silence à la fin du service. Ce fut un moment particulièrement difficile pour la direction d'Air France. « Notre mission est de ramener nos passagers à bon port, sains et saufs, et nous ne l'avons pas fait ! déclara Pierre-Henri Gourgeon. Tout le monde au sein de la compagnie pense : Air France, ce n'est pas ça ! » L'émotion était immense.

Un peu plus tard, en juin, d'autres cérémonies eurent lieu à Notre-Dame de Paris et au Salon du Bourget. Au début du mois de juillet, le directeur général d'Air France s'envola pour le Brésil afin de participer à la journée de deuil national organisée juste un mois après l'accident.

Parmi toutes les cérémonies en mémoire des victimes du vol Air France 447 qui eurent lieu à travers la planète, l'une, très poétique, rendit hommage à l'orthodontiste brésilien Jose Rommel Souza et à l'amour de sa vie, Isis Pinet, analyste financière chez Moody's à Paris. Ce médecin brillant parlait quatre langues et gardait toujours un œil sur les résultats du surf. Jose et Isis étaient en vacances au Brésil, et leurs amis pensent qu'ils se sont mariés pendant ce voyage car Isis apparaît sur la liste des passagers sous le nom de Souza. Apparemment, le couple retournait en France pour rendre visite aux parents d'Isis. Bien connu pour ses grandes qualités de surfeur, au cœur du tube, Jose Souza avait des amis partout sur la planète. « C'était un surfer fantastique et un véritable exemple qui vous encourageait à continuer même si vous aviez eu une mauvaise journée de surf », dit de lui son ami Rupert Gaunt. Pour une interview avec Taylor Soppe du *Surfer Magazine*, Rupert Gaunt rappela le « ride » fabuleux à Uluwatu, l'immense vague déferlante de Bali. Jose Souza la prit de façon parfaite et surfa sur la distance extraordinaire d'un kilomètre et demi. « Il surfa la vague si loin qu'il a dû emprunter une moto pour revenir depuis Padang Beach ! ».

Les 13 et 14 juin, ses amis, à New York et à Rio, organisèrent deux « paddle-out » en sa mémoire. « Il était l'un des meilleurs surfeurs du circuit, de Porthleven à Hawaii, et avec lui nous avons perdu un vrai guerrier, confia son camarade de compétition Jimmy Brady. Nous avons formé un petit cercle en pleine mer et nous sommes restés en silence. Nous lui avons adressé un petit "au revoir et merci" et nous avons pensé sortir leur peine hors de l'Atlantique. C'est toujours un peu spécial quand vous êtes dans l'eau de toute façon ; et être dans l'eau pour dire au revoir à quelqu'un, c'est quand même bien mieux. Nous avions l'impression que nous étions ensemble lors de ses derniers instants et qu'il était retourné à la mer. »

Les rares chanceux

La catastrophe qui emporta tant de vies en transforma quelques autres, celles de tous ceux qui avaient prévu d'embarquer sur le vol 447 et qui – pour des raisons variées – ne sont pas montés à bord. Ces miraculés en garderont probablement la trace pour le restant de leurs jours. Parmi eux, Claude Jaffiol et son épouse Amina, qui s'étaient rendus à Rio pour un séminaire et avaient décidé de rentrer prématurément. Leurs efforts pour obtenir une place à bord du vol AF 447, qui était plein, échouèrent, et ils échappèrent ainsi au drame.

Andrej Aplinc, un marin slovène, arriva à l'aéroport très tôt car le conducteur de son taxi avait roulé très vite afin de pouvoir assister à un match de foot. Andrej Aplinc annula sa réservation après avoir appris qu'aucun siège ne lui permettrait de disposer de suffisamment d'espace pour étendre ses jambes, indispensable à cause d'un genou douloureux. Par chance, un vol à 16 heures avait des sièges proposant un peu plus de place pour les jambes et le marin échangea son billet.

Un des deux passagers hollandais prévu sur le vol, Stefan van Oss, décida, lui, d'annuler à la dernière minute après qu'un de ses amis l'eut inexplicablement appelé pour lui dire de ne pas prendre cet avion... Il quitta le Brésil sur un vol ultérieur.

Deux passagers italiens, Johanna Ganthaler et son mari Kurt, qui avaient manqué le vol AF 447, s'envolèrent sur le vol suivant. Peu de temps après être rentrés chez eux, les Ganthaler eurent un terrible accident de voiture à Kufstein en Autriche. Johanna mourut et Kurt fut gravement blessé ; le destin offre rarement un second miracle...

L'enquête

Le 21 mai 1927, Charles Lindbergh entrait dans l'Histoire en se posant sur l'aérodrome parisien du Bourget après avoir réussi la première traversée aérienne de l'Atlantique en solo et sans escale. Sa solitude prit fin brutalement lorsque la foule française se rua autour de son avion. « Lindbergh était effrayé », raconte Vincent Dhorne, documentaliste au musée de l'Air et de l'Espace en montrant par la fenêtre de son bureau l'endroit où les policiers et les agents de sécurité écartèrent la foule, comme Moïse la mer Rouge, pour permettre au nouveau héros international d'entrer dans l'aérogare.

Quatre-vingt-trois ans plus tard, dans des bureaux situés de l'autre côté des bâtiments de l'aéroport, essentiellement utilisés pour l'aviation d'affaires, un autre chapitre de l'histoire de l'aviation était en train d'être rédigé par le bureau d'enquêtes et d'analyses pour la sécurité de l'aviation civile (BEA). Alors que des sans-abri dormaient sur le trottoir juste devant, les enquêteurs du BEA passaient au crible des morceaux de l'épave pour résoudre un des plus grands mystères de l'histoire de l'aviation française.

Un avion qui ne peut pas décrocher

Le pire accident de l'histoire d'Air France avait déjà commencé à remodeler le service aux passagers d'une manière qui a surpris l'industrie du transport aérien et les millions d'usagers qui, chaque jour, dépendent d'elle pour voyager dans le monde entier. La tragédie a eu également un impact immédiat sur la maison mère d'Airbus, EADS.

Et au milieu se trouvaient les milliers d'amis et parents des 228 victimes de 34 nationalités différentes. Tous avaient reçu une assistance personnelle de la part d'Air France. Certains s'étaient joints aux poursuites judiciaires consécutives à l'accident. Les avocats, au cœur de l'affaire, se montraient déjà désireux de régler les réclamations potentielles pour un montant de 1 milliard de dollars.

Bien qu'en fait, personne ne sût vraiment ce qui s'était passé, une première série de reproches commencèrent à être avancés à propos des causes de l'accident.

Qui était donc à blâmer ? Des indicateurs de vitesse erronés, un décrochage inattendu, le givrage, des erreurs du système de communication, des orages exceptionnels, un entraînement en simulateur de vol inadapté, un problème dans le cockpit ou bien dans les commandes de vol ? Les syndicats de pilotes, la compagnie, Airbus, le parquet et les médias pouvaient spéculer tant qu'ils le voulaient, la vérité était que le BEA ne pouvait répondre à aucune de ces questions sans les deux boîtes noires alors manquantes. Le *Cockpit Voice Recorder* (CVR), enregistreur des communications dans le cockpit, et le *Flight Data Recorder* (FDR), enregistreur des données du vol, étaient perdus quelque part dans une zone faisant la taille de la Suisse et tout aussi escarpée. Ces systèmes Honeywell, peints en orange vif pour un meilleur repérage, sont de véritables chefs-d'œuvre de technologie et sont installés dans la queue de l'appareil. Conçus pour supporter un impact de 3 400 « g » et la pression de l'eau à une profondeur de plus de 6 000 mètres, ils contenaient les clés pour comprendre ce qui s'était passé et ainsi empêcher qu'un accident similaire survienne.

Depuis bientôt deux ans, le BEA, Air France et Airbus luttaient pour retrouver l'épave de l'avion disparu. Le 23 mars 2011, lorsque le BEA lança la quatrième campagne de recherches depuis le port de Suape au Brésil, quelques experts autoproclamés se permirent de critiquer l'intégrité de l'enquête. Leur théorie, improbable, d'une conspiration accusait l'action du BEA de servir de couverture pour protéger la réputation d'Air France et d'Airbus. Quelques représentants des victimes, un peu plus cyniques que les autres, furent prompts à pointer que le gouvernement lui-même pourrait être tenu responsable si les causes de l'accident ne pouvaient être clairement démontrées et qu'il n'était donc pas de l'intérêt du constructeur et de la compagnie de retrouver ces fameuses boîtes noires. Rumeurs sans fondement compte tenu des quelque 39 millions de dollars ayant servi à financer les recherches, avancés par le Trésor Public français, Airbus et Air France, et qui représentent le plus haut montant jamais dépensé pour des recherches en mer. Cet effort a conduit à employer les moyens technologiques de plus d'une douzaine de pays et les navires de recherche les plus modernes de la planète avec le soutien des marines française, américaine et brésilienne.

En raison des incertitudes sur la cause de l'accident, le cycle normal « accident, enquête et actions correctives » n'était pas possible. Cette fois-ci, quiconque pouvait apporter des éléments sur une cause probable avait une chance de faire avancer les mises à jour en matière de sécurité.

En 2009, deux changements furent effectués sur le système d'indicateur de vitesse de la flotte d'Airbus A330 et A340. À la suite de l'accident, Air France introduisit de nouveaux exercices pour la formation de ses pilotes en simulateur de vol. En réalité, les changements induits par l'enquête du BEA étaient susceptibles de coûter une fortune, ce qui n'était pas une petite affaire pour une industrie qui avait déjà perdu plus de 60 milliards de dollars pendant la première décennie du XXIe siècle.

Selon le BEA, l'accident du vol Air France 447 s'est montré impossible à reproduire sur simulateur. Les pilotes qui ont tenté de le faire furent incapables de trouver une solution au mystère, ce qui entraîna des débats sans fin sur les groupes de discussion des sites Internet dédiés aux pilotes professionnels. Potentiellement, il pouvait s'agir d'une combinaison d'erreurs techniques et humaines et cet accident mettait à rude épreuve les personnalités les plus calmes du milieu des compagnies aériennes, qui tentaient d'expliquer comment une série sans précédent d'erreurs de contrôle aérien et de surveillance d'avion à travers trois continents avaient conduit au drame.

Cette tragédie rendait les experts particulièrement tendus car elle pouvait porter un rude coup à l'image et donc à l'économie de l'industrie aéronautique. Le BEA fut forcé de répondre à des questions embarrassantes qui contredisaient quelque peu l'insistance des publicitaires à annoncer que voler était, et demeurait, le moyen le plus sûr pour voyager.

Les Airbus A330 et A340 étaient considérés comme si sûrs par les organismes de contrôle, en Europe et chez leurs homologues de la *Federal Aviation Administration* (FAA), qu'ils n'étaient pas certifiés pour récupérer d'un décrochage lorsque les pilotes volaient selon un mode nommé « Alternate Law » ou « loi Alternate ».

Les boîtes noires manquantes

Dans les jours et les semaines qui suivirent la catastrophe, le public et les médias se focalisèrent sur les détails sordides. Les consultants en aéronautique des journaux télévisés tentaient de donner un sens aux morceaux d'épave. La dérive de l'avion récupérée devint le symbole de l'accident. Dans une morgue de Recife, au Brésil, les médecins légistes autopsièrent les restes de plusieurs passagers. Le rapport d'étape du BEA ajouta à la confusion en n'apportant aucune conclusion sur les causes de l'accident. Alors que les familles et l'industrie aéronautique exigeaient des réponses, le BEA intensifia les efforts pour la récupération de l'épave.

Sensible aux critiques, le gouvernement français nomma l'ancien directeur de service au sein de la DGAC – et pilote privé – Jean-Paul Troadec, à la tête du BEA.

En mars 2010, après que deux campagnes de recherche eurent échoué à retrouver les boîtes noires, une nouvelle tentative débutait, basée sur l'utilisation des robots sous-marins les plus perfectionnés. Financée pour partie – plus de 10 millions d'euros – par Airbus et Air France, cette expédition réunit des océanographes et d'autres scientifiques américains, russes et français qui déterminèrent la zone de recherche en analysant les données météorologiques et les courants marins.

Avec plus de 50 employés du BEA et autres consultants scientifiques sur le dossier, la quête du vol Air France 447 était rapidement devenue le plus important mystère de l'aviation depuis la disparition d'Amelia Earhart dans le Pacifique pendant l'été 1937. Frustré par la lenteur des avancées de l'enquête, Alain Bouillard, l'infatigable enquêteur en chef, était pratiquement devenu insomniaque. Il finissait par rêver qu'il saisissait un téléphone pour annoncer, lors d'une conférence de presse, que les boîtes noires de l'Airbus avaient été découvertes. Bien sûr, ce n'était pour l'heure qu'un rêve. Bien qu'il n'en ait aucune preuve, Alain Bouillard était persuadé que l'accident pouvait avoir un lien avec l'automatisation du vol qui avait fait le succès remarquable d'Airbus. Il envisageait même la possibilité que l'environnement « high tech » de l'appareil ait pu créer de nouveaux problèmes : « Les pilotes sont bien entraînés, mais peut-être manquent-ils de pratique. Le problème avec les vols long-courriers contemporains, c'est qu'en l'espace de quelques secondes, vous pouvez passer d'une situation très confortable à une situation où vous devez reprendre l'avion en main comme on pilotait dans les années 60. »

Si sa théorie s'avérait correcte, Alain Bouillard serait dans la lignée des experts aéronautiques qui sont nombreux à s'inquiéter que même les moins expérimentés des pilotes doivent être capables de gérer des problèmes inattendus pouvant survenir en à peine une fraction de seconde. Malheureusement, il n'y avait aucun moyen de savoir si c'était l'avion qui avait eu un problème, si le pilote avait fait une erreur ou si l'accident était la conséquence d'un problème plus ancien qui aurait eu besoin d'être corrigé. « Les gens attendaient des informations que nous n'étions alors pas en mesure de leur donner », explique Alain Bouillard.

Empêcher les erreurs de pilotage

En l'absence d'éléments de preuve, instruments de bord, radar, communications radio, navigation, systèmes de contrôle du trafic aérien, entraînement de l'équipage, procédures d'urgence, récupération et même conception de l'appareil furent étudiés dans l'espoir d'éclairer la malheureuse chaîne des événements qui avaient transformé un paisible vol en un désastre sans un seul mot de l'équipage, même pas un « Mayday ». Les marins avaient initialement récupéré 51 corps dans la zone de l'accident, dont celui du pilote, Marc Dubois, et ils furent surpris de découvrir qu'aucun ne portait de gilet de sauvetage, un signe évident que la tragédie était survenue si rapidement que personne à bord n'avait eu le temps de se préparer à un amerrissage dans l'Atlantique.

Pour comprendre l'accident, il est pertinent de rappeler quels étaient les systèmes de sécurité à l'œuvre à bord de l'AF 447 lorsqu'il a décollé de Rio. Tout ce qui concerne les commandes de vol de l'Airbus, y compris les ordinateurs en back up fonctionnant sous différents types de logiciels, était conçu pour empêcher toute erreur du pilote.

Traditionnellement, les pilotes utilisaient des systèmes de commandes de vol hydrauliques depuis leur cockpit. Le système innovant d'Airbus, introduit avec l'Airbus A320 en 1988, convertit les ordres du pilote en données informatiques qui alimentent les ordinateurs du contrôle de vol. Ces systèmes font également appel à des données venant de nombreux systèmes internes et externes pour gérer les performances de l'avion. Les ordinateurs évaluent ce que le pilote cherche à obtenir, décident de la manière dont les surfaces de contrôle doivent être manœuvrées de façon à ce que l'appareil ne puisse dépasser aucune de ses limitations structurelles. Une planche de bord disposant d'instruments sophistiqués, un réseau de communication par satellite relié au centre de contrôle opérationnel de Paris, des réceptions des prévisions couplées à un radar météo embarqué, des radios VHF et HF ainsi qu'un système de communication interne permettent à l'équipage d'éviter les zones de mauvais temps et d'apporter des réponses rapides aux éventuels problèmes techniques.

Enfin, les pilotes sont formés en vol et en simulateur pour faire face rapidement à n'importe quelle circonstance. Il n'y a donc rien d'étonnant à ce qu'Airbus ait vendu plus de 5 000 avions, avec des commandes pour quelques milliers d'appareils supplémentaires. Les commandes de vol électriques étaient un fabuleux argument commercial pour Airbus. Son principal concurrent, Boeing, dispose d'un unique appareil doté d'un système équivalent, le Boeing 777. Et cet avion est dirigé depuis un manche central traditionnel, contrairement aux Airbus dont le manche est latéral et ressemble à un joystick. Ces commandes se trouvent sur le côté gauche du pilote et sur la droite du copilote.

Les pionniers de l'Atlantique Sud

Pour les passagers à bord de l'AF 447 pour ce vol, une courte vidéo proposait un documentaire montrant à quel point l'industrie aéronautique avait évolué depuis 1930, lorsque le pionnier de l'aviation, Jean Mermoz, avait effectué la première traversée sans escale de Dakar, au Sénégal, à Natal, au Brésil, pour une société ancêtre d'Air France, la Compagnie Générale Aéropostale. En guise de précaution, son hydravion Latécoère 28 était accompagné par des navires tout au long de son vol de 3 000 kilomètres prévu pour durer vingt heures.

D'une certaine manière, l'accident du vol AF 447 a reflété le trajet retour entre le Brésil et le Sénégal de Jean Mermoz. La différence, c'est que l'hydravion de l'aviateur français a été capable de flotter une journée entière pour permettre au navire de secours de venir récupérer son équipage et les sacs de courrier. Ce sauvetage avait été rendu possible car le navire suivait Jean Mermoz sur un itinéraire qui avait été prédéterminé.

Jean Mermoz, qui devint plus tard inspecteur général d'Air France, avait détesté le nouveau Latécoère 300 et avait dit à ses collègues : « Demandez-moi de piloter n'importe quoi, même une brouette, mais assurez-vous qu'elle soit solide ! » En décembre 1936, il disparut à bord de cet appareil dans l'Atlantique Sud après avoir décollé de Dakar. Ni l'avion, ni les cinq aviateurs qui se trouvaient à bord ne furent retrouvés. Un hommage lui fut rendu en baptisant de son nom une rue débouchant sur les Champs-Élysées, mais aussi un paquebot, et en publiant un timbre à son effigie. Il fut aussi l'objet d'un film biographique portant son nom. Le pionnier de la poste aérienne écrivit lui-même son épitaphe : « Mourir dans un lit, pour nous, voilà l'accident ! Mais à bord d'un avion, dans le ciel bleu, mourir devient tout à fait acceptable. »

Jean Mermoz et les autres pilotes de l'Aéropostale volaient sans l'aide des systèmes modernes, lesquels ont réduit la partie transatlantique de ce voyage de Rio à Paris à tout juste quatre heures de vol. Mais dans la nuit qui a vu le désastre du vol AF 447, un avion, véritable chef-d'œuvre de technologie, a pourtant été la proie d'une situation dramatique et soudaine.

Marc Dubois, le commandant de bord, lui-même fils de pilote, avait presque 11 000 heures de vol à son actif. Il ignorait que le contrôle aérien brésilien n'avait pas réussi à transmettre son plan de vol aux contrôleurs de l'autre côté de l'Atlantique, à Dakar, au Sénégal. En raison de l'absence de système informatique dans la station africaine, il aurait été nécessaire pour le centre de Rio de fournir l'information par téléphone, ce qui n'a pas été fait.

En quittant l'espace aérien brésilien près de Recife, l'avion entrait dans le secteur océanique. Les appareils en amont du vol AF 447 naviguaient entre les orages typiques du Front Inter Tropical (FIT), lieu de naissance de nombreux ouragans sur l'Atlantique. En raison de l'impossibilité d'une couverture par des radars terrestres, les pilotes doivent se reposer sur les prévisions météorologiques et surtout sur leur radar météo pour les aider à éviter d'énormes orages. Ils sont également épaulés par les contrôleurs aériens et par les communications entre les équipages des différents avions.

Malheureusement, alors que les avions dévient de leur route pour éviter ces perturbations météorologiques pouvant s'avérer dangereuses, ils rencontrent parfois de sévères problèmes de givrage dans des nuages qui semblaient inoffensifs. Bien que les pilotes évitent les pires des orages, les vents forts peuvent amener les cristaux de glace du sommet des orages de convection directement sur leur trajectoire même s'ils se pensent justement à l'abri de tout dommage. Les radars embarqués modernes ne sont pas capables de repérer ces cristaux qui peuvent entraîner deux problèmes majeurs. D'une part, les cristaux de glace à haute altitude peuvent bloquer l'entrée d'air du système statique Pitot qui fournit à l'appareil une donnée essentielle : sa vitesse de déplacement dans l'air. D'autre part, dans plus d'une centaine de cas avérés, ce givrage a conduit à des extinctions de réacteurs que l'on avait certifiés d'un taux de panne lors de longs vols transocéaniques à 1 sur 1 million.

Ce qu'aucun des passagers à bord de l'avion d'Air France ne savait c'est que la flotte d'Airbus A330 et A340 avait été à l'origine de discussions très tendues entre la compagnie aérienne et les équipes techniques d'Airbus depuis plus d'un an. Le remplacement des systèmes de mesure de la vitesse de ces avions était toujours en attente d'être effectué au centre de maintenance de Paris.

L'héritage d'Henri Pitot

Le problème technique qu'Air France et Airbus étaient en train d'essayer de résoudre avait retenu l'attention de toutes leurs agences de régulation et celles de leurs concurrents depuis des années. Conçus à l'origine au XVIIIe siècle par l'inventeur français Henri Pitot pour calculer la vitesse d'écoulement de la Seine, les tubes Pitot ont été les premiers outils de calcul de la vitesse depuis qu'ils furent installés sur un avion de Havilland en 1915. Un trou à l'avant du tube permet de mesurer la pression de l'air frappant l'avion en déplacement. Les trous sur les côtés mesurent la pression de l'air ambiant ou statique.

La différence entre ces deux données donne la vitesse de déplacement dans l'air – information critique intégrée dans l'*Air Data and Inertial Reference Unit* (ADIRU) relié aux calculateurs des commandes de vol. Cette information est centrale pour chaque phase du vol, du décollage à l'atterrissage. Sans elle, les pilotes doivent se rabattre sur leur entraînement et sur les procédures de secours qui défilent sur leurs écrans principaux *Primary Flight Display* (PFD), comme élément du système *Electronic Centralized Aircraft Monitoring* (ECAM).

Cette donnée est essentielle, spécialement en croisière à haute altitude par mauvais temps, de surcroît en cas de communications dégradées. À ce moment-là, tout compte, en particulier l'entraînement des pilotes, la fiabilité et la redondance des instruments. Pour des jets modernes comme l'A330, en vol à 35 000 pieds, la plage de vitesse utilisable n'est que de 150 km/h entre une vitesse trop faible et une vitesse trop élevée, pouvant entraîner un décrochage ou des dégâts aux surfaces de contrôle comme sur le stabilisateur horizontal. Pire encore, lorsqu'un pilote décide de grimper un peu pour passer au-dessus des turbulences, à de telles altitudes, il ne peut augmenter sa vitesse que d'une cinquantaine de kilomètres par heure. Les équipages appellent cette fenêtre « coffin corner », c'est-à-dire les limites du domaine de vol, et ils savent très bien comment éviter cette zone de danger. Chaque pilote sait que dans le cas d'une indication de vitesse douteuse, il doit placer la manette des gaz sur une position prédéterminée et maintenir son altitude jusqu'à ce que s'affiche une information de vitesse correcte. Ce processus est principalement utilisable en vol hors des zones de trop fortes turbulences et de givrage.

Malheureusement, le pilote peut ne pas savoir si tout ou partie des indications de vitesse fournies par les tubes Pitot sont justes. Lorsqu'un conflit se développe entre les trois tubes Pitot, les calculateurs embarqués « votent » en fonction des informations pour décider quel indicateur de vitesse est correct. Le pilote, bien sûr, peut ne pas prendre en considération ces informations s'il suspecte que tous les tubes sont faussés.

Il y a de bonnes raisons, pour un pilote, d'être suspicieux envers les indicateurs de vitesse. Au cours des ans, des insectes, la glace et la neige et même du ruban adhésif ont bloqué des entrées d'air, conduisant à des accidents d'avions civils et militaires. Des perturbations électroniques ont également envoyé des informations incorrectes de vitesse aux calculateurs de vol, qui ont ensuite, en conséquence, mis ces avions en montée rapide ou en piqué.

Un des pires accidents eut lieu près de Perth, en Australie, le 7 octobre 2008, quand un Airbus A330 de la compagnie Qantas a piqué soudainement alors qu'il tentait automatiquement de reprendre de la vitesse pour éviter un hypothétique avertissement de décrochage signalé par un calculateur *Air Data Inertial Reference Unit* erroné. Trente-six passagers furent blessés.

Plus fréquemment, l'eau et la glace sont des acteurs fréquents de pannes de tubes Pitot, amenant des indications fausses de vitesse de déplacement dans l'air. Lorsque l'eau entre dans un tube Pitot, un système de réchauffage l'empêche de geler. Le même système est conçu pour faire fondre la neige ou la glace qui peut obturer les entrées d'air. Mais si la glace bloque le tube ou obture l'orifice, le Pitot va faire comme un altimètre et fournir des indications de vitesse dangereusement fausses en augmentation ou en diminution si l'avion monte ou descend. Cela peut induire le pilote en erreur et entraîner des situations de survitesse ou de vitesse insuffisante.

Ne pas réussir à reconnaître un problème de Pitot peut plonger un équipage, et le contrôle aérien, dans une crise terrible. En 1996, un Boeing 757 d'AeroPerú s'est abîmé en mer en raison de données de vitesse incorrectes après que les équipes de maintenance eurent oublié d'enlever le ruban adhésif qu'ils avaient posé sur les tubes Pitot pour les protéger. Même une inspection visuelle de l'appareil lors de la visite pré-vol n'a pas permis à l'équipage de déceler le problème. Lorsque l'équipage, en pleine panique, appela le contrôle aérien pour obtenir une donnée d'altitude, ils reçurent celle qui allait s'avérer fatale, une donnée basée sur le signal émis par le transpondeur qui reposait elle-même sur des informations faussées par le problème d'information sur la vitesse relative.

L'automatisation du vol est une des réponses possibles à ce problème. Bien qu'il se soit passé des décennies depuis le temps où les pilotes de l'Aéropostale traversaient l'Atlantique Sud entourés de sacs postaux jusqu'aux épaules, chaque Airbus moderne profite d'une enveloppe de protection spéciale, un jargon aéronautique pour désigner un système qui empêche le pilote de mettre par inadvertance un avion en décrochage ou en survitesse. En « loi normale », le calculateur de vol lève le nez de l'appareil si le pilote place l'appareil en survitesse et abaisse le nez dans les situations d'approche de décrochage.

Chaque pilote sait que le cockpit d'un Airbus est construit pour l'empêcher de faire une erreur fatale. Le système informatique empêche vraiment le pilote de mettre l'avion dans une situation où il pourrait aller trop vite, ou trop lentement, ou virer trop fort. Lorsque l'appareil bascule de la « loi normale » vers la « loi alternative », la première phase dégradée, l'ordinateur est toujours aux commandes de l'avion en suivant les indications du pilote mais un certain nombre de protections sont supprimées.

En « loi alternative », le pilote perd la protection du décrochage, celle de la survitesse et les protections « nez haut » et « nez bas ». Si le pilote persiste à croire des indications de vitesse air erronées, il peut alors mettre l'avion dans une position où il va dépasser les limites de l'appareil, et l'ordinateur ne l'en empêchera pas car les protections sont levées.

Donc, avec un Pitot bloqué et un avion en descente, la vitesse incorrecte affichée sur le PFD diminuerait. En fait, la vitesse dans ce cas augmente très vite, ce qui peut mener l'avion à dépasser sa limite de survitesse. D'un autre côté, cette situation peut entraîner une attitude nez haut, qui pourrait accidentellement mener à une situation de sous-vitesse.

Bien que les pilotes soient entraînés pour ce genre de problèmes, les experts en sécurité aérienne, les compagnies et les constructeurs s'accordent à dire qu'il peut être utile de compléter l'instruction en simulateur à la lumière de l'augmentation des pannes de Pitot à haute altitude. L'inquiétude porte sur la difficulté à reconnaître une indication de vitesse erronée assez rapidement pour récupérer d'une situation extrême.

Un risque au coin de la porte

Une des inquiétudes principales à propos des avions modernes, c'est qu'ils sont si automatisés que les équipages ne les pilotent en manuel que quelques rares heures par an. Même l'entraînement en simulateur a été réduit, selon l'idée que les systèmes redondants et les protections ont rendu les pilotes automatiques totalement sûrs.

À la suite de l'accident du vol 447, Air France accepta de renforcer l'entraînement en simulateur et de prendre en considération le besoin de piloter plus. Cette initiative fut applaudie par Jean Drappier, vice-président pour les programmes d'entraînement chez Airbus, qui concède que c'est un point que les syndicats de pilotes soulevaient depuis des années. « Nous avons besoin de nous reconcentrer sur le pilotage basique » avoue Jean Drappier, pointant que les pilotes passent huit cents à neuf cents heures dans le ciel chaque année mais effectuent « moins de trois heures la main sur le joystick, principalement pendant l'approche finale ». « Nous avons des personnes à l'entraînement, aujourd'hui, qui ont oublié les bases du pilotage. C'est un problème qui nécessite d'être pris en considération par l'ensemble des intervenants dans notre domaine. »

Il est difficile de blâmer qui que ce soit car nombre de pilotes expliquent que leurs opportunités de prendre l'avion en manuel ont été réduites pour des raisons d'économies budgétaires. La réduction du temps d'entraînement en simulateur et des membres d'équipage relativement inexpérimentés servant comme copilotes sur des avions régionaux, avec des salaires très bas, sont deux exemples significatifs. Les transporteurs régionaux qui, auparavant, embauchaient des pilotes ayant un passé militaire ou une grande expérience d'aviation générale emploient désormais des membres d'équipage d'une vingtaine d'années pour travailler en place droite.

Une autre manière de considérer la question est de se concentrer sur les problèmes qui n'ont jamais fait partie de l'entraînement des pilotes ou sont insuffisamment couverts en simulateur. Même les meilleurs pilotes savent qu'une technologie éprouvée ne garantit pas toujours une issue favorable.

Nul besoin de chercher plus loin qu'au sein même du centre d'essais d'Airbus sur l'aéroport de Blagnac, à Toulouse, pour appréhender cette situation. Plus de soixante ans après le décollage de Jean Mermoz pour son vol de Toulouse à Rio, un pilote d'essais britannique, Nick Warner, arriva à Blagnac pour un vol d'essais de routine le 30 juin 1994. À peine un an plus tôt, il avait été l'un des pilotes d'un Airbus A340 qui avait décroché le record, en quarante-huit heures et vingt-deux minutes, du tour du monde le plus rapide avec un avion subsonique, n'effectuant qu'une seule escale à Auckland en Nouvelle-Zélande. Le retour triomphal de l'avion en plein Salon du Bourget plaça Nick Warner et ses collègues sous les feux des projecteurs.

Ce jour-là, à Blagnac, Nick Warner devait suivre un plan de vol un peu moins long à bord de l'avion presque jumeau du 340, le biréacteur A330. Après une réunion et un vol d'essais dans la matinée, il fit une pause pour déjeuner puis répondre à des interviews télévisées. À l'issue de cette longue journée, il se prépara pour un deuxième vol d'essais. Également à bord, se trouvait son copilote, un ingénieur navigant, deux pilotes d'Alitalia – qui n'étaient pas supposés être là – et deux collègues d'Airbus, dont le prédécesseur de Jean Drappier, le responsable de la formation Philippe Tournoux.

Ce vol de l'été 1994 survint à une époque où Airbus prenait rapidement de l'ampleur et se retrouvait en sous-effectifs. Ce vol faisait partie de la certification du 330 pour les vols en catégorie III, tout temps, avec des réacteurs Pratt & Whitney. Nick Warner avait une totale confiance en son avion car il avait récemment réussi le même essai avec des réacteurs General Electric. Et Airbus avait une totale confiance en Nick Warner qui voulait démontrer que l'avion pouvait opérer en toute sécurité avec une visibilité extérieure très limitée.

Malheureusement, les techniciens n'avaient pas réussi à mettre à jour les calculateurs à la suite du premier vol du matin. Suivant les procédures de la *Joint Aviation Authority* (JAA), Nick Warner, un pilote avec 7 600 heures de vol, simula une panne du réacteur gauche au décollage. L'avion perdit de la vitesse, tourna vers la gauche et s'écrasa juste soixante secondes après s'être envolé. Il n'y eut aucun survivant.

La récupération des boîtes noires permit de découvrir en détail ce qui avait mal fonctionné à bord de cet avion piloté par un exceptionnel pilote d'essais. L'enquête officielle fit porter la responsabilité de l'accident au pilote, non à l'avion. Les responsables du syndicat de pilotes français, le SNPL, s'insurgèrent et demandèrent qu'une seconde enquête civile soit menée.

Deux facteurs contributifs apparaissaient dans le rapport officiel. L'un portait sur un souci de sécurité des vols et d'organisation, charge de travail et fatigue du pilote. Clairement, Nick Warner était au bout d'une longue et trépidante journée et son copilote n'était pas un pilote d'essais qualifié, un souci majeur. Le pilote fut reconnu responsable pour sa réaction trop lente au moment du problème, tout comme l'ingénieur navigant. Autre facteur contributif, le centrage avant. Afin d'économiser du carburant, les avions Airbus sont naturellement centrés arrière. Ce choix permet également d'aider les calculateurs de l'avion à ajuster les compensateurs qui équilibrent l'appareil, réduisant la traînée et augmentant les performances en vol. Ce système réduit également la charge de travail du pilote.

Après l'accident du vol d'essais de l'Airbus, Bernard Ziegler raconta à Pierre Sparaco, auteur de l'histoire d'Airbus, qui avait couvert la compagnie depuis sa naissance en 1970 : « Il y a toujours un risque au coin de la porte et c'est en ayant identifié où est le précipice qu'on prend les coefficients nécessaires pour que le passager ne courre aucun risque. »

Bernard Ziegler, le visionnaire de la compagnie qui créa et

vendit les commandes de vol électriques, avait vu juste dans son argumentation. Cette innovation allait être la percée nécessaire et indispensable pour faire d'Airbus un véritable concurrent pour Boeing. Comme tous les accidents, le désastre de Toulouse, suivi en temps réel par les équipements d'essais embarqués, allait aider les ingénieurs de la société à effectuer toutes les améliorations nécessaires pour augmenter encore la confiance des compagnies qui achetaient l'A330.

Lorsque l'ordinateur plante

L'accident suivant concernant un A330, quinze ans plus tard, représente un événement rare dans l'histoire de l'aviation à réaction, pour Airbus et pour Air France. Sans les boîtes noires ni le témoignage de l'équipage, sans messages radio ou témoins visuels, il n'était pas possible d'expliquer la catastrophe. Les pilotes étaient forcés de formuler leurs propres conclusions sur la manière d'éviter un événement similaire.

Une partie du problème réside dans les commandes de vol qui traduisent les ordres du pilote à travers un système informatique complexe. Lorsque l'ordinateur plante, c'est à l'équipage d'évaluer le degré d'importance d'un message d'erreur. Un ancien pilote d'Airbus de United Airlines a expliqué le problème de cette façon à l'issue d'un vol de Portland à San Francisco en mai 2010 : « Lorsque nous avons commencé à exploiter l'Airbus 320, nous l'avons surnommé l'"A360" car nous étions constamment en train de faire des ronds entre la piste et les portes d'embarquement à chaque alerte du système informatique. Avec le temps nous avons appris à quel moment faire appel à la maintenance ou rebooter le système nous-mêmes. Mais une fois en l'air, c'était une autre histoire, l'interprétation des messages d'erreurs était compliquée car le système de contrôle automatisé ne nous disait jamais ce qu'il faisait. Nous donnions un ordre au système de commandes de vol et l'ordinateur décidait comment le traduire. C'était très différent des avions que nous avions connus à l'armée ou que nous avions pilotés avant l'arrivée de l'A320. Sur les avions à commandes traditionnelles, chaque ordre est transmis directement par les commandes hydrauliques. Sur les avions à commandes de vol électriques, il y a des moments où nous ne comprenions simplement pas pourquoi le système fonctionnait comme il le faisait. C'était terriblement troublant car on devait faire confiance au système pour prendre la bonne décision. »

Le souci du pilote est de déterminer le moment où il y a un problème qui exige d'intervenir et de reprendre la main. Bien avant que les Airbus « *Fly-by-Wire* » ne s'emparent de la moitié du marché des jets commerciaux, les instances de régulation avaient débattu des avantages et inconvénients de l'automatisation du vol. Depuis des années, les pannes de tubes Pitot s'étaient avérées représenter de sérieux problèmes à basse altitude. La FAA et le *National Transportation Safety Board* (NTSB) bataillaient pour savoir si, oui ou non, le réchauffage des Pitot devait s'activer automatiquement dès que le pilote mettait ses moteurs en route. Le NTSB avançait que plusieurs accidents avaient eu lieu car les pilotes n'avaient pas mis en route ce réchauffage et que la glace avait bloqué les indicateurs de vitesse et engendré des indications erronées. Leur solution était simplement de programmer les réchauffeurs pour qu'ils s'activent automatiquement avant le décollage afin de résoudre le problème de manière radicale.

Malheureusement, établir une solution aussi efficace pour le vol de croisière s'avéra bien plus difficile. Lorsque l'industrie aéronautique commença à comprendre que les cristaux de glace pouvaient également conduire au givrage des Pitot et à des aberrations d'indication de vitesse à très haute altitude, les compagnies comme Air France tentèrent d'y apporter une solution. En 2003, la compagnie décida de changer de fournisseur, optant pour des tubes Pitot AA venant d'une société française, Thales, en lieu et place de ceux produits par le fabricant américain Rosemount, désormais filiale de Goodrich.

Une amélioration des Pitot programmée

Thales, qui commercialise ses Pitot comme issus « d'une expérience sans égale », avait également ses propres soucis. En 2007, en réaction à des problèmes rencontrés avec ces Pitot, Airbus demanda aux compagnies aériennes d'évoluer vers la version BA de ces tubes. Leur design amélioré était supposé réduire l'accumulation de pluie et la formation de glace pouvant entraîner des blocages et conduire à des indications de vitesse erronées.

Au printemps et à l'été 2008, les pilotes d'Air France, et d'autres compagnies comme Air Caraïbes, commencèrent à rapporter un problème nouveau à Airbus et aux organismes de contrôle. Les pilotes évoluant à haute altitude sous les tropiques rencontraient soudainement des pannes de Pitot. Un des soucis rencontrés était en fait l'apparition de cristaux de glace qui finissaient par bloquer l'entrée d'air du tube Pitot. Une des explications avancées pour ce problème était le nombre grandissant de vols dans les régions chaudes, en particulier dans l'espace aérien de plus en plus chargé du sud de l'Asie. Puisque les avions modernes volent pour des périodes plus longues à haute altitude, les probabilités de rencontrer un problème de givrage augmentent.

En septembre 2008, l'équipage d'un A330 d'Air Caraïbes en direction de Paris depuis la Martinique tenta de passer au-dessus d'une zone de perturbation mais rencontra des turbulences extrêmes. D'après le mémo de 13 pages envoyé à Airbus par le responsable de la sécurité des vols de la petite compagnie, Hugues Houang, le pilote a bien suivi les procédures recommandées en cas de turbulences en réduisant sa vitesse. Les tubes Pitot ont givré, menant à une perte d'information concernant la vitesse air, amenant l'avion à passer soudainement en « loi alternative ». Malheureusement, l'équipage rencontra des difficultés à suivre la check-list d'urgence « vol avec vitesse indiquée douteuse ». Des instructions contradictoires concernant les alarmes de décrochage en cas de turbulences troublèrent l'équipage qui fut cependant capable de surmonter le problème. Après avoir évoqué cette aventure avec les ingénieurs d'Airbus, Hugues Houang écrivit que la compagnie acceptait de modifier ses check-lists.

Air Caraïbes décida rapidement de changer les tubes Pitot de ses quatre A330 (dont l'avion qui sera vendu plus tard au président Sarkozy) pour le modèle Thales BA alors qu'Air France entamait de difficiles négociations avec Airbus à propos du problème de givrage de Pitot ; la compagnie aérienne temporisa jusqu'à la fin 2008 pour notifier à ses pilotes l'existence de ce problème.

Alors que les comptes-rendus sur ces problèmes de givrage à haute altitude s'accumulaient, Air France pris la décision d'installer les tubes BA à partir du printemps 2009. Sous la pression de la compagnie, les livraisons du nouveau matériel furent accélérées et les pièces de remplacement arrivèrent quelques jours avant que l'A330 qui devait effectuer le vol AF 447 ne parte pour Rio. Le système de contrôle de la vitesse devait être « upgradé » après son retour du Brésil.

L'équipage

Lorsque le vol AF 447 décolla pour Paris au soir du 31 mai, la menace des cristaux de glace ne faisait pas partie du briefing prévol de l'équipage. Bien que certains pilotes aient été avertis que la compagnie s'inquiétait du nombre grandissant d'incidents d'indication de vitesse dans les zones tropicales, aucun d'eux n'anticipa un tel problème cette nuit-là.

Aucun des autres avions précédant ce vol n'a d'ailleurs rapporté la moindre difficulté à la compagnie ou au contrôle aérien. Et de façon évidente, l'avion était dirigé par un équipage typique de ceux que l'on s'attend à trouver sur n'importe quel vol transocéanique.

Assis sur le siège gauche lors du décollage se trouvait Marc Dubois, lui-même fils de pilote d'Air France. Le commandant de bord avait 10 988 heures de vol derrière lui et un dossier professionnel impeccable. Pour le seconder, David Robert, 37 ans, qui avait déjà effectué 39 rotations vers l'Amérique du Sud. Pleinement qualifié pour s'occuper de ce vol, il aurait été un atout pour n'importe quelle compagnie. Le troisième membre de l'équipage technique était Pierre-Cédric Bonin, 32 ans, copilote suppléant, accompagné à bord par son épouse. À la différence des deux autres pilotes aux commandes cette nuit-là, son expérience était minime. Il n'avait effectué que cinq vols vers le secteur sud-américain, dont un seul vers Rio. Bien que n'étant pas encore qualifié pour commander l'avion, il était un pilote de ligne compétent, entraîné pour relever ses collègues.

Un problème au Sénégal

Après le décollage de l'avion de Rio, une série de problèmes inhabituels vint s'ajouter aux tâches des pilotes et des contrôleurs aériens. Les « ops » (le centre opérationnel) à Charles-de-Gaulle, avaient accidentellement oublié l'adresse e-mail du centre de trafic aérien de Dakar lorsqu'ils ont transmis le plan de vol aux contrôleurs le long de la route Rio-Paris. Les contrôleurs du secteur Atlantique (le centre Atlantico), basés à Recife, tentèrent de résoudre ce souci en appelant le Sénégal à 1 heure 35 minutes (3 heures 35 minutes, heure de Paris) pour confirmer la prise en compte du vol 447. Les contrôleurs de Dakar promirent de rappeler pour plus de détails mais ne le firent pas.

Pour ajouter à la confusion et à l'incertitude, il y eut la tentative du centre Atlantico, quelques secondes plus tard, pour tenter de confirmer l'arrivée de l'avion estimée à 2 heures 20 minutes au point « Tasil » sur l'Atlantique Ouest. Après l'échec de deux tentatives supplémentaires pour confirmer l'estimation sur « Tasil », les contrôleurs du secteur Atlantique réalisèrent, apparemment, que leurs transmissions radio à haute fréquence, qui régulièrement ne fonctionnent pas sur l'Atlantique Sud, les avaient trompés. L'importance de ce problème ne doit pas être surestimée. Dans le couloir Nord-Atlantique surfréquenté, une liaison satellite et de bonnes communications radio permettent aux pilotes de rester facilement en contact avec le contrôle du trafic aérien, les avions à proximité et leur compagnie. De plus, les fréquences VHF, à moins de 150 milles nautiques de l'Islande et du Groenland, fonctionnent.

Sans radio à haute fréquence ou liaison satellite dans l'Atlantique Sud, l'AF 447 se trouvait dans une zone « morte » en terme de communication de trafic aérien. Alors que les satellites fournissent de bonnes informations météorologiques sur cette zone, il n'y avait aucun moyen pour les pilotes empruntant cette route aérienne océanique de recevoir les prévisions météorologiques en temps réel habituellement fournies par les stations terrestres. Dans cette situation, ils étaient forcés de se reposer sur les prévisions les plus récentes et sur leur propre radar météo – lequel n'est pas forcément clair et ne peut pas détecter cette dangereuse glace en suspension.

Désormais l'avion était seulement capable de communiquer par un seul biais, *via* son système de liaison satellite ACARS, qui fournit automatiquement les données de vol et les informations de maintenance à Air France. Un peu plus tôt pendant ce vol, le système a envoyé deux messages de maintenance à propos d'une toilette en panne devant être réparée le matin suivant à Charles-de-Gaulle. Mais les pilotes étaient dans l'incapacité de communiquer directement avec la compagnie *via* le système ACARS car il n'était pas configuré pour cela.

Nulle part ce problème de communication n'était plus sensible qu'au centre de Dakar. Après avoir reçu l'appel du centre Atlantico à propos du vol 447, les contrôleurs de Dakar créèrent un plan de vol virtuel couvrant la route probable de l'Airbus. Lorsque le centre sénégalais ne reçut aucun appel de l'avion ni de suivi de la part du centre Atlantico, les contrôleurs africains supposèrent, à tort, que le vol n'arrivait pas dans leur zone. Ce quiproquo signifiait que le vol 447, dépourvu à la fois de radio haute fréquence et de communication satellite, était incapable de recevoir des informations ou des rapports météo de la part d'autres avions. Il n'y avait donc aucune possibilité de discuter de recommandations de déviation de route autour du très mauvais temps devant eux, un service extrêmement important que les pilotes se rendent entre eux quotidiennement un peu partout. De surcroît, le vol AF 447 était incapable de grimper au-dessus des cumulo-nimbus qui bourgeonnaient devant eux. La seule option réaliste était de contourner les orages qui étaient éparpillés sur leur itinéraire.

Bien que le radar météo aide certainement les pilotes à naviguer autour des orages, cette prise de décision devait être coordonnée avec les contrôleurs pour éviter d'entrer en conflit avec d'autres trafics aériens. À la différence des survols terrestres, où le suivi des radars au sol permet facilement de dérouter les avions, les survols maritimes dans l'Atlantique Sud n'offrent pas la possibilité aux avions d'avoir une idée des problèmes qui les attendent 150 milles nautiques devant eux. Ils doivent donc se reposer sur les contrôleurs et sur les messages des vols à proximité en l'absence de communications HF et de rapports météo par satellite. Ainsi, et peut-être de façon plus cruciale encore, dans le cas où les pilotes auraient besoin d'une assistance d'urgence, les contrôleurs seraient incapables de répondre.

Désormais les failles du système étaient en train de s'accumuler pour aboutir à une situation extrêmement rare pour les pilotes d'Air France Marc Dubois, David Robert et Pierre-Cédric Bonin. Après l'échec des appels radio à haute fréquence, l'appareil effectua trois tentatives pour contacter Dakar en lui transmettant les coordonnées GPS entre 1 heure 33 minutes (3 heures 33 minutes, heure de Paris) et 2 heures 01 minute (4 heures 01 minute, heure de Paris).

Perte d'indication de vitesse fiable

Les pilotes faisaient désormais face à une dégradation rapide de la situation. À 2 heures 10 minutes (4 heures 10 minutes, heure de Paris), alors que l'avion se déplaçait à proximité de l'orage, la base de maintenance d'Air France reçut les premiers messages – d'une terrifiante série de vingt-quatre – *via* le système de communication par satellite ACARS conçu pour rapporter les informations nécessaires à la maintenance afin que les interventions puissent avoir lieu dès l'atterrissage de l'avion.

Malheureusement, l'ACARS ne constitue pas un substitut aux enregistreurs de données de vol. La boîte noire est une source d'information critique. Peter Knudson, du NTSB, à Washington, considère les FDR comme le dictionnaire d'anglais d'Oxford tandis que l'ACARS est plus proche d'un dictionnaire de poche : « Les FDR fournissent bien plus d'information que l'ACARS. »

Avant la découverte des boîtes noires, et donc en se reposant uniquement sur les données de l'ACARS, il était très difficile de se faire une image définitive de ce qui s'était passé pendant les tragiques dernières minutes du vol Air France 447. On ne savait pas si l'absence de communication avec le contrôle de trafic aérien ou une panne possible du radar météo avaient fini par mener l'avion au cœur de la pire des cellules de convection. Cependant, même une déviation de dernière minute, similaire à celle qu'effectuèrent les autres avions dans cette zone cette nuit-là, n'aurait sans doute pas suffi pour éviter à l'avion de subir un tel sort. Les mouvements soudains dans l'orage avaient pu amener l'avion au cœur de la cellule convective. L'avion pouvait également avoir dévié de sa route prévue et avoir été durement touché par les cristaux de glace en suspension, entraînés loin de la cellule orageuse par les vents forts.

Événement d'importance au moins égale, les trois tubes Pitot dc l'appareil étaient tombées en panne ; peut-être en raison d'un givrage à haute altitude que le radar météo était incapable de prévenir. Ceci coupa immédiatement le pilote automatique et plaça l'avion entre les mains des deux pilotes, à proximité immédiate d'importantes turbulences, alors que les alarmes se mettaient à hurler et que les lumières d'alerte clignotaient.

À l'origine, les jets transatlantiques étaient dirigés par deux pilotes et un mécanicien navigant. L'automatisation des vols a rendu possible l'élimination de ce dernier du cockpit. Aujourd'hui, un pilote suppléant accompagne l'équipage d'un long vol transocéanique pour donner au commandant de bord et au copilote la possibilité de se reposer. Ceci s'avère particulièrement important car tous les pilotes doivent jongler avec les fuseaux horaires qui entravent leurs rythmes circadiens et les rendent sensibles au « jet lag ».

Lorsque les jets sont à leur altitude de croisière, les pilotes commencent à se relayer pour se reposer. Avant la découverte des boîtes noires, on ne savait pas encore lequel des trois pilotes avait pu faire une pause dans la zone de repos juste avant que ne survienne la situation d'urgence. Marc Dubois pouvait ne pas avoir quitté son poste à ce moment-là en raison de la météo difficile de cette nuit, surtout que l'équipage s'était retrouvé dans l'incapacité de contacter le contrôle aérien de Dakar ou d'autres vols. Si David Robert avait pris son tour de repos, Marc Dubois aurait dû s'appuyer sur le plus jeune pilote de l'équipage, Pierre-Cédric Bonin, durant la crise.

Pendant la situation de crise, la gestion du vol est passée d'un pilote automatique en mode « loi normale » à une « loi alternative ». Dans ce mode, les pilotes prennent des décisions qui étaient auparavant du ressort du pilote automatique. Un des avantages de cette « loi alternative » est qu'elle donne aux pilotes la possibilité d'ignorer les vitesses indiquées erronées, de positionner les gaz et la bonne assiette pour maintenir l'attitude de l'avion jusqu'à ce que les sondes Pitot fonctionnent à nouveau. Dans le cas où les tubes Pitot restent hors service, les pilotes doivent continuer à tenir l'avion avec ces paramètres prédéterminés d'assiette et de puissance tout au long de leur route vers l'aérodrome le plus proche. Cette procédure est très exigeante et ne laisse que très peu de marge d'erreur.

En Grande-Bretagne, les pilotes militaires de la Royal Air Force s'entraînent régulièrement à ce genre de situation de perte des indications de vitesse – au moins une fois par mois.

Malheureusement, les pilotes de ligne ne s'entraînent en simulateur qu'une à deux fois par an et parfois durant une petite heure seulement.

Aucun des pilotes présents à bord du F-GZCP cette nuit-là n'avait suivi d'entraînement en simulateur pour ce type de problème en

« loi alternative ». Quels que soient ceux qui avaient œuvré en tant que commandant de bord et copilote, lire la check-list d'urgence en cas de turbulences sévères n'avait pas dû être simple.

Leurs efforts pour maintenir l'appareil à un niveau de vol et une puissance de sécurité avaient pu être initialement compromis par des informations erronées acheminées au *Flight Control Computer* par le *Air Data Unit*. Et si l'appareil était entré dans une zone orageuse, des courants verticaux violents, ascendants et descendants, avaient pu brouiller leur image de la situation.

Clairement, les deux unités de contrôle de pilotage s'étaient arrêtées ou avaient été coupées momentanément par les pilotes pour les « rebooter ». Cette action avait pu être menée pour s'assurer que les systèmes informatiques de l'appareil n'étaient pas en train d'agir sur les bases de données de vitesse air incorrectes.

Désormais, l'appareil lançait par satellite, vers Paris, une série de messages de maintenance incohérente et confuse. Le TCAS (*Traffic alert and Collision Avoidance System*) de l'avion, qui dispose d'une fonction de guidage connue sous le nom de vecteur de trajectoire et d'une fonction informatique chargée de calculer l'amplitude de mouvement possible du palonnier, était indiqué comme hors service dans un des rapports envoyés vers la compagnie.

Le contrôle de vol électronique rejeta un des ADIRU, un système informatique vital. Dans le même temps, l'ACARS signalait l'indisponibilité du pilote automatique, des automanettes, du *Flight Director* et des fonctions de calcul de vitesse. Chacun de ces messages signifiait que les pilotes étaient désormais en train de piloter l'avion sans utiliser aucun des systèmes pourtant conçus pour assurer la sécurité du vol.

Faisant appel à tout leur entraînement et leur expérience, les pilotes s'efforcèrent de garder l'assiette de l'avion nez haut, dans une position similaire à celle d'une descente normale. Malheureusement, ils furent incapables d'inverser le taux de descente, de plus de 7 000 pieds par minute. Personne dans la cabine n'eut le temps de se saisir des gilets de sauvetage qui se trouvaient sous les sièges. Les hôtesses et stewards n'eurent pas non plus le temps de préparer la cabine pour l'amerrissage. L'avion, encore intact, heurta l'eau et se brisa dans la nuit.

Air France est une compagnie aérienne sûre

Alors que des débris et quelques corps de victimes avaient été retrouvés et rassemblés au Brésil avant d'être acheminés vers la France, Pierre-Henri Gourgeon insistait : « Air France est une compagnie sûre. Elle était sûre hier. Elle est sûre aujourd'hui et elle sera même encore plus sûre demain. Nous allons examiner chaque détail, facteurs mécaniques, facteurs humains, informations météorologiques. Chaque scénario possible sera étudié. Il n'y a pas de contradiction entre la sécurité et l'économie. Lorsque vous améliorez la sécurité, vous améliorez l'image de votre compagnie et, logiquement, plus vous améliorez l'image de votre compagnie et plus vous améliorez ses résultats économiques. Il n'y a pas d'arbitrage entre ces deux facteurs. Par exemple, il est écrit noir sur blanc que lorsqu'il y a des orages, vous devez les contourner ; il n'est alors nullement question d'économiser le carburant. »

L'accident du vol Air France 447 a relancé la vieille controverse sur la technologie « Fly-by-Wire ». Après que le commandant de bord de US Airways, Chesley Sullenberger, n'eut pas suivi les suggestions des contrôleurs pour poser son avion sur un aérodrome proche, il expliqua qu'il avait répété ce genre d'amerrissage en simulateur à plusieurs reprises. Avec l'un des copilotes les plus expérimentés de la compagnie, Jeffrey Skilling, en place droite, Chesley Sullenberger avait ainsi, ce 15 janvier 2009, fait la démonstration de l'intérêt de confier les avions aux mains de pilotes expérimentés. Les experts aéronautiques allèrent jusqu'à suggérer que ces pilotes auraient été assez talentueux pour faire amerrir tout aussi bien un Boeing 737, le concurrent de l'A320, sur l'Hudson ce jour-là.

Malheureusement, l'équipage du vol Air France 447 n'a pas eu la même opportunité. Et l'ensemble des pilotes, inquiets de comprendre les causes de la tragédie, n'allaient pas obtenir de réponses rapides – seule une note d'Airbus leur demanda de suivre leurs check-lists dans une situation similaire et de s'entraîner en simulateur sur les actions à accomplir dans le cas d'indications de vitesse douteuses.

Les batteries qui alimentent les balises des boîtes noires ne dureraient peut-être pas assez longtemps pour permettre la récupération des enregistreurs du vol 447. Ces balises pouvaient aussi avoir été détruites pendant l'accident. Une longue traque pour retrouver les enregistreurs s'annonçait, ce qui constituait le pire scénario pour les familles et les proches des victimes qui espéraient qu'une analyse complète du drame puisse lever les doutes sur les causes de l'accident. En ne se basant que sur les premiers rapports, il apparaissait que la tragédie était peut-être la première catastrophe aérienne pouvant être directement liée à un problème de glace en surfusion à haute altitude.

Venant s'ajouter à l'anxiété de toute la communauté aéronautique, de nouveaux rapports concernant des indications de vitesse anormales à la suite de givrage de Pitot sur d'autres jets furent publiés. Parmi eux, figurait un A330 de la Northwest Airlines faisant la liaison Hong Kong-Tokyo en juillet 2009.

Lorsqu'un autre A320 d'Air France, assurant un vol de Rome à Paris, subit à son tour une défaillance du pilote automatique au début de sa descente vers la capitale française, le Syndicat National des Pilotes de Ligne (SNPL) fit remarquer que l'amélioration des tubes Pitot Thales AA en BA n'était pas suffisante. Il demanda que la compagnie s'équipe de tubes Pitot Goodrich.

Goodrich est la société qui a pris le contrôle de Rosemount, le constructeur de tubes Pitot qu'Airbus avait abandonné en faveur de Thales en 2003 pour ses A330. Ce basculement avait été approuvé par l'*European Air Safety Agency* (EASA) – l'agence européenne de sécurité aérienne – et la *Federal Aviation Administration* (FAA) américaine. Ces organismes approuvèrent l'installation des Pitot des deux constructeurs.

Après ces changements, l'EASA publia un nouveau communiqué urgent rappelant aux compagnies aériennes de vérifier les tubes Goodrich pour s'assurer que des fuites d'air ne pourraient pas causer d'erreurs sur les mesures de vitesse. Ce genre de nouvelles amena naturellement à suspecter le rôle des Pitot dans l'accident. Mais comme Gideon Ewers de l'*International Federation of Airline Pilots' Association* l'expliqua alors : « La chose que vous apprenez dans ce domaine au contact des experts, c'est que votre première intuition est souvent fausse. De nombreuses personnes ont pensé que l'explosion du TWA 800 au départ de Kennedy en 1996 était liée au terrorisme. En fait il s'agissait d'un dysfonctionnement électrique et c'est tout aussi effrayant qu'un attentat. »

Pour le commandant de bord Érick Derivry, du syndicat de pilotes d'Air France SNPL, ne pas comprendre ce qui s'était mal déroulé sur le vol 447 posait un véritable problème. Tout en regardant les avions décoller et atterrir de Charles-de-Gaulle à deux pas de son bureau, il déclarait : « En tant que pilotes, nous devons avoir confiance en nos avions et sur la manière de les piloter. Autrement, nous ne pouvons pas faire notre métier. » Les passagers et les administrations étaient du même avis.

Les défaillances de tubes Pitot en raison du givrage à haute altitude dans les régions tropicales ont été la source d'un grand nombre de problèmes récents autour du monde, et dont les pilotes commençaient sérieusement à s'inquiéter. Si on ajoute à cela que plus d'une centaine d'avions avait connu des extinctions de réacteurs consécutives à un givrage à haute altitude, la recherche d'une réponse urgente prenait tout son sens. S'ajoutant à ces problèmes, les questions de l'entraînement et des performances pouvaient laisser l'industrie de l'aéronautique commerciale dans l'expectative pour plusieurs années.

Après que les avions ont été vendus et adaptés aux desiderata des compagnies, testés en vol, certifiés et mis en service, il est finalement de la responsabilité des pilotes de s'assurer qu'ils se comportent comme prévu. C'est particulièrement vrai en France, où des pilotes ont été emprisonnés à la suite du crash d'un Airbus. Comme tous les désastres aériens français, celui du vol Air France 447 se retrouvait au cœur d'une enquête judiciaire parallèle aux investigations du BEA – lequel opère de la même manière que le NTSB américain.

Précisément, ce type d'enquêtes se concentre sur l'analyse minutieuse des informations trouvées sur l'épave, en particulier celles des enregistreurs de vol. Dans certains cas, le film de l'accident et les récits des témoins complètent les données techniques. Chaque tragédie offre une opportunité pour les pilotes, les compagnies aériennes, les constructeurs et les organismes de contrôle d'améliorer la sécurité des vols. Qu'il s'agisse d'une erreur du pilote, du contrôleur, d'une faille de l'avion, d'un problème lié à la météo ou d'une combinaison de ces facteurs, les catastrophes aériennes ont toujours présenté la meilleure opportunité de faire progresser la sécurité aérienne. Les bureaucrates et les politiciens tendent à devenir plus ouverts aux changements après que se sont déroulés de tels événements dramatiques qui captent l'attention de ceux qui constituent « l'opinion publique ». L'attente du public offre aussi l'opportunité de mettre en lumière les controverses sur la sécurité des vols, qui sont généralement du domaine des ingénieurs aéronautiques, des syndicats de pilotes et des organismes chargés de la supervision de ces domaines.

La tragédie du meeting aérien d'Habsheim

Avant le crash du vol 447, le plus polémique des désastres ayant touché Air France s'est déroulé le 26 juin 1988 lorsqu'un A320 a été victime d'un accident à Habsheim, une toute petite ville près de la frontière avec l'Allemagne.

Le premier appareil à commandes de vol électriques a été, à sa manière, un événement national qui généra la controverse il y a plus de vingt ans.

L'avion impliqué, qui avait été livré à la compagnie juste deux jours plus tôt, représentait une véritable rupture technologique pour le constructeur. Le lancement de l'A320, baptisé par la princesse Diana et le prince Charles – rien que ça ! – a été un moment crucial pour Airbus et pour l'industrie aéronautique européenne. Les commandes de vol électriques gérées par un système de contrôle de pilotage informatisé ayant été créées pour les avions de combat militaires et pour le supersonique Concorde, il s'agissait du premier jet commercial subsonique à bénéficier de cette technologie. Cela représentait, pour le constructeur européen, une chance extraordinaire de prendre de l'avance sur Boeing et sur les autres constructeurs aéronautiques. En clair, Airbus était désormais capable d'offrir une technologie que ses concurrents n'étaient pas en mesure d'égaler.

Sur les avions conventionnels, les surfaces servant au contrôle du vol, comme les gouvernes de direction et les volets, étaient mues par un système hydraulique. La technologie « Fly-by-Wire » emploie, quant à elle, des signaux électriques transmis par des câbles vers des vérins qui déplacent les surfaces de contrôle. De plus, le manche à balai central est remplacé par un joystick latéral, donc situé sur le côté du pilote.

Airbus était fier de son système de contrôle électronique et de son principe de protection de l'enveloppe de vol imaginé pour empêcher les pilotes de faire des erreurs qui pourraient mener au décrochage. Les commandes de vol électriques offraient aux compagnies aériennes une nouvelle philosophie qui n'était pas disponible, à cette époque, sur les avions Boeing. Lors d'un vol sous pilote automatique dans le mode « loi normale », le système informatique de l'avion peut limiter l'action du pilote s'il pense que cette action peut placer l'avion dans une situation dangereuse. Si un pilote surréagit et effectue une manœuvre d'urgence qui pourrait mener au décrochage, l'ordinateur peut prendre le dessus sur cette décision.

Sur les avions Boeing, c'est l'inverse. John Cashman, chef pilote d'essais de Boeing et directeur des équipages, explique cette différence de cette façon : « Ce n'est pas un manque de confiance envers la technologie. Nous n'avons certainement pas le sentiment que nous ne voulons pas nous reposer sur la technique. Mais le pilote aux commandes de nos avions doit avoir l'ultime autorité. »

Tandis que les pilotes qui ont volé sur les deux systèmes s'accordent à dire que les Airbus et les Boeing sont sûrs, la controverse demeure centrale sur l'avenir des opérations. Les syndicats de pilotes militent pour que le meilleur des deux systèmes soit au cœur des avions de demain.

Les protections du système de pilotage « Fly-by-Wire » limitent l'incidence à 55°, l'inclinaison latérale à 67° et ne permettent pas au nez de piquer à plus de 15°. Il y a également des protections de sous et de survitesse. Ces protections réduisent la charge de travail du pilote en ajustant automatiquement les compensateurs en fonction des changements de vitesse et de configuration, jusqu'à 33° de roulis. Avec une impulsion continue de la part du pilote, il est alors possible d'obtenir un roulis compris entre 33° et 67°.

Le problème, avance le pilote d'essais John Cashman, c'est que ces protections empêchent les pilotes d'user de leur habileté dans les rares situations où il est nécessaire d'aller au-delà : « Quand vous automatisez et protégez totalement le système, vous devez abandonner certaines capacités. Pour nous, limiter la capacité à lever le nez, que se soit pour éviter un autre avion ou le sol, n'a aucun sens. Nous sentons que le pilote doit avoir la capacité, en utilisant les commandes normales, de s'approcher de ces limites et d'être autorisé à les dépasser de son propre chef si nécessaire. »

En théorie, il est possible pour un pilote d'Airbus de le faire, mais en éteignant littéralement le système informatique et en pilotant manuellement. Cependant, dans certaines situations d'urgence, suivre les procédures pour effectuer ce changement peut prendre plus de temps que n'en disposent les pilotes. Dans un incident de perte de contrôle avec un taux de descente relativement bas, les pilotes peuvent choisir de dépasser les limites des restrictions imposées aux avions Airbus pour motif de sécurité. John Cashman cite le cas d'un 747 d'Air China qui est tombé, hors de contrôle, dans le Pacifique en 1985. Les pilotes ont récupéré en lui imposant une ressource à 4 « g », soit quatre fois la force de la gravité, une chose totalement impossible avec les limitations des commandes de vol électriques.

L'émergence de la technologie « Fly-by-Wire » a attiré l'attention de la communauté aéronautique. En 1988, aucune nation n'a été autant au cœur des débats que la France.

De la même manière que les courageux aviateurs de l'Aéropostale s'étaient envolés de Toulouse pour lancer l'aviation en Amérique du Sud, ce sont des pilotes français qui ont introduit la révolution des commandes de vol électriques destinées à trouver leur place dans le cockpit de milliers d'avions de ligne. Alors que certains pilotes et leurs syndicats exprimaient leurs inquiétudes concernant cette toute nouvelle technologie, les pionniers d'Airbus se l'appropriaient. Leur confiance en eux reflétait l'image des pilotes français à travers le monde. Vous la voyez dans les publicités pour les compagnies aériennes françaises, vous l'entendez pendant les annonces en cabine et vous la percevez lorsque vous dites « au revoir » au commandant alors que vous débarquez à votre destination : il, ou elle, a pu piloter pendant douze heures, sa veste et son pantalon restent parfaitement repassés et dépourvus de tout pli. Les hommes et les femmes responsables de centaines de vies apparaissent comme insensibles au décalage horaire.

Tout en dégustant un expresso au café de l'historique terminal des Invalides, à Paris, Pierre Sparaco explique : « Les pilotes français pensent qu'ils sont supérieurs, qu'ils sont meilleurs, qu'ils sont plus intelligents. » Cette confiance est le fruit d'une longue tradition de pilotage « à la main » qui remonte aux premiers jours des voyages de l'Aéropostale, lorsque les pilotes arrivaient à surmonter n'importe quel défi, du Sahara aux Andes. « Le problème est que les pilotes de ligne d'aujourd'hui ne sont plus vraiment des pilotes au sens strict du terme. Aujourd'hui, ils supervisent une trajectoire, surveillent des écrans, poussent des boutons. Ils savent que les avions de la génération actuelle sont protégés par leurs ordinateurs. S'ils font une erreur, comme amener l'avion à la limite de son domaine de vol, l'ordinateur leur dira qu'ils ne peuvent pas le faire », précise Pierre Sparaco. « J'ai un très bon ami qui est un formidable pilote d'Airbus A380. Il peut passer des heures à vous expliquer tous les avantages de la protection de l'enveloppe de vol. Il sait comment s'occuper de tous les systèmes informatiques du tableau de bord de son cockpit. Mais je ne suis pas sûr qu'il soit encore un vrai pilote, qu'il se souvienne comment piloter un petit avion comme on le fait de manière classique le dimanche après-midi. »

Nulle part la confiance placée dans le « Fly-by-Wire » n'est plus élevée que chez Airbus et Air France, où les meilleurs pilotes du monde jouent un rôle important dans la préparation de la mise en service de chaque nouvel avion. Un de ces pionniers était un pilote apparemment impeccable du nom de Michel Asseline, qui joua un rôle primordial lors de la sortie de l'A320 à la fin des années 80. En plus d'établir des programmes d'entraînement, il aida aussi Airbus à élaborer une certification pour la qualification des pilotes pour ce type d'avions.

Trop bas, trop lent

Le dernier décollage de Michel Asseline pour le compte d'Air France intervint le 26 juin 1988 et il était destiné à devenir l'un des vols les plus dramatiques de l'histoire de l'aviation française.

L'appareil quitta le sol depuis la piste de l'aérodrome de Mulhouse avec 130 passagers à bord, dont de nombreux enfants et quelques invités invalides. Également à bord pour la promenade, se trouvaient des personnels navigants commerciaux de repos et des amis personnels du pilote. Ils faisaient partie d'une tradition de fières démonstrations dont l'histoire remonte aux premiers jours de l'aviation. Avant de devenir véritablement célèbres en Amérique, les frères Wright rassemblaient des foules au Mans. Alors que la direction de Boeing ne s'était jamais vraiment investie dans de tels événements, les compagnies françaises les adoraient. Non contents de rassembler des avions militaires et des appareils d'acrobatie, les organisateurs de meetings aériens commencèrent à recruter également les compagnies aériennes françaises.

Le meeting aérien de la Ferté-Alais, à quelques kilomètres de Paris, rassemblait une foule que survolaient des pilotes aux commandes de 747, Concorde et d'autres jets de ligne à des hauteurs ahurissantes, quelques mètres au-dessus des têtes, assez près pour voir ce que les vendeurs avaient dans leurs assiettes. « Cela avait lieu à de nombreuses occasions, car c'était considéré comme amusant, ajoute Pierre Sparaco, c'était une tradition française stupide, c'était totalement fou. »

Encore plus controversée fut la décision de Michel Asseline et de son copilote, Pierre Mazières, de décoller avec tous leurs passagers pour un court vol depuis Mulhouse vers l'aéroclub d'Habsheim. Alors que le tout nouvel A320 s'approchait de la foule, le commandant de bord passa en « loi directe », reprenant le contrôle de l'avion sans assistance du pilote automatique. Les alarmes se mirent à sonner lorsque l'avion passa en dessous des 1 000 pieds et le copilote commença à interroger le pilote sur ses intentions. Le commandant Asseline, avec plus de 10 000 heures de vol derrière lui, amena l'avion à moins de 30 pieds. Une tentative de reprendre rapidement de l'altitude échoua, l'avion scalpa quelques arbres. En perte de vitesse, il s'écrasa puis explosa. Trois passagers perdirent la vie dans l'accident, 34 personnes furent blessées et 93 en sortirent indemnes, dont les deux pilotes. L'avion, lui, fut totalement détruit.

Les pilotes, deux responsables d'Air France et le président de l'aéroclub d'Habsheim furent inculpés. Au tribunal, le procureur présenta plus de 20 000 pages de documents détaillant l'accusation à l'encontre du pilote et de la compagnie aérienne. Les experts de la défense et d'anciens collègues de Michel Asseline chez Airbus insistèrent sur le fait que l'accident avait été causé par un problème de commande de vol et de moteur. Convaincus que le gouvernement français était en train de protéger le très prometteur avion à commandes de vol électriques, des critiques s'élevèrent, accusant les autorités de complot. Ils mirent en avant que le responsable local de la DGAC avait subrepticement remplacé les boîtes noires de l'avion. Lors d'une offensive médiatique, ils clamèrent que ce remplacement n'avait d'autre but que d'accabler le pilote et d'exonérer Airbus de toute responsabilité dans une tentative désespérée de sauver le fragile marché de l'Airbus A320. Cette théorie du complot, alimentée par un ancien leader syndical, circula largement et se trouva renforcée par des preuves photographiques issues des « vraies » boîtes noires récupérées sur le lieu de l'accident.

Désormais, le drame se transformait en spectacle qui rivalisait avec les meetings aériens. De multiples salles offraient aux passionnés d'aviation un choix de procès contre Air France. Un procès en diffamation fut lancé par les directeurs des deux principales agences aéronautiques françaises, la DGAC et le BEA, contre le pilote Michel Asseline et l'écrivain, et ancien pilote, Norbert Jacquet, après la publication d'un manifeste où étaient exposées les supposées manipulations destinées à passer sous silence les dysfonctionnements de l'Airbus au cours de l'accident. Le procès s'acheva sur une condamnation pour Michel Asseline et Norbert Jacquet.

Lors du procès criminel, le copilote Pierre Mazières bénéficia d'un non-lieu grâce à un enregistrement des conversations du cockpit prouvant qu'il avait interrogé le pilote sur ses intentions. Il continua à travailler sur les lignes postales. Michel Asseline, qui persistait à déclarer qu'il avait piloté selon le manuel et n'avait donc commis aucune erreur, fut reconnu coupable et condamné à presque une année de prison ferme. Après sa peine, le plus célèbre pilote d'Airbus en France déménagea en Australie puis aux États-Unis où il fut engagé comme pilote jusqu'à ce que son employeur entende parler de l'accident d'Habsheim.

Résultat direct de cette tragédie, Air France et Airbus mirent un terme à la tradition des passages bas d'avions de ligne lors des meetings aériens. Mais la technologie française continua à occuper une place importante dans chaque avion dans le ciel. La tragédie d'Habsheim fut une expérience instructive pour Airbus, explique

John Lauber, vice-président des affaires techniques et de sécurité à l'Académie nationale des sciences. Ancien membre du NTSB et responsable chez Airbus, John Lauber précise que les pilotes avaient l'intention de faire leur passage train sorti à 100 pieds. Le problème fut aggravé par la décision du pilote de surprendre la foule à moins de 30 pieds. L'avion volait trop bas et trop lentement. Alors que l'A320 fonçait droit vers les arbres, le commandant de bord remit les gaz pour remonter mais c'était trop tard. L'avion aux commandes de vol électriques décrocha comme un avion conventionnel.

Au procès, Michel Asseline, bien que toujours partisan de la technologie des commandes de vol électriques, argua que l'avion avait échoué à conserver son équipage et ses passagers hors de danger. Mais le rapport du BEA concluait à une erreur du pilote.

Protéger le statu quo !

D'autres inventions françaises, employées à la fois sur les avions classiques et ceux à commandes de vol électriques, demeurent controversées. L'une des plus importantes est le Pitot, dont la technologie est bientôt centenaire car il est employé par les constructeurs d'avions depuis 1915.

Invisibles pour les passagers, ces systèmes montés tout à l'avant du fuselage sont critiques pour la sécurité des vols. Améliorés et modifiés à de nombreuses reprises pour l'ère du jet, les tubes Pitot continuent à être sources de controverses. L'EASA, qui supervise les certifications pour ses 31 pays membres, est particulièrement concernée. Le souci est que les deux principaux équipementiers, Goodrich et Thales, ont tous deux fait l'objet d'enquêtes officielles. Les Français produisent le Pitot Thales qui a été également au cœur d'une polémique importante entre Airbus et Air France.

« Les tubes Pitot Thales et Goodrich sont très similaires », déclare Daniel Holtgen de l'EASA depuis son bureau au bord du fleuve, à Cologne, en Allemagne. « Difficile de comprendre pourquoi l'un est plus sensible au givrage que l'autre. De plus nous ne comprenons pas pourquoi tant de problèmes de ce type ont été rapportés par des pilotes d'Air France. » Ce qui complique le problème « Pitot », c'est que les incidents continuent de survenir. Quelques mois seulement après l'accident du vol 447, un autre A330 avec des Pitot Goodrich, exploité par une filiale de Qantas, connut ce problème. Bien que les indications de vitesse erratiques n'aient duré que quelques minutes, le 29 octobre 2009, à bord d'un vol reliant Tokyo à la Gold Coast australienne, cela soulignait la légitimité des inquiétudes des pilotes et des compagnies aériennes.

Fran Hoyas, pilote de ligne sur A320 chez Iberia, évoquait ainsi ses craintes suite à la catastrophe du vol Air France 447 : « L'accent est mis sur la protection du statu quo, avec le système que nous avons en place actuellement, au lieu de viser à l'amélioration de la sécurité. Parfois, les considérations économiques jouent un rôle qui interfère avec les résultats finaux des enquêtes. Par exemple, les compagnies aériennes ne veulent pas payer un entraînement en simulateur pour une catégorie d'événements que l'on pense pourtant avoir contribué à cet accident : comment piloter un jet lorsque l'on a perdu les indications de vitesse. Une énorme pression s'exerce sur ces enquêtes. Lorsque ces incidents ou accidents surviennent, les constructeurs s'inquiètent. Récemment, il y eut un incident avec un court-courrier en Suisse. Le pilote a dû effectuer une descente en urgence. La première personne à arriver sur place, juste après l'atterrissage, était un représentant du constructeur venu discuter avec l'enquêteur. Il pensait : "On ne doit pas rendre public cet incident car on ne vendrait plus aucun autre avion". »

Ces inquiétudes conduisaient à un questionnement plus général de la part des pilotes d'Airbus du monde entier s'interrogeant sur cet A330 qui avait chuté de 35 000 pieds jusque dans l'océan en seulement quatre minutes : pouvait-il avoir décroché, en dépit de la protection anti-décrochage automatique ? Or, sans l'appui des boîtes noires, il était pratiquement impossible, alors, pour les experts, de répondre à cette question. En partie parce que la flotte d'Airbus A330 n'a jamais été certifiée pour récupérer d'un décrochage lorsque le pilote dirige l'avion en mode « loi alternative » à la suite de problèmes comme une indication de la vitesse air incorrecte.

« En tant que pilotes, nous nous sommes tous entraînés sur la manière de récupérer d'un décrochage à bord d'avions légers, déclarait le pilote d'A330 Air France Patrick Magisson. Mais ce n'est pas le cas sur les jets que nous pilotons car il y a tout un tas de protections qui sont supposées empêcher les pilotes de se retrouver dans cette situation. Il n'y a aucune simulation ou même d'entraînement en vol à la récupération de décrochage, ce que l'on fait sur avion léger. Il n'y a aucune obligation. »

Simuler le désastre

L'incertitude sur les relations homme-machine, entre les pilotes et leur système informatique complexe, est venue ajouter à la confusion. Lorsque les Pitot givrés déclenchent une perte des indications de vitesse, l'avion se place en « loi alternative ». Bien que la perte des protections de l'enveloppe de vol supprime la protection du décrochage, l'ordinateur continue à décider des mouvements de l'appareil. Toutes les informations transmises par le manche latéral (qui remplace le volant habituel et ressemble à un joystick) et par les manettes de gaz, sont converties en données électroniques qui sont acheminées vers l'ordinateur de contrôle de pilotage, lequel décide comment déplacer les surfaces de contrôle. À la différence des manches habituels, qui fonctionnent en tandem et donnent aux pilotes des indications visuelles sur leur position, chaque manche latéral fonctionne de manière indépendante. Si le copilote est en train de piloter, le manche latéral du pilote ne suivra pas les mouvements de celui de son collègue.

D'après les messages ACARS envoyés par le AF 447 à la fin de son vol, il apparaissait que l'enveloppe de protection qui opère en « loi normale » avait été dépassée lorsque l'avion était passé en

« loi alternative ». Ceci aurait pu être causé parce que la protection en décrochage de l'appareil et ses systèmes de protection de survitesse n'étaient plus disponibles.

Lorsque des pilotes d'Airbus engagés par l'un des cabinets d'avocats représentant les familles de certaines victimes tentèrent de reconstituer les dernières minutes du vol AF 447 en fonction des informations obtenues par la série de messages ACARS, ils échouèrent. « On ne peut pas le faire », avoua l'un des pilotes. « On peut simuler les messages et voler selon certains profils pour déterminer comment l'avion était dirigé et ce que les pilotes pouvaient avoir sur leurs écrans jusque-là, mais clairement, il n'y avait aucun moyen pour les pilotes de cet avion de s'entraîner sur un simulateur pour faire face à la situation à laquelle ils ont été confrontés. » Et ceci, déclara alors le pilote d'Iberia Fran Hoyas – à la tête du département des affaires industrielles de l'European Cockpit Association, forte de 38 000 pilotes membres –, est un sujet d'inquiétude constant : « On ne peut pas reproduire la situation de crise du vol AF 447 pour montrer aux autres pilotes ce qui s'est exactement passé. C'est pourquoi le BEA n'essaie pas de reproduire l'événement avec les détails dont il dispose.

Nous sommes face à un monde où les pilotes ont de moins en moins d'expérience. Air France a débuté un programme de pilotes “cadets” où ils engagent des gens qui n'ont jamais piloté un avion de leur vie. Je suis allé à l'académie de l'aviation militaire pendant cinq ans, entraîné par l'US Air Force et j'ai volé pour l'armée pendant dix ans, puis j'ai piloté des avions d'affaires. C'était seize ans avant que je ne commence à voler pour Iberia. Aujourd'hui, il y a des pilotes qui volent avec moi et qui ont seulement 200 heures de vol. Cela prenait jusqu'à trois ans pour obtenir la licence de pilote. Aujourd'hui vous pouvez l'avoir en un an. Tout ce dont vous avez besoin, c'est 155 heures en simulateur, 40 heures de vol réel et vous obtenez une qualification de type qui vous autorise à occuper le siège droit de l'avion. Aujourd'hui, nous avons de plus en plus de jeunes commandants de bord avec de moins en moins d'expérience et de moins en moins de bagage technique. Vous avez une procédure à suivre lorsque le pilote automatique fait basculer le contrôle aux pilotes. Si vous allez page 3 et suivez la procédure d'urgence, aujourd'hui vous pouvez avoir tout bon. Mais vous pouvez avoir tout faux un autre jour. Si vous n'avez pas une idée claire de ce qui se passe dans l'avion, vous pouvez ne pas être capable de vous sortir d'une situation inusuelle, au-delà du cadre de votre entraînement. »

Bien que de nombreuses compagnies aériennes aient davantage d'exigences, il arrive quand même que des pilotes expérimentés fassent bien peu de cas de leurs passages en simulateur. « En fonction des compagnies, précise Fran Hoyas, vous pouvez avoir de deux à quatre heures de simulateur par an. Le total de pilotage manuel à l'entraînement peut ne pas dépasser une heure à une heure et demie par an ! »

Dans un environnement hautement automatisé, l'accent est mis sur l'usage du pilote automatique en conditions turbulentes. Ce qui signifie que lorsque l'urgence force le pilote à reprendre les commandes, il peut ne pas avoir l'expérience nécessaire pour se sortir rapidement d'une situation dangereuse. « Le problème de l'automatisation, dans une certaine mesure, est d'empêcher le pilote de conserver ses compétences en termes de pilotage basique, explique Fran Hoyas. Nous assistons à une augmentation notable d'accidents liés à des pertes de contrôle ces dernières années. Malheureusement, l'entraînement en simulateur ne peut pas refléter avec précision certaines des situations d'urgence que vous risquez de rencontrer au cours de votre carrière. Vous ne pouvez pas apprendre à le faire si vous ne pilotez manuellement en simulateur qu'une heure par an. Il y a désormais une tendance lourde à alléger les certifications des simulateurs car ils sont très chers. Les compagnies aériennes et les constructeurs encouragent le développement de simulateurs moins onéreux qui auraient les mêmes performances techniques que les avions que nous pilotons. Au lieu de refléter la réalité dans les situations d'urgence, ils optent pour des simulateurs statiques, qui ne bougent pas. Or sans mouvement, vous ne pouvez recréer la situation dans laquelle les pilotes du vol

AF 447 ont été plongés cette nuit-là. Mon PC n'est pas identique à un simulateur, même s'il dispose de trois écrans. Vous ne pouvez pas simuler de véritables dangers, des situations réelles, des conditions physiologiques, des vibrations. Parfois il est impossible de déchiffrer les écrans tellement il y a de turbulences. Récemment, j'ai décollé du Caire depuis une piste vraiment ondulée, tout en essayant de lire les chiffres de la sonde de température du moteur pour m'assurer que tout était clair. Vous devez apprendre comment gérer ce genre de situation en simulateur. C'est une part essentielle de notre entraînement à venir. »

S'il s'avérait que le pilote était au repos au moment où le Pitot était tombé en panne, un autre problème pouvait avoir interféré avec la gestion du vol. Les pilotes qui volent pour la Royal Air Force britannique s'entraînent à la perte d'indication de vitesse en simulateur au moins une fois par mois. L'un d'eux, qui s'était joint à une simulation de l'accident pour un cabinet d'avocats britannique déclara : « En recréant l'accident du vol AF 447, nous avons appris que lorsque vous quittez la "loi normale" pour la "loi alternative", l'écran principal du commandant de bord devient noir en raison d'un conflit avec le calculateur ADIRU. Suivant la check-list d'urgence, le pilote bascule le PFD du copilote sur son écran pour piloter l'avion manuellement avec une puissance prédéterminée et un réglage particulier de l'assiette. Si le copilote était aux commandes de l'avion à ce moment, il a dû composer avec les turbulences pour lire les instruments sur l'écran du siège gauche. Avec le pilote le moins expérimenté de l'équipage assis sur le siège du commandant de bord alors en train de faire la sieste, piloter à proximité d'un puissant orage sans l'aide du contrôle aérien a dû être très difficile. D'un autre côté, si le commandant Marc Dubois était aux commandes, il aurait dû faire face, lui aussi, à d'autres problèmes sérieux. »

« Au moment de l'accident, il n'y avait pas d'entraînement pour une panne des trois tubes Pitot », explique le directeur technique du SNPL – également pilote d'A330 – Francis Nardy.

« Ce n'était pas supposé arriver, ajoute Patrick Magisson, pilote d'A330 d'Air France. Mais en 2008, quand nous simulions la panne de deux ou trois Pitot, le système de vote de l'ordinateur se trompait. Il affirmait que deux indicateurs avec des indications qui coïncidaient étaient corrects et que le troisième indicateur, en minorité, était faux. En fait, les Pitot pour les deux indicateurs de vitesse étaient en panne et seul le troisième était bon. C'est là que le pilote doit prendre le contrôle. »

Un autre point important est qu'à 35 000 pieds, l'Airbus A330 est lourd de l'arrière. Un réservoir de carburant dans la queue est relié au système de transfert de kérosène qui permet d'ajuster continuellement le centre de gravité de l'avion en altitude pour économiser du carburant. Or, « nous ne connaissons pas l'exacte réaction physique du décrochage d'un avion centré arrière à haute altitude, déclare Patrick Magisson, car en raison des protections de l'enveloppe du domaine de vol, nous ne sommes pas entraînés à le faire. Les experts sont toujours en train de chercher comment le modéliser. Malheureusement, quand vous testez un avion pour sa certification, il est impossible de tester toutes les situations. Les nouveaux avions sont si complexes que c'est infaisable. Nous ne connaissons toujours pas le comportement des avions dans certaines situations bien spécifiques. Ça prendrait des années et des années d'essais en vol. On ne peut pas vraiment s'entraîner pour toutes les situations au simulateur, nous ne sommes pas sûrs qu'elles soient justes ».

Brisé en vol

Une autre inquiétude concerne les communications : « Nous avons des systèmes satellites qui auraient dû permettre aux pilotes du vol 447 de communiquer avec les contrôleurs et les autres vols à proximité, déclare Patrick Magisson, mais ils n'étaient pas disponibles. À la place, les pilotes dépendaient des communications sur des bandes à haute fréquence (HF) dont tout le monde sait qu'elles sont un moyen de communication médiocre sur l'Atlantique Sud. Souvent elles ne fonctionnent même pas du tout.

Malheureusement, disposer des excellentes communications satellites comme celles existant sur l'Atlantique Nord ou ailleurs est onéreux. C'est un des problèmes auxquels sont confrontés les pilotes dans les régions isolées. »

Le directeur général d'Air France, Pierre-Henri Gourgeon, est familier de ces problèmes : « Il arrive souvent que nous perdions le contact avec un avion au-dessus de la Russie, de l'Afrique ou des océans et que nous retrouvions le contact plus tard. Les avions perdent parfois le contact radio. »

Cela peut être problématique dans les situations où les pilotes ne sont pas à même d'obtenir des prévisions météo fiables. Le 5 septembre 1996, l'équipage d'un 747 d'Air France sur le point de décoller de Johannesburg apprit que son radar météo embarqué était en panne. Plutôt que de subir un retard, il décida de décoller comme prévu pour Paris où des techniciens pourraient résoudre le problème après l'atterrissage. Après que l'appareil eut atteint son altitude de croisière, le commandant de bord se rendit à l'arrière de l'avion pour sa période de repos. La pauvre couverture radar ne permit pas à l'appareil d'éviter à temps un front orageux violent du côté de Ouagadougou, au Burkina Faso, au moment où le signal « attachez vos ceintures » était éteint. Les sévères turbulences rencontrées expédièrent plusieurs passagers percuter le plafond et empêchèrent le commandant de bord de se ruer dans le cockpit. Après que le copilote eut réussi à rejoindre un air plus accueillant, l'avion fit un atterrissage d'urgence à Marseille où un des passagers décéda après avoir été frappé par un des écrans du système de divertissement en vol. Après cette tragédie, il fut strictement interdit de décoller sans radar météo.

Dans certaines régions océaniques très fréquentées, les pilotes sont capables de trouver davantage de solutions à ces problèmes de communication. Une technologie de prévisions météo plus avancée, sur l'Atlantique Nord et d'autres régions, fonctionne par liaisons de données *via* des satellites. Là où les communications radio à haute fréquence ne sont pas fiables, comme dans l'Atlantique

Sud, c'est une manière idéale pour les pilotes de dialoguer avec le contrôle aérien. Mais parce que ce système n'était pas opérant à bord du vol AF 447, le contrôle aérien de Dakar fut forcé de surmonter ce manque en devinant la route de l'avion et d'établir un plan de vol virtuel qui ne pouvait pas être confirmé.

« Les communications radio à haute fréquence dans cette région sont très souvent perturbées, explique Patrick Magisson, et leurs qualités sont vraiment aléatoires. Se trouver en dehors de la couverture radar n'a rien de confortable. Nous devons être très prudents, et nous devons être attentifs à tout le trafic autour de nous pour deviner où les autres avions se trouvent et où ils se dirigent. Nous ne pouvons pas dévier de notre trajectoire, vers la droite ou la gauche et être sûrs que nous n'allons pas percuter un autre avion qui croise notre chemin. »

En l'absence de report de positions et de mise à jour de prévisions météo de la part de pilotes d'avions situés devant lui, ou des contrôleurs aériens, l'équipage de l'AF 447 devait, de façon compréhensible, contourner l'orage. C'était certainement le cas pour les autres avions à proximité cette nuit-là, y compris un autre avion d'Air France qui se trouvait devant le vol 447. L'avion semble avoir dévié dans une zone où il a rencontré de l'eau en surfusion. Les rapports de la Nasa et des compagnies aériennes montrent encore et toujours que des nuages d'apparence inoffensive à proximité des cellules de convection peuvent contenir, et abritent souvent, de l'eau en surfusion. Cette eau avait pu givrer les tubes Pitot, mettant à mal la qualité des informations de vitesse air. Les moteurs avaient pu également être touchés par le givrage, mais avant la découverte des boîtes noires, il n'y avait aucune preuve de cette seule possibilité.

Outrepasser l'ordinateur

Patrick Magisson précise que plus rien n'est certain lorsque les Pitot tombent en panne : « Lorsque vous pilotez n'importe quel Airbus comme le 320 ou les 330/340 en "loi alternative", vous ne pilotez pas vraiment directement. Le système de gestion des commandes de vol continue à gérer les ordres du pilote. Lorsque vous certifiez un avion, vous n'annoncez pas que ceci n'arrivera jamais. Vous dites que ça peut arriver mais que les risques sont si minimes que vous n'avez pas à les prendre en compte car le taux de probabilité est infime. Il pourrait décrocher, il peut décrocher. Mais vous devez avoir le statut de votre avion dégradé à un point tel qu'il se trouve en dehors des paramètres du processus de certification. Le Boeing 777 est proche de cela, et certains jets d'affaires relèvent de la même philosophie. En tant que pilotes d'Airbus, nous sommes entraînés à récupérer d'un pré-décrochage mais nous ne le sommes pas pour récupérer d'un décrochage total. C'est le problème avec les simulateurs de vol. Aucun simulateur n'est capable de donner un bon retour de l'attitude de l'avion lorsqu'il a totalement décroché. Il est vraiment difficile d'entraîner quelqu'un avec un choix de comportements qui ne correspondent pas à la réalité. Nous sommes capables d'avoir un bon modèle mathématique du comportement à proximité du décrochage, mais pas plus. Nous nous sommes entraînés à cela sur des avions légers lorsque nous étions des pilotes en formation, mais aussitôt que nous volons sur des avions plus lourds, ce n'est plus à l'ordre du jour. »

Au lieu de piloter manuellement leurs appareils, les pilotes reçoivent la consigne de faire confiance à l'automatisation. « Les constructeurs vous disent de suivre les check-lists, mais en tant que pilote vous avez l'autorité d'outrepasser l'ordinateur. Il y a une bonne raison pour cela. Si vous êtes vraiment sûr que vous avez raison, vous n'avez pas à suivre les check-lists et les procédures ; vous pouvez court-circuiter l'ordinateur et reprendre l'autorité. Dans ce cas, nous savons que l'ordinateur a été induit en erreur. Nous pouvons couper les ordinateurs de contrôle de pilotage qui sont devenus faux. Le pilote a la pleine autorité pour prendre la décision de sauver nos vies. »

La simulation du vol 447

Les pilotes détestent les simulateurs. Pour eux, c'est un croisement entre le cabinet du dentiste et un circuit de montagnes russes. L'environnement froid et hostile du simulateur garde les empreintes des équipages qui ont sué à bord au cours de scénarios de crises totalement effrayants. En touchant simplement un bouton de sa console – d'où il gère le simulateur – l'instructeur-testeur peut plonger les pilotes en un clin d'œil dans des situations au-delà de leurs compétences. Le simulateur semble aussi vivant qu'un prédateur cruel attendant de piéger sa proie : tout pilote qui commettrait une erreur fatale. Dans quelques rares cas, des équipages très anxieux face au défi qui s'était présenté devant eux s'en sont pris physiquement à l'instructeur du simulateur.

Les pilotes savent qu'ils vont rencontrer des situations prévues pour aller au-delà des limites du simulateur comme de l'avion. Ce fut le cas un jour de septembre 2009 où deux pilotes chevronnés d'Airbus pénétrèrent à bord d'un simulateur – coûtant plusieurs millions de dollars –, dans le sud de l'Angleterre. Abandonnant une après-midi ensoleillée, ils entrèrent dans une salle de la taille d'un gymnase et s'avancèrent sur une passerelle. En face d'eux, le simulateur de vol, tout blanc et sans fenêtre, ressemblait à un yacht disgracieux monté sur un trépied hydraulique.

Les pilotes anglais recréèrent l'itinéraire du vol Air France 447 lors de cette nuit du 31 mai 2009. À bord du simulateur, ils se dirigeaient vers l'est au-dessus de l'Atlantique. Leur simulation était incomplète car les conversations dans le cockpit et les données du vol, les témoins électroniques des dernières minutes du vol maudit, restaient introuvables. En se basant uniquement sur les informations de maintenance transmises minute par minute, avertissant Paris des arrêts de fonctionnement des instruments et des commandes du vol 447, les pilotes tentèrent de reconstituer la destruction totale d'un système pourtant réputé sûr.

Les cabinets d'avocats, les compagnies d'assurance, les administrations, les compagnies aériennes, les constructeurs d'avions et leurs fournisseurs savent tous qu'il y a rarement une cause simple et unique à une catastrophe aérienne. Inévitablement, ces tragédies sont le résultat d'un enchaînement d'événements. Les enquêtes aboutissent à des recommandations dont le résultat a pour objectif d'empêcher des tragédies similaires. Les réparations sont généralement négociées en privé par les compagnies d'assurance qui ne veulent pas jouer le sort des indemnités de leurs clients devant le jury d'un tribunal. Rester en dehors du système judiciaire diminue également la couverture médiatique et épargne aux dirigeants des moments pénibles face au public et aux médias.

Dans ce cas, l'intérêt des médias se porte naturellement sur les représentants des associations des proches de victimes, des syndicats de pilotes, des procureurs et des autres parties intéressées qui contrastent avec les « pas de commentaire !! » habituels des industriels qui n'ont généralement pas grand-chose à dire aux amis et membres des familles touchées. Lorsqu'ils se mettent à parler, ils partagent facilement les responsabilités – au moins partiellement – avec les pilotes disparus, qui ne sont malheureusement plus en position de se défendre.

Des questions sont adressées directement aux organismes qui ont certifié l'avion dans un premier temps et qui sont également responsables de la nomination d'officiels qui tendent à être lents lorsqu'il s'agit d'enquêter sur leurs plus importants constructeurs aéronautiques nationaux et porte-drapeaux du transport de masse. Dans certains cas, des agences telles que la FAA sont mandatées pour protéger les usagers et promouvoir l'aviation commerciale, une mission parfois contradictoire. Les analyses de coûts font également partie du travail de la FAA ainsi que l'application des recommandations parfois lourdes du NTSB, qui enquête sur les accidents et publie des recommandations à propos des avions et des modifications de procédures.

Les compagnies aériennes elles-mêmes se retrouvent sous une pression économique lourde et ne peuvent accepter les accidents en raison de leur impact dévastateur sur leurs affaires. Dans le même temps, elles peuvent être lentes à agir lorsque de nouvelles technologies apparaissent qui pourraient pourtant rendre leur activité plus sûre. Ces améliorations, lorsqu'elles surviennent, sont souvent la conséquence d'une enquête sur un accident qui a permis l'émergence de solutions permettant d'empêcher de futurs accidents similaires.

Au sein de nombreuses nations, l'aviation est une affaire financée par les gouvernements, à une époque où le rendement reste une des principales clés du succès. La technologie qui peut rendre le vol encore plus sûr, comme les systèmes de prévisions météorologiques avancés employant des liaisons satellites au-dessus des océans, ne reçoivent pas toujours la priorité, même s'ils réduisent significativement certains risques.

Alors que les pilotes britanniques volaient vers l'est à bord de leur simulateur lors de leur vol virtuel depuis Rio, ils ne purent employer le nouveau système de prévisions météorologiques océaniques qui avait été utilisé avec succès par United Airlines au-dessus du Pacifique en partenariat avec la FAA. Pour un coût d'environ 1 million de dollars par avion, ce système de liaisons par satellite aurait pu alimenter en temps réel l'appareil en données météorologiques *via* le système ACARS. Une carte imprimée aurait pu montrer que la route prévue les faisait passer par un système orageux particulièrement dangereux. Même si le radar de l'avion échouait à détecter ces perturbations météorologiques et/ou le problème de cristaux de glace et d'eau en surfusion menaçant les tubes Pitot, les pilotes auraient été alertés à temps pour dérouter leur appareil bien avant qu'il ne se retrouve piégé.

Malheureusement, en raison de réductions budgétaires, la FAA avait annulé ce programme pourtant utile. United Airlines, impressionnée par les promesses de cette technologie pour ses vols transocéaniques, continua à travailler sur ce programme dans l'espoir qu'un jour il puisse devenir un équipement standard.

Comment était la météo cette nuit-là ? « Laisse-moi faire », répondit un des pilotes cherchant à recréer l'accident. « Nous avons mis les paramètres de turbulence du simulateur sur le plus fort possible, mais cela ne pouvait pas égaler ce que l'avion avait traversé cette nuit-là car ces mouvements auraient détruit le système hydraulique du simulateur. »

Lors de la simulation du vol 447, le vol a longé les côtes brésiliennes vers le nord jusqu'à Recife puis a obliqué vers l'est sur l'Atlantique à une altitude de 35 000 pieds. En moins de neuf heures, ils auraient atteint Paris. Mais alors que le vol prenait congé du contrôle aérien brésilien et annonçait son arrivée dans l'espace aérien supervisé par les contrôleurs du Sénégal, un puissant orage commença à secouer l'avion. Au dehors, c'était le noir complet, sans horizon visible dans les nuages. Soudainement, le simulateur se balança jusqu'à ses limites.

À ce moment-là, les pilotes simulèrent le givrage des tubes Pitot. L'engagement de données de vitesse air non fiables amena les calculateurs à envoyer des informations fausses aux calculateurs des commandes de vol. Alors que l'équipage tentait de stabiliser l'avion, il constata que l'indicateur de vitesse était tombé en panne. Le système informatisé de l'avion transféra le contrôle de l'avion du pilote automatique à l'équipage. Soudainement, les instruments et les commandes commencèrent à défaillir ; l'avion entra en décrochage et perdait 7 000 pieds à la minute. Les alarmes sonores retentirent, accompagnées de messages enregistrés indiquant le décrochage « Stall ! Stall ! ». Les indicateurs d'alarme lumineux clignotaient dans un cockpit secoué dans tous les sens. Dans le même temps, le PFD affichait une série d'alertes exigeant des actions correctives immédiates.

Lors des quatre minutes suivantes, les pilotes œuvrèrent rapidement pour récupérer le contrôle de l'avion tandis que les alarmes lumineuses clignotaient ou hurlaient dans leurs oreilles, et qu'une voix féminine enregistrée leur demandait plaintivement de redresser « Pull up, Pull up » et « Terrain Warning ». La perte d'indication de vitesse air, conclurent les pilotes, avait apparemment conduit par erreur le calculateur de contrôle de vol dans des paramètres de vol instables. Ceci avait plongé les pilotes dans une situation d'urgence qu'ils n'étaient pas complètement entraînés à corriger.

Les pilotes du vol AF 447 n'avaient jamais reçu d'entraînement en simulateur pour des problèmes de givrage à haute altitude entraînant des indications de vitesse incorrectes. Ils n'avaient pas non plus procédé à un entraînement qui exigeait d'eux de reprendre le contrôle de l'avion au pilote automatique et de maintenir des paramètres de croisière en ignorant les données incorrectes de l'affichage de la vitesse. Dans le même temps, ils devaient maintenir leur niveau de vol jusqu'à ce que les Pitot se réchauffent et que l'affichage de vitesse revienne.

Cette lacune en termes d'entraînement était une surprise si l'on considère que plus de 30 incidents similaires, sans conséquences, avaient eu lieu un peu partout dans le monde pendant les deux années précédentes, dont plusieurs sur des avions d'Air France.

L'événement le plus dramatique et le plus impressionnant eut lieu à bord d'un avion de la Qantas qui, avec ses Pitot gelés et des indications de vitesse erronées, entra dans un piqué prononcé en raison d'une erreur du calculateur de contrôle de vol. Plus de 30 passagers furent hospitalisés après que le pilote eut récupéré la situation et ramené l'avion au sol en sécurité.

« En clair, conclut un des pilotes britanniques qui avaient travaillé sur la simulation, ce qui est arrivé sur le vol 447 est une perte de contrôle de la vitesse et de l'assiette. Tenter de passer outre les ordinateurs dans cette situation était au-delà de leur entraînement. Dans notre simulation, il est apparu qu'il a pu y avoir une vitesse excessive, endommageant le stabilisateur horizontal et la dérive. Nous sommes entrés dans le simulateur avec d'importantes connaissances sur l'accident et nous savions à quoi nous attendre, déclara le pilote, les questions sont faciles quand on connaît les réponses ! Nous connaissions déjà quels messages d'erreur nous allions avoir sur le PFD. C'est déjà plus facile que quelque chose qui survient de nulle part. Si vous avez déjà eu un entraînement approprié, alors vous diminuez le risque d'une action inappropriée ou le délai pour une réaction correcte. Ça peut être un gros problème si le calculateur donne une lecture fausse des données de vitesse air et met l'avion en piqué pour corriger un "décrochage" perçu qui n'a pourtant pas eu lieu. »

Dans un tel environnement, la charge de travail pour les pilotes est très lourde, et eux-mêmes se battent avec des problèmes qui sont clairement liés à l'automatisation des vols. Les calculateurs sont, de façon assez surprenante, longs à reconnaître le problème créé par des données de vitesse incorrectes. Les pilotes, dans le simulateur, bataillaient avec une situation où ils commençaient à perdre les surfaces de contrôle qui devaient les sortir du décrochage.

Le vol se trouvait donc dans le « coffin corner » où l'amplitude de variation de vitesse possible est de seulement 150 km/h en croisière et n'est plus que de 70 km/h en montée ou en descente. Au-delà de ces limites, l'avion peut décrocher.

Soudainement, tout devint calme. Le simulateur se stabilisa et le cockpit retrouva une certaine tranquillité. Une lumière rouge s'alluma sur la console de l'instructeur. Elle annonçait ce que les pilotes savaient déjà : le vol Air France 447 s'était écrasé dans l'Atlantique.

Les pilotes

Pour Daniel Holtgen, de l'*European Air Safety Agency* (EASA) à Cologne, en Allemagne, il était difficile, sans disposer des boîtes noires, de répondre à nombre de questions autour de l'accident du vol 447. Certaines interrogations nécessitaient quelques recherches. Depuis son bureau avec vue sur le Rhin, il rédigeait de soigneuses notes à ce sujet : « Est-ce que l'Airbus A330 est certifié pour récupérer d'un décrochage en "loi alternative" lorsque le pilote, au lieu du pilote automatique, est aux commandes ? » Quelques semaines plus tard, il apporta une réponse très intéressante, à même de surprendre les élèves pilotes qui, traditionnellement, démontrent leur capacité à sortir leurs avions du décrochage en vol.

« Dans ces circonstances, la démonstration de décrochage était effectuée avec des conditions spéciales [...] en raison des lois des commandes de vol électriques et du système de protection de haute incidence qui leur est associé [comportant des détecteurs d'angle d'attaque qui empêchent l'avion de prendre une assiette dangereuse, à monter comme à piquer] », expliqua-t-il.

Ces détecteurs sont des palettes qui indiquent au pilote l'angle d'attaque de l'aile dans l'air. L'angle maximum est de 22° sur une aile standard. Les autorités de régulation reconnaissent que cette protection, conçue d'origine, empêche toute possibilité de décrochage. De plus, une alarme de décrochage – un système qui est disponible dans tous les cockpits – n'est pas indispensable pour l'A330 « si le système de protection de haute incidence fonctionne normalement ». Les pilotes qui volent sur A330 insistent sur le fait qu'ils ne sont pas entraînés pour cette sorte de décrochage car, en accord avec ce qu'assure le constructeur, ils soutiennent que l'enveloppe de protection intégrée empêche que cela se produise.

« Personne n'avait jamais essayé cela, déclare le pilote d'A330 Francis Nardy, directeur technique du SNPL, le syndicat des pilotes d'Air France, car normalement cela n'existe pas. C'est une question que nous devrons désormais creuser. »

Alors que les agences de régulation étaient en train d'analyser cette publication, le directeur général d'Air France-KLM, Pierre-Henri Gourgeon, dans une volonté de transparence totale, lança un audit sur la sécurité conduit par des experts extérieurs et ajouta de nouvelles sessions en simulateur pour les pilotes à l'entraînement. Tous les consultants, sauf un, venaient d'autres pays que la France. Il initia également une procédure de « lever de doute » pour vérifier les positions des avions de la compagnie toutes les dix minutes grâce au système ACARS qui relie les vols aux services de maintenance *via* une liaison par satellite.

En parallèle, à la FAA, à Washington, Ali Bahrami, responsable du directoire des avions de transport et du service de certification, examinait avec attention les rapports sur les pannes des sondes Pitot causées par le givrage à haute altitude sur les Airbus A330 et 340. « Nous enquêtons pour savoir pourquoi ça c'est passé dans cette situation particulière. En nous basant sur ce que nous avons appris, nous pensons l'étendre à d'autres modèles comme le A320. »

Une des choses que les experts ont apprise était qu'ils avaient l'opportunité de mettre à jour les standards de certification qui n'avaient pas suivi le rythme de l'ère du jet.

Le pilote d'Airbus d'Iberia, Fran Hoyas, directeur des affaires industrielles des 38 000 membres de l'*European Cockpit Association* (ECA), est convaincu que la nécessité de réduire les coûts force les pilotes du XXIe siècle à voler sur une technologie qui date, en fait, du milieu du XXe siècle.

Il pointe en particulier les communications radio à haute fréquence qui n'ont pas fonctionné sur le vol Air France 447 et qui sont des reliques des années 50. « Ce ne sont pas de bonnes techniques de communication. Disposer de liaisons satellites, c'est coûteux ; pourtant nous acceptons d'utiliser ces technologies modernes par satellite pour rapporter des problèmes à la maintenance, mais pas pour garder le contact avec les contrôleurs ! »

C'est le même problème pour les sondes Pitot qui procurent les informations de vitesse aux pilotes. Après le crash du vol 447, le pilote d'A320 Érick Derivry, membre du SNPL, demanda à l'EASA : « Quelle température faisait-il avant que la glace ne bloque le fonctionnement des Pitot ? » « Nous avons reçu une réponse impressionnante : le chiffre était -35 °C, basé sur une certification qui avait été faite dans les années 50. Chaque jour, des avions volent à -40 °C ou -50 °C. Bien que cela ait été mis à jour pour refléter les situations de givrage en dessous de 0° Celsius, le problème était que nous n'avions pas la possibilité de simuler en soufflerie le givrage des Pitot par de l'eau en surfusion. »

Les pilotes travaillent dur pour se sortir des givrages modérés qu'ils peuvent rencontrer en vol. Malheureusement, les prévisions météorologiques et le radar ne peuvent pas détecter certaines anomalies, comme l'eau en surfusion, qui remettent en cause la sécurité de vols. Par temps humide, les gouttes d'eau sont partout ; à 20 °C en dessous de 0, ces mêmes gouttes sont très refroidies. Si les molécules dans ces gouttes ne sont pas perturbées, en air calme, elles peuvent se transformer en glace. Une masse d'air très froide semble sans danger pour un pilote à haute altitude qui n'a reçu aucune alerte de la part des contrôleurs aériens ni vu aucun signe annonciateur d'un givrage potentiel sur son radar. Lorsque la masse froide touche l'avion, les gouttelettes trouvent le noyau qui leur manquait et se transforment instantanément en glace en une milliseconde. « À ce moment-là, nous devenons tous des pilotes d'essais, attendant de voir ce qui va se passer pour nos Pitot et, dans le cas de réacteurs à haut taux de dilution, à nos moteurs eux-mêmes ! » ajoute le pilote vétéran Hank Austin, qui a piloté toutes sortes d'avions, de l'appareil de sport au jet commercial, pendant plus de quarante ans.

Tom Ratvasky, ingénieur aéronautique au *Glenn Research Center* de la NASA, à Cleveland, souligne que les standards courants pour la certification des avions en cas d'eau en surfusion avaient été établis pendant l'enfance des jets commerciaux. « À la fin des années 50, le *Royal Aircraft Establishment* (RAE) avait envoyé un Bristol Britannia à Darwin, Entebbe et Singapour pour collecter des données sur les nuages de convection dans les tropiques, ceux qui produisent des masses importantes d'eau en surfusion. Ces mesures devinrent les bases de la certification pour le vol dans l'eau en surfusion. Il reste quelques incertitudes concernant les mesures effectuées, et nous aimerions refaire ces expérimentations avec un équipement moderne. Lorsque l'on fait voler un instrument dans un courant d'air, il peut y avoir des variations dans les mesures locales et il peut être nécessaire de faire des corrections pour compenser en fonction des courants aériens locaux. »

Faire ces mesures est un défi technique. « Dans le passé nous avons utilisé certains instruments pour évaluer l'environnement de liquides surfroids afin de mesurer la glace sur la cellule d'un avion, explique Tom Ratvasky. Quand nous avons introduit une grande masse d'eau en surfusion, les instruments n'ont pas bien réagi. Environment Canada, la NASA et d'autres partenaires ont collaboré pour développer et tester un grand nombre d'améliorations des instruments pour de meilleures mesures afin que notre campagne d'essais soit un succès. »

À Cleveland, une nouvelle soufflerie a été construite par la NASA pour compléter le travail effectué au Canada. Des recherches aériennes menées près de Darwin, en Australie, sont prévues pour 2012. Ces études, en liaison avec le groupement industrialo-gouvernemental *Engine Harmonization Working Group* « doivent permettre la définition d'une "enveloppe" mieux adaptée, destinée à être utilisée par les administrations lors des processus de certification des moteurs en conditions givrantes. Les données des pertes de puissance des moteurs laissent penser qu'elles tendent à survenir dans des conditions météorologiques bénignes. Le pilote ne serait pas capable de les détecter sur le radar. Un de nos objectifs est de collecter des informations pour développer une manière de détecter ces conditions afin de les éviter. »

Alors que les experts tentent de résoudre le mystère qui se cache derrière un nombre grandissant de rencontres avec l'eau en surfusion ayant entraîné des pannes de Pitot en 2008 et 2009, ainsi que plus de cent pannes de moteur, les manuels d'instruction se sont révélés périmés.

Hank Austin, aviateur expérimenté, se repose largement sur les bases du FAA FAR/AIM *Regulation and Information Manual* pour son métier actuel de pilote et d'instructeur d'aviation générale. En se rendant à la section givrage du gros manuel de 1 022 pages, il remarque qu'il n'y a pas un seul mot sur l'eau en surfusion : « Comment peut-on se préparer pour une situation qui n'est même pas définie ? »

Heinz Frühwirth, pilote de 777 pour Austrian Airlines et par ailleurs directeur technique de l'ECA, est persuadé que le bon endroit pour commencer se trouve au sol. Son organisation réclame « une amélioration des entraînements en simulateur pour apprendre aux pilotes comment aller au-delà des limites de certification des avions et faire face aux situations extraordinaires. Certaines de ces situations sont trop dangereuses pour être testées à bord de vrais avions ». « Nous devons définir de nouveaux simulateurs qui pourraient offrir un entraînement encore plus réaliste. C'est un aspect sur lequel les pilotes ont déjà exprimé leurs inquiétudes. Ils déclarent : "Je ne me sens pas assez compétent pour me retrouver dans une situation difficile. Serais-je capable d'y faire face ?" Si nous disposons de plus d'entraînement et d'expérience, nous serons plus efficaces pour gérer les situations difficiles sur les nouveaux avions. »

Gideon Ewers, de l'*International Federation of Air Line Pilots' Associations* (IFALPA) – représentant plus de 100 000 pilotes autour du monde –, est persuadé que l'origine du problème est que les pilotes sont traités avec un certain manque de respect. « Des rapports récents, évoquant des pilotes professionnels américains gagnant moins de 20 000 dollars par an, vivant de tickets restaurants et passant la nuit sur des matelas gonflables dans des salles de repos partagées avec leurs collègues pour économiser le prix d'une nuit d'hôtel, n'inspirent pas une grande confiance en ces compagnies ! »

« Quand j'étais enfant, je ne voulais faire que deux métiers, pilote ou astronaute, déclare Gideon Ewers, c'était les trucs les plus géniaux qu'il était possible de faire. Les pilotes étaient considérés comme des individus ultra-responsables et fiables, de bons modèles. Désormais, certaines personnes n'hésitent pas à déclarer qu'il est plus dur d'être conducteur de bus car les avions sont en permanence sous pilote automatique ! » Gideon Ewers insiste avec ironie sur le fait que l'inverse est également vrai : « C'est toujours un pilote qui est le premier sur le lieu d'un crash ! Nous devons prendre des décisions en toute indépendance pour empêcher que cela se produise. Je peux vous faire écouter les bandes audio d'une tragédie potentielle sur un taxiway à Providence où c'est un pilote, refusant de suivre les ordres d'un contrôleur qui l'autorisait au décollage, qui a empêché une intrusion périlleuse sur la piste. Cela aurait pu tourner au drame. C'est une illustration du fait que les pilotes ne sont pas assis là pour faire des mots croisés ! » Puis il ajoute : « L'accident de l'A340 d'Air France à Toronto en 2005 au cours d'un terrible orage en est un autre exemple. Les passagers réussirent à s'échapper alors que l'avion était en train de se consumer après avoir glissé en dehors de la piste. Il y avait de forts orages dans les environs de l'aérodrome mais personne n'avait relevé de problèmes particuliers. Les turbulences n'étaient pas si terribles. C'est la nature même de la météo : en dépit de ce que les chaînes spécialisées vous disent, la météo n'est pas une science exacte, l'atmosphère est une chose d'une incroyable complexité. »

Les accidents liés à la météo donnent aux enquêteurs l'opportunité de s'interroger sur l'entraînement des pilotes. Par exemple, l'équipe canadienne qui s'est occupée de l'accident du 340 de Toronto a reproché aux pilotes d'avoir atterri à mi-piste et d'avoir laissé l'avion glisser dans un fossé. En décembre 2009, un tribunal canadien a approuvé une compensation pour les passagers de 11,4 millions de dollars canadiens de la part d'Air France, Airbus et Goodrich, le fabricant et concepteur des toboggans d'évacuation dont certains n'ont pas fonctionné, obligeant 60 personnes à sauter pour évacuer l'avion en flammes.

Rejetant la notion d'entraînement insuffisant comme facteur contributif à l'accident, Air France et ses assureurs attaquèrent en justice l'aéroport de Toronto et Nav Canada qui avaient en charge l'arrivée de ce vol ; la compagnie se plaignait du revêtement des pistes de mauvaise qualité et des décisions du contrôleur qui auraient mené à l'accident. Les litiges en cours entre la compagnie aérienne, l'aéroport et les contrôleurs aériens canadiens mettent en lumière la complexité du contrôle du trafic aérien international et l'uniformisation des standards. Aux États-Unis, un avion qui ne répond pas aux appels du contrôle aérien pendant plus de dix minutes est signalé au *North American Aerospace Defense Command* (NORAD) militaire. En France, les pilotes d'aviation légère survolant certaines régions fréquentées, comme la Provence, doivent rester en contact radio constant même s'ils se retrouvent en dehors des zones de contrôle terminales entourant les aéroports principaux. Le pilote d'un simple monomoteur Beechcraft doit donc changer de fréquence radio toutes les cinq minutes.

Or l'AF 447 n'avait plus été en contact radio depuis six heures avant qu'une opération de recherche et de sauvetage d'urgence ne commence ! Dans les zones isolées comme l'Atlantique Sud, corriger cette vulnérabilité signifie dépenser des millions dans un système de communications par satellite relié au contrôle aérien. Une autre solution, encore plus onéreuse, consisterait à transmettre par satellite l'ensemble des données des deux boîtes noires, ce qui, pour un coût de 300 millions de dollars rien que pour Air France, résoudrait le problème également des boîtes noires introuvables.

Les pilotes ont des sentiments très partagés sur la transmission de toutes ces données à la compagnie, car cela constitue également une intrusion certaine dans leur sphère privée.

Une marge d'erreur étroite

Une autre inquiétude, exprimée par Fran Hoyas, pilote d'Iberia, est que cette innovation entraînerait l'industrie aéronautique dans une mauvaise direction : « Ce serait un premier pas vers encore plus d'automatisation, la naissance d'un système avec lequel il serait possible de télécharger les informations concernant l'avion en temps réel. Et puis, à partir du moment où ils seraient capables de contrôler l'avion depuis le sol, ils n'auront plus besoin de pilotes ! »

Un meilleur investissement, pense Fran Hoyas, serait de s'assurer que les trois pilotes à bord de ces vols long-courriers soient suffisamment qualifiés pour être responsables du pilotage. Fran Hoyas est opposé à l'idée de placer dans le siège du commandant de bord un pilote suppléant n'ayant effectué qu'un seul vol vers le Brésil – une des hypothèses alors étudiées pour le cas de l'accident du vol 447. Même dans le cas où le plus expérimenté des copilotes est vraiment aux commandes lorsque le commandant de bord est au repos, la présence d'un pilote novice dans le siège du commandant constitue une inquiétude. « Le gars assis dans un siège de pilote doit avoir l'expérience, les connaissances et les autorisations pour être responsable du vol. Il doit donc être au moins un copilote ou un commandant de bord qualifié ! » Dans l'armée britannique, quatre pilotes pleinement qualifiés sont présents pour les vols les plus longs et ils échangent leurs postes à mi-parcours. Évidemment, remplacer un jeune pilote par un copilote confirmé engendre un coût notable pour la compagnie aérienne...

Avant la découverte des boîtes noires, l'incertitude autour de la personne aux commandes de l'avion était un des mystères du vol Air France 447. Le fait que le corps du commandant Marc Dubois ait été retrouvé dans l'Atlantique avec les restes de plusieurs autres passagers a contribué à la théorie selon laquelle il aurait pu se trouver dans la zone de repos de l'équipage pendant la chute de l'avion et l'accident.

Il était possible que les corps de David Robert et Pierre-Cédric Bonin n'aient pas été retrouvés car ils étaient attachés à leurs sièges et auraient coulé avec. Il était possible, par ailleurs, que Marc Dubois ait mis un terme à son repos lorsque les turbulences ont commencé et qu'il soit revenu à son poste. Il pouvait très bien être aussi en train de discuter avec le personnel de cabine ou des passagers, à moins qu'il ne se soit trouvé aux toilettes. Il était également possible que les détections du radar météo et de l'absence de communication avec Dakar l'aient empêché de prendre son tour de repos. Une autre théorie, rapportée par Pierre Sparaco, qui a couvert Air France et Airbus pendant des années, soutenait que Marc Dubois pouvait être aux commandes au moment de l'accident. Elle se basait sur le fait que son corps a été retrouvé tout habillé. « Lorsqu'un pilote français va dormir lors d'un long vol, il enlève son pantalon dans la zone de repos, expliquait Pierre Sparaco, il ne veut pas que celui-ci soit fripé lorsqu'il va dire au revoir à ses passagers au moment du débarquement. »

Selon Patrick Magisson, membre du comité de la sécurité des vols du SNPL, quel qu'ait pu être le pilote effectivement aux commandes au moment de l'impact, chaque accident offre de toute façon l'opportunité de prévenir d'autres tragédies. Quelques heures après avoir terminé le nouvel entraînement en simulateur destiné aux pilotes d'Air France relatif à la perte d'informations de vitesse fiables, à l'automne 2009, il déclarait : « Bien que nous ayons un peu d'entraînement basique sur ce problème lorsque nous obtenons notre qualification sur Airbus, c'est vraiment la première fois que nous avons la possibilité d'entraîner des pilotes sur l'ensemble d'un événement qui débute avec une perte d'indication de vitesse sur l'*Air Data Unit* à 35 000 pieds jusqu'à l'atterrissage. »

Dans cette séance en simulateur, Patrick Magisson découvrit qu'il s'agissait d'un processus complexe exigeant une parfaite coordination entre les pilotes. « Le problème de base est qu'à 35 000 pieds, la marge d'erreur est très faible. Et il est bien plus difficile de travailler aux instruments car plus vous descendez et moins vous avez d'informations. Plus les choses vont mal, plus il y a de choses à faire pour les pilotes, particulièrement quand on ne peut plus faire confiance aux instruments parce que les données de vitesse sont incorrectes. Il s'avère que lorsque vous avez la chance de vous entraîner pour ça dans un simulateur, il peut y avoir des surprises. Le fait important est de rapidement afficher les bons paramètres de puissance et d'assiette, pour que l'avion vole de façon sûre quelles que soient les indications du badin. Parce que ce problème survient souvent dans l'orage, il est critique que le pilote, et non pas le pilote automatique, gère la vitesse de l'avion quand commencent les turbulences. Malheureusement, les check-lists d'urgence n'indiquent pas aux pilotes de couper le pilote automatique à haute altitude, même lorsque le vol se déroule à travers de sévères turbulences. »

D'une manière générale, Patrick Magisson s'inquiète que les pilotes de certaines compagnies, dont Air France, aient tendance à voler avec l'automanette dans les turbulences. « Je pense qu'il serait préférable de la couper plus souvent dans les procédures liées aux turbulences. Il faut encourager les pilotes à couper l'automanette et à gérer la vitesse manuellement car, ainsi, ils peuvent opter pour des paramètres de puissance prédéterminés. Puisque les turbulences précèdent souvent les pannes des indicateurs de vitesse en cas de givrage par de l'eau en surfusion, vous aurez ainsi un avion qui vole exactement à la bonne vitesse et à la bonne attitude parce que vous serez en mode de poussée manuel. Ce qui vous permet immédiatement de vous concentrer sur quel indicateur de vitesse est fiable ou pas. S'ils sont tous HS, vous pouvez alors couper les protections de décrochage qui pourraient vous entraîner accidentellement dans des attitudes de sous ou de survitesse dans le cas où une vitesse erronée serait communiquée par un Pitot givré. Ainsi vous pouvez piloter l'avion en sécurité avec une assiette et une puissance prédéterminées. [...]

Le plus frustrant à propos de ce nouvel entraînement est le fait qu'il démontre à quel point ce type d'information est mal partagé dans notre domaine. Il devrait y avoir une façon pour que chaque pilote de chaque compagnie aérienne puisse être informé automatiquement de ces événements indésirables. Il devrait y avoir également un entraînement universel relatif à ces problèmes de sécurité dès maintenant et pour tous les pilotes. »

Un problème impressionnant et stressant

Un autre problème fondamental est la charge de travail. Dans les situations d'urgence, chaque seconde compte. La rationalisation du flot d'informations sur les paramètres de vol peut être un problème critique. Les pilotes expérimentés, qui ont volé à la fois sur Airbus et Boeing, ne sont pas sûrs que les écrans digitaux constituent une véritable amélioration. Un de ces pilotes de chez Delta, qui a volé sur Airbus et Boeing et qui connaît les différences entre les deux types de cockpits, l'explique de cette façon : « Sur Airbus, il y a six écrans. Le PFD dispose d'indicateurs digitaux pour la vitesse, l'altimètre, la vitesse verticale et un indicateur d'horizon. Lorsqu'il y a une évolution de vitesse ou d'altitude, l'indicateur monte ou descend sur une échelle digitale. La plupart des avions Boeing n'ont, eux, que deux écrans qui montrent l'horizon, l'altitude et un affichage de carte. Les instruments analogiques affichent les autres paramètres du vol telles que la vitesse et l'altitude avec des instruments analogiques à aiguille, similaires au compteur de vitesse ou au compte-tours de votre voiture. En vol, il est plus facile de lire un affichage analogique car il réclame moins de réflexion, particulièrement lorsque le temps est compté et lorsqu'il y a des turbulences, vous n'avez qu'un regard à lancer sur les instruments pour voir rapidement, du coin de l'œil, si un paramètre a notablement évolué. Avec un affichage digital, vous devez vous concentrer et véritablement lire les informations pour interpréter les nombres qui s'affichent, ce qui prend plus de temps. C'est un processus plus long que de jeter un œil sur un cadran. Un bon exemple de cette différence, c'est le compteur de vitesse d'une automobile. Il y a quelques années, les constructeurs automobiles ont fait basculer l'affichage de la vitesse de compteurs analogiques vers un affichage digital. Ils sont revenus aux affichages analogiques traditionnels car ils sont plus faciles à interpréter. C'est la même chose pour une alerte de pression d'huile. Un chiffre peu élevé est plus difficile à interpréter qu'une aiguille qui en train de descendre vers la gauche. Bien sûr, la maintenance apprécie l'approche d'Airbus car il y a moins de parties mobiles que celles que l'on trouve sur un Boeing 757 ou un 767 où les instruments analogiques sont encore nombreux. »

Même dans les situations où Airbus et Boeing utilisent les mêmes composants d'un même fabricant, les autorités de régulation trouvent des différences qui sont difficiles à expliquer. Alors que l'enquête du BEA se poursuivait, les tubes Pitot conçus par Thales et Goodrich demeuraient l'objet de toute l'attention des autorités de régulation. Les senseurs d'angle d'attaque construits par Goodrich faisaient également partie de l'étude. Ce système de sécurité conçu pour prévenir la possibilité d'un décrochage indique au pilote l'angle d'attaque des ailes, qui ne doit pas dépasser 22°.

« Je ne peux pas garantir que l'action que la FAA et l'EASA ont entreprise est la fin de l'histoire, déclare Daniel Holtgen de l'EASA. Peut-être serons-nous bientôt en position de recommander des modifications de conception, mais nous ne sommes pas encore dans cette situation car il reste toujours un mystère. Je n'ai aucune garantie que les sondes Goodrich sont dépourvues de problèmes. Il y a eu des soucis, mais ils ne sont simplement pas à l'échelle des incidents connus par les sondes Thales. Je ne peux pas non plus garantir qu'il s'agit d'un problème purement Airbus. Nous avons un œil sur Boeing également, bien qu'il apparaisse à ce jour qu'il y a eu moins d'incidents sur Boeing. »

D'après la FAA, des pannes de Pitot ont eu lieu sur six Boeing si bien que l'agence fut prompte à ajouter qu'ils ne relevaient pas « d'un problème majeur de sécurité » lors de ces incidents. Boeing ajoute qu'il continue d'étudier l'impact sur la sécurité du givrage de Pitot à haute altitude sur tous les modèles en production.

Mais il existe un expert qui a une idée très prometteuse sur la manière d'améliorer la sécurité des vols. Son nom est Heinz Frühwirth, pilote de Boeing 777 chez Austrian Airlines et qui pilotait auparavant un Airbus A330. Il est persuadé qu'il est temps pour les leaders de l'industrie aéronautique de prendre en compte « un pas de deux ».

« J'ai été très satisfait avec le système de protection et les commandes de vol électriques d'Airbus. Il me donnait un agréable sentiment de sécurité. Mais le système du 777 est plus simple. La check-list électronique du 777 est plus claire pour les situations anormales. L'afficheur change la couleur du texte lorsque vous le déroulez. Désormais, Airbus commence à rattraper son retard. Un des problèmes avec Airbus, c'est que le manche latéral du pilote, qui a remplacé le manche traditionnel, ne restitue pas les sensations de ce que le copilote est en train de faire. Parce que Boeing dispose d'un vrai volant qui se déplace de façon synchronisée avec celui du copilote, vous pouvez surveiller facilement ce qu'il fait. D'un autre côté, Airbus met à votre disposition une formidable tablette rétractable où vous pouvez disposer de toutes les informations du vol. C'est bien conçu. Ce serait assez génial que l'on puisse combiner le meilleur de ces deux mondes sur un seul avion. »

Les experts qui ont consacré leur vie à rendre le vol plus sûr sont d'accord avec lui, mais il n'y a pas de solution rapide à ce problème. Le pilote d'A320 Air France Érick Derivry le résumait au mieux dans son bureau ensoleillé près des pistes de Roissy : « Toutes les équipes de la compagnie et tous les pilotes sont touchés. C'est désormais une nécessité psychologique : nous devons rendre notre domaine encore plus sûr. L'esprit de notre métier est de dire que ce type d'accidents n'arrivera plus jamais. Nous devons être prêts psychologiquement. Aujourd'hui, nous ne pouvons pas encore le dire. C'est un problème grave et important de ne pas trouver de réponses. »

La réponse américaine : rester en dehors du problème

Bien que seulement deux des victimes du vol 447 aient été américaines, cette triste histoire fit les gros titres aux États-Unis, la couverture des magazines et l'ouverture des chaînes d'information pendant des mois. Sur le Web, les forums de pilotes furent inondés de théories à propos des causes possibles de la catastrophe. De nombreux experts qui avaient quelques idées sur la manière de rendre l'aviation plus sûre furent soigneusement interviewés.

Bien que des poursuites judiciaires aient été lancées à Houston, Chicago et San Francisco, les agences gouvernementales, les industriels et les syndicats de pilotes de tous les États-Unis se lançaient dans l'analyse des rapports préliminaires des autorités françaises et brésiliennes. À San Francisco, le juge de la cour du district fédéral, Charles Breyer, rejeta une demande de plusieurs familles de victimes qui espéraient profiter des décisions rapides de la justice américaine. Parce que les jugements américains dans ce genre de cas sont généralement très favorables aux plaignants, les avocats tentèrent – mais ils échouèrent – de convaincre le juge que cette affaire devait être plaidée devant une cour américaine. Dans sa décision, Charles Breyer déclarait que le jugement d'une plainte contre une compagnie aérienne française pour un accident qui n'a fait que deux victimes américaines devait revenir à un tribunal français.

Les enquêteurs du BEA interrogèrent leurs collègues du NTSB pour obtenir des informations complémentaires sur d'autres incidents récents de perte d'indication de vitesse sur A330/A340. De son côté, la FAA suivit immédiatement les recommandations de l'EASA sur le rétrofit des tubes Pitot.

La compagnie aérienne Delta, alors en plein processus de fusion avec Northwest, analysa les dossiers des A330 de cette compagnie et rapporta qu'au cours des dernières années, il y avait eu un certain nombre d'incidents mettant en cause les tubes Pitot. Après que l'équipage d'un A330 Northwest volant de Hong Kong vers le Japon en juillet 2009 eut rapporté une rencontre avec de l'eau en surfusion qui entraîna des indications de vitesse fausses, les instances régulatrices recommandèrent l'accélération du remplacement des tubes Pitot Thales par ceux de leur concurrent américain Goodrich.

Ce changement, qui poussa également US Airways à changer ses sondes sur ses A330, n'était qu'une partie de la réaction américaine au drame qui s'est déroulé dans l'Atlantique Sud. Au sein de la FAA à Washington, Ali Bahrami évoquait ainsi les importantes implications de cet accident : « Puisque les avions sont de plus en plus complexes avec une avionique de plus en plus performante, vous voulez savoir comment assainir les situations comme une panne potentielle de sonde Pitot par des changements de conception ou des modifications des procédures. La confiance d'Airbus envers l'automatisation et l'enveloppe de protection implique que l'avion est protégé d'une mauvaise action. » Ali Bahrami reste persuadé que les pilotes ont également grand besoin d'un « entraînement aux procédures anormales » adapté.

Les limites de la technologie

Bien que n'ayant aucune certitude sur les causes de l'accident, les compagnies aériennes et les pilotes firent du mieux qu'ils purent pour éviter des événements similaires. Parmi eux figurait le responsable de la sécurité des vols d'Air Caraïbes, qui s'était rendu chez Airbus à la suite d'incidents impliquant des indicateurs de vitesse au-dessus de l'Atlantique sur deux des quatre avions de la compagnie aérienne en août et septembre 2008. L'inquiétude des responsables de la compagnie portait sur un problème dans les procédures d'urgence relevé par les pilotes : en particulier « un souci sur une confusion causée par l'*Electronic Centralized Aircraft Monitoring System* (ECAM) annonçant une chose et de la procédure papier disant juste le contraire ».

« C'est vrai, reconnaît Patrick Magisson, d'Air France et du SNPL, c'est la raison principale pour laquelle le message fort, depuis des années, à propos de ces problèmes d'indicateur de vitesse [causés par des problèmes aussi variés que des pannes des modules de données, collisions aviaires contre les tubes Pitot, oubli des protections des sondes avant le décollage, installation d'abeilles et leurs nids à l'intérieur des sondes...] est de suivre prioritairement la procédure papier pour assurer la sécurité du vol, puis de trouver l'origine de la panne, et seulement après, d'annuler les alarmes de l'ECAM et d'effectuer une vérification croisée du statut ECAM de l'avion à l'aide de la procédure papier. » Cette approche est recommandée car il peut être plus rapide de suivre les procédures écrites dans le manuel que de décrypter les messages affichés à l'écran.

Heinz Frühwirth, directeur technique de l'*European Cockpit Association* est du même avis. Ce commandant de bord 777 pour Austrian Airlines, qui a également piloté des A320, déclare : « Toutes les informations pointent les limites de la technologie à fournir aux pilotes un soutien dans une situation hautement complexe. Le système est bien conçu pour les principales pannes probables, mais il n'est d'aucune aide pour les événements les plus rares et les plus extrêmes. Il n'y a plus que "le bon sens de l'aviateur" ; dans ce cas, voler avec la bonne assiette et positionner les gaz pour obtenir la bonne vitesse peut sauver la situation comme les pilotes d'Air Caraïbes l'ont démontré. »

À Washington, le NTSB pointe que ni les manuels, ni les simulateurs n'arment les pilotes pour les situations critiques qu'ils sont susceptibles de rencontrer. « Nos enquêteurs ont découvert que les pilotes ne perçoivent pas l'eau en surfusion à haute altitude comme une menace pour leurs avions et leurs moteurs », explique Peter Knudson. En conséquence, ils ne réalisent pas forcément qu'ils « peuvent connaître des extinctions de moteurs lorsque la glace est projetée au sommet des nuages orageux ». Un cas se déroula en novembre 2005 lorsqu'un avion d'affaires Beechcraft, qui commençait sa descente à 33 000 pieds, vit ses deux réacteurs s'arrêter en raison de la glace. Incapables de redémarrer les moteurs, les pilotes planèrent jusqu'à l'aéroport de Jacksonville où ils effectuèrent un atterrissage d'urgence impressionnant.

« Nos enquêteurs découvrirent qu'avant l'incident, ni le manuel de vol du Beechcraft ni l'entraînement de l'équipage n'avaient pris en compte la présence de glace à haute altitude », ajoute Peter Knudson. Scott Kendall, un pilote d'aviation générale qui travaille pour le *Annis Water Resources Institute* de l'université de Grand Valley State de Muskegon, dans le Michigan, précise que de nombreux pilotes associent les conditions de givrage à des niveaux de vol inférieurs à 24 000 pieds. « Le gel de l'eau dépend de la quantité et du type de noyaux. En fait, les gouttelettes d'eau en surfusion [à des températures inférieures à -20 °C et en dessous] ne givre pas sans un noyau.

C'est la raison pour laquelle vous pouvez voler à travers une zone apparemment claire et où c'est l'avion lui-même qui devient le noyau sur lequel toute l'eau en surfusion se transforme en cristaux de glace qui auront un impact direct sur les performances de l'appareil. »

Changer quoi que ce soit est comme rouler un rocher jusqu'en haut d'une colline

Quelques météorologues qui ont étudié le système orageux rencontré par le vol AF 447 juste avant l'accident ont émis une théorie selon laquelle les conditions de givrage créées lorsque les gouttelettes d'eau en surfusion ont touché l'avion auraient contribué à l'accident en givrant les sondes Pitot et auraient également dégradé les performances de l'avion. Cette hypothèse rendait plus urgente encore l'étude scientifique conduite par des experts comme Jeanne Mason, ingénieur système de propulsion à Seattle chez Boeing. Jeanne Mason occupe une fonction-clé au sein du *Engine Harmonization Working Group* qui se concentre sur l'atténuation du problème et simule les environnements de particules de glace.

Travaillant étroitement avec les laboratoires de recherche du gouvernement à Cleveland, au Canada et en Australie, elle, et d'autres experts aéronautiques, expliquent qu'il faudra des années pour comprendre totalement ce problème. Dans un article pour l'Institut américain de l'aéronautique et de l'astronautique, Jeanne Mason et ses collègues Walter Strapp, de Environment Canada, et Philip Chow, d'Honeywell, précisent en effet que « des installations d'essais capables de simuler ces conditions météorologiques sur des réacteurs ne sont pas encore disponibles » et que, en outre, « il n'existe aucune méthode de détection directe à l'instar des radars météorologiques ».

Ces deux problèmes sont au cœur de la crise qui frappe l'industrie aéronautique, selon certains experts comme Bruce Carmichael, directeur des programmes d'application aéronautique au *National Center for Atmospheric Research* (NCAR) de Boulder dans le Colorado. Pilote depuis 1968, il supervise les projets conçus pour améliorer les rapports météorologiques pour la communauté aéronautique. Comme Jeanne Mason et ses collègues, il se concentre sur le développement d'une technologie qui permettrait aux pilotes d'éviter les orages, les turbulences et le givrage. « Changer quoi que ce soit en aviation, avoue Bruce Carmichael, c'est comme rouler un rocher jusqu'en haut d'une colline. Il y a énormément d'inertie dans l'aéronautique. Les compagnies aériennes sont pieds et poings liées aux autorités. Tout le monde doit être d'accord. Il faut changer les politiques, modifier les réglementations et obtenir l'accord des syndicats. L'aviation est une industrie assez conservatrice. Pour changer quoi que ce soit, il faut une nécessité impérieuse et ça devient de pire en pire ces derniers temps car les personnes chargées de la gestion de la sécurité assurent que désormais tout est sûr. Si vous avez à changer quoi que ce soit, vous devez entrer dans un processus qui doit prouver sans aucune équivoque que ça sera sûr. Quelqu'un doit signer de son nom en disant qu'il comprend qu'il peut y avoir des risques induits par ces changements et qu'il en accepte la responsabilité. Si quelque chose se passe mal, la personne qui a signé pourra être traduite devant les tribunaux. »

Bien que les moteurs des avions modernes soient certifiés pour voler dans la quasi-certitude qu'ils ne peuvent tomber en panne pour des raisons techniques au cours des longs vols transocéaniques, la certification ne prend pas en compte les récentes augmentations des arrêts moteurs en vol en raison de rencontres avec de l'eau en surfusion. « Les cristaux de glace ne sont même pas considérés comme faisant partie de l'équation, ajoute Bruce Carmichael. La certification des moteurs pour les vols océaniques est basée sur la fiabilité mécanique des moteurs. Avec plus de cent pannes moteurs à ce jour, sur une grande variété d'avions, nous allons finir par perdre un avion dans ces circonstances, ajoute-t-il. Lorsque deux moteurs s'éteignent dans un nuage de glace, les pilotes doivent les redémarrer. Quelquefois, ils peuvent ne pas y parvenir ! »

Cette sobre analyse est basée sur les vues des experts du NCAR qui expliquent qu'« il y a deux parties dans ce problème. Les gars des moteurs qui ne comprennent pas exactement ce qui se passe à l'intérieur des moteurs et comment la glace crée le problème, et de l'autre côté, nous, les gars de la météo, qui ne savons pas comment prévoir où la glace va se trouver. Du côté de la météo, nous devons être capables de prévoir les zones de givrage et du côté des motoristes, ils ont besoin de concevoir des moteurs plus robustes, qui ne s'éteignent pas ».

Bruce Carmichael pense que l'industrie aéronautique a échoué dans la conception d'un avion qui donnerait aux pilotes une maîtrise totale de son environnement, du décollage à l'atterrissage. Il y a une différence considérable entre le commandant Chesley Sullenberger – qui reprend les commandes de son avion à basse altitude et le pose dans une zone relativement calme de l'Hudson au cours d'une belle journée – et un pilote qui se retrouve à 35 000 pieds, de nuit, dans des turbulences orageuses, à bord d'un avion avec des instruments en panne, au milieu de l'Atlantique, à des heures de vol de la piste la plus proche. C'est d'autant plus crucial si le pilote de remplacement est dans le siège du commandant de bord et qu'il n'a jamais reçu au simulateur le moindre entraînement pour cet enchaînement d'événements.

Dans l'esprit de Bruce Carmichael, le problème est aggravé par le fait que la technologie éprouvée qui aurait pu aider les pilotes à éviter ces dangereux orages au-dessus de l'océan n'avait pas été mandatée par la FAA ou intégrée par les compagnies aériennes. Cela force les pilotes à faire confiance à une technologie qui ne les met pas efficacement à l'abri du danger. « Là, je regarde par la fenêtre de mon bureau le ciel clair et ensoleillé du Colorado. Aucun radar ne pourra me dire s'il y a des turbulences là. Quand un jet vole autour d'un orage, il n'y a aucune possibilité de savoir si des cristaux de glace s'échappent de l'orage vers la trajectoire de l'avion. La solution est de rester en dehors de la trajectoire de l'orage dans un premier temps. Nous nous sommes plaints de cela car il y a une technologie disponible qui aurait pu être installée dans le cockpit du vol 447. Elle aurait pu leur donner au moins un avertissement une heure avant le complexe orageux qu'ils auraient donc pu éviter complètement. En employant une technologie satellite existante, notre *Aviation Digital Data Service* – développé avec Aeronautical Radio Inc. d'Annapolis dans le Maryland – nous pouvons facilement transmettre des informations météorologiques en temps réel par satellite aux avions dans les zones où il n'y a aucune couverture de radar au sol. C'est important car leur radar embarqué ne peut pas voir au-delà de 160 kilomètres, soit environ douze minutes de vol, devant eux, et n'est définitivement pas capable d'identifier le type de cristaux de glace qui peut potentiellement givrer les tubes Pitot et détériorer les moteurs. »

La solution est une simple liaison depuis le NCAR par le système ACARS qui se trouve sur tous les avions récents. Ce système éprouvé imprime automatiquement une carte météo spécifique qui pointe les menaces orageuses en cours de formation où l'eau en surfusion se trouve typiquement. Cela marche même sur les bandes passantes les moins rapides dans les situations où les communications radio HF ne fonctionnent pas.

« Nous avons expérimenté ce système sur une route d'United Airlines de San Francisco à Sydney, en Australie, et les pilotes nous ont dit que ça marchait bien. Quand les conditions sont bonnes, l'imprimante reste tranquille. S'il y a quelque chose qui se passe, elle se met en marche et imprime. Les pilotes nous ont dit que lorsque l'imprimante commençait à sortir nos cartes en temps réel, basées sur des observations satellites, ils se rasseyaient dans leurs sièges, réalisant que quelque chose d'important allait arriver. Ils ont été satisfaits de ce système, précise Bruce Carmichael. En tant que météorologiste, j'ai été quelque peu irrité que toute l'attention se soit concentrée sur les sondes Pitot dans le cas du Air France 447. Avec ce système, ces pilotes auraient reçu la carte météo dont ils avaient besoin une heure plus tôt et auraient pu contourner l'orage, le givrage et les turbulences. Le but étant de rester en dehors de la zone dangereuse. »

Bruce Carmichael est ainsi persuadé que des prévisions météorologiques fiables et disponibles grâce à une technologie simple sont incontournables pour éviter de futurs accidents. Il explique : « Nous n'avons pas de solutions pour les problèmes de givrage des réacteurs, le problème des tubes Pitot est directement lié au fait que l'augmentation de l'automatisation des avions rend de plus en plus sensible la moindre erreur de donnée apportée par ces sondes. Par exemple, si vous obtenez des lectures différentes des différentes sondes et que vous êtes en train de voler aux limites de votre domaine de vol – votre petite fenêtre de vulnérabilité à haute altitude qui limite les variations de vitesse à une plage de 150 km/h –, les systèmes automatisés peuvent se retrouver totalement leurrés. Dans ce type de cas, sur des avions qui ne disposent pas de commandes de vol électriques, le pilote ajuste la puissance et l'assiette et continue de piloter l'avion. Ce n'est pas une urgence majeure. Vous n'avez qu'à piloter puis vous poser. Mais quand le système automatique dirige tous les mouvements de l'avion et ses surfaces de contrôle, tout désaccord entre les différentes entrées des capteurs devient une situation d'urgence. Le pilote n'a pas le luxe de reprendre la main parce que l'avion croit qu'il est plus intelligent que lui et n'accepte pas de faire les choses que le pilote désire qu'il fasse. Le problème, c'est que sur un grand nombre d'avions modernes, il y a des fonctions que le pilote ne peut pas couper. Certaines choses sont si étroitement imbriquées dans le système informatique que le pilote n'a même pas la possibilité de les contourner. Parfois, le pilote doit prendre le dessus sur l'ordinateur pour de bonnes raisons. Imaginez si le commandant Chesley Sullenberger avait été empêché par les calculateurs de se poser sur l'Hudson ?

Est-ce que les systèmes d'alerte météo avancés utilisés par les avions d'United de San Francisco à Sydney auraient permis au vol AF 447 de rester en dehors des zones dangereuses ? Avec un préavis d'une heure et une carte satellite en temps réel, ils auraient pu rester en dehors des zones de givrage et de fortes turbulences. N'importe quel pilote à bord de cet avion aurait pu le gérer. L'équipage aurait eu le temps de tranquillement éviter une situation de panique pour prendre une décision stratégique. Malheureusement, nos partenaires du FAA Weather Research Program ont annulé leur financement pour ce programme d'essais pourtant probant, quelques années auparavant. Depuis l'accident du vol AF 447, leur intérêt s'est pourtant renouvelé. Aujourd'hui, il ne faudrait que six mois pour remettre ce système en service. Nous avons tous les logiciels et le hardware en place. Tout est entièrement automatique, le coût serait d'environ 1 million de dollars par avion pour commencer aujourd'hui. »

Les pilotes ne sont rien de plus que des chauffeurs de taxi !

Lorsque Michel Guérard a rejoint Airbus Industrie au début de 1987, la société œuvrait depuis un simple immeuble de Toulouse mais tentait de changer le monde. Depuis 1906, lorsque les frères Voisin ouvrirent la première usine aéronautique dans les faubourgs de Paris, jusqu'au baptême du Concorde, les constructeurs français ont toujours tenté de tracer une voie pour diriger l'industrie aéronautique. Michel Guérard, désormais responsable commercial régional, avait entendu parler du grand pas en avant d'Airbus pendant des années.

Depuis seize ans, la société se battait pour prendre des parts de marché à Boeing, McDonnell Douglas et Lockheed. Les clients potentiels étaient impressionnés par les cockpits beiges, leur planche de bord bleue et la poignée de la palette de train en cuir. Ils se gavaient de Bordeaux et de foie gras dans les salons. Quelques furieux osaient même demander leur numéro de téléphone aux hôtesses qui se trouvaient à bord des avions de démonstration. Mais malheureusement, quand arrivait le moment de finaliser les contrats, les commerciaux revenaient au bureau les mains vides.

Le 22 février 1987, juste un mois après l'arrivée de Michel Guérard, l'A320 décollait pour son vol inaugural de trois heures et vingt-deux minutes depuis l'aéroport de Toulouse-Blagnac. La longue attente s'achevait. Après huit décennies, la France et ses alliés allemands et anglais avaient enfin créé l'avion destiné à remporter tous les marchés de Sydney à Moscou.

Aujourd'hui, Michel Guérard, désormais vice-président de la société Airbus en charge de la sécurité des produits, peut regarder de son bureau les six bâtiments du complexe Airbus, le centre nerveux de 38 000 employés qui, en 2010, a fièrement dépassé Boeing en terme de ventes. Là, lors d'un premier entretien à propos des interrogations soulevées par la disparition du vol 447, il apporta un point de vue sur la situation qui abordait largement les techniques de récupération sous-marines, l'automatisation du vol, les tubes Pitot, les procédures d'urgence, l'incidence, le décrochage et les recherches en eau profonde au milieu de l'Atlantique. Comme tous les autres experts, il était désireux de trouver les solutions qui permettraient d'aider les compagnies à ne plus jamais connaître un tel événement.

L'essentiel du crédit en revient à Bernard Ziegler qui se trouvait sur le siège de droite lors du décollage de l'A320. Comme les frères Wright, Alberto Santos-Dumont et Antoine de Saint-Exupéry, Bernard Ziegler était un visionnaire. C'était aussi un pragmatique qui savait qu'Airbus ne serait jamais compétitif sans prendre des risques allant au-delà de l'imagination de ses concurrents américains. Son rêve était d'améliorer la sécurité des vols en construisant des avions qui pourraient, sauf pour quelques minutes pendant le décollage et l'atterrissage, voler par eux-mêmes grâce à des commandes informatisées, redondantes, qui remplaceraient les habituelles commandes hydrauliques par de l'électronique. Les ordinateurs ne simplifieraient pas seulement le pilotage de l'avion mais le protégeraient aussi des erreurs du pilote grâce à des limitations intégrées dès la conception.

Le pilote et écrivain William Langewiesche, passionné par

l'histoire d'Airbus, et auteur du livre *Fly-by-Wire*, pense que, grâce au leadership de Bernard Ziegler, « il y a certainement des centaines de personnes qui sont redevables de la moindre de leur respiration à la philosophie qui se trouve à la base des concepts d'Airbus ».

Qui est exactement ce visionnaire qui a construit un avion empêchant les pilotes de commettre des erreurs fatales comme virer trop serré, monter trop vite ou descendre trop rapidement ? Il est le fils de l'aviateur légendaire Henri Ziegler, commandant au sein des Forces Aériennes Françaises Libres pendant la Seconde Guerre mondiale et plus tard, chef d'état-major des Forces Françaises de l'Intérieur sous le général de Gaulle. Après avoir servi comme directeur général d'Air France et travaillé pour Breguet, Henri Ziegler prit la tête de Sud-Aviation en 1968. Cette société s'était trouvée en concurrence, dans les années 50, avec le Comet britannique, un avion raté qui fut retiré du service après une série d'accidents. La Caravelle de Sud-Aviation, lancée en 1955, fut le premier jet court-courrier à connaître le succès commercial avec 279 avions vendus jusqu'en 1973. Là, il conduisit le développement du supersonique franco-britannique Concorde. Convaincu que les constructeurs aéronautiques français ne pourraient pas survivre seuls dans leur coin, il se battit pour créer un consortium franco-germano-britannique, Airbus Industrie, en 1970, un changement qui conduisit un Premier ministre français à le convoquer dans son bureau et à le traiter de « traître envers son pays ».

Au début 1973, soit juste deux ans après la création d'Airbus, American Airlines, très sceptique à propos des coûts d'exploitation du supersonique Concorde, de son impact environnemental et de sa pollution sonore, annula sa commande. Plein de fierté, Henri Ziegler regarda le premier avion Airbus, l'A300, décoller trois mois plus tard, au moment du Salon du Bourget. Luttant avec un carnet de commandes pratiquement vide, Henri Ziegler envoya son fils, récemment diplômé pilote d'essais, pour une tournée de démonstrations qui commença à Rio de Janeiro.

Interviewé pour la télévision française à deux pas de Copacabana, le jeune Bernard Ziegler tira son chapeau aux courageux pilotes français qui avaient ouvert la route sur l'Atlantique Sud quarante ans plus tôt à bord du désormais légendaire hydravion Latécoère 28 : « Notre arrivée nous permet de rendre hommage aux pionniers de l'Aéropostale. » Malheureusement, l'épopée en Amérique du Sud et ses suites n'apportèrent pas de commandes. Pendant les cinq premières années d'Airbus, une quinzaine d'A300 seulement furent vendus – à peine mieux que le Mercure de Dassault, qui ne fut vendu qu'à 10 exemplaires avant d'être arrêté. Henri Ziegler quitta brutalement la compagnie en 1974 et, en 1977, le parking de l'usine de Saint-Martin était rempli d'avions invendus.

Parier sur Bernard Ziegler

Alors que les A300 et A310 n'attiraient que lentement les clients, la société manquait cruellement de l'accroche commerciale nécessaire pour venir défier la mainmise de ses concurrents américains. Les ventes étaient plus mauvaises que celles de la Caravelle qui était devenue une déception pour un grand nombre de compagnies aériennes car 22 de ces avions, soit 7 % de la flotte, avaient été victimes d'accidents, dont deux d'Air France, un au Maroc et l'autre en France, au cap d'Antibes.

Au début des années 80, c'est Bernard Ziegler, alors directeur de l'ingénierie de la compagnie, qui persuada Roger Béteille, chef des opérations de la société, de construire un avion avec des commandes de vol électriques. Opposant ferme au programme Concorde, qu'il pensait être voué à un échec commercial, Bernard Ziegler exposa ses vues dans une courte note, une nuit. Aucun comité, pas d'études marketing, pas de consultants hors de prix. La compagnie était pilotée désormais avec les fesses !

Avec sa connaissance parfaite du pilotage des avions de combat et de ligne, le directeur technique de la société était l'avocat idéal pour un changement radical, l'un de ceux qui allaient causer de sévères turbulences pour les syndicats de pilotes en France et dans le monde entier. Les pilotes automatiques étaient des équipements standards sur les avions de ligne à réaction, mais les commandes de vol électriques, une technologie alors utilisée sur quelques jets de combat ultra-modernes et sur le Concorde, allaient redéfinir le rôle du pilote.

« Lorsque j'ai rejoint la compagnie, témoignait Michel Guérard dans un passionnant entretien, il était évident qu'il n'était pas possible de concurrencer le 737 avec un avion similaire. La France avait lancé la Caravelle et le Mercure pour concurrencer le best-seller de Boeing et le DC-9, parce que c'était sur cette gamme d'avions que se trouvait le plus gros pactole du marché. Mais ils ne se sont pas vendus. Nous devions produire quelque chose de différent. Les gens d'Airbus prirent conscience que la technologie existait pour faire quelque chose d'encore meilleur. »

Dans des conditions de vol normales, une série d'ordinateurs redondants, opérant avec différents logiciels, allait fournir un back up fiable pour l'A320. Lorsque les problèmes surviendraient, les ordinateurs devaient alerter les pilotes de reprendre les commandes si besoin était. Mais des protections intégrées devaient s'assurer qu'un pilote fatigué ou mal entraîné ne pourrait pas sur-réagir et mettre l'avion en danger. Au lieu de poser la question aux pilotes sur ce qu'ils pouvaient penser de ce changement, le directeur technique le leur présenta comme un fait accompli.

« Bernard Ziegler nous demanda ce dont nous disposions comme technologies qui pourraient nous permettre d'effectuer un changement radical du point de vue de la sécurité pour les compagnies aériennes, expliquait aimablement Michel Guérard dans sa salle de conférences aux étagères remplies de maquettes d'Airbus. Tandis que la société tentait de séduire les pilotes avec l'idée qu'ils pourraient toujours reprendre le contrôle de l'avion à n'importe quel moment, il était clair que les calculateurs en charge du pilote automatique étaient construits autour de ce qu'un sociologue a désigné comme “un système logique qui n'est pas totalement accessible pour les pilotes” ! »

Le système des calculateurs des commandes de vol électriques, qui fonctionne sur des plateformes logicielles différentes, communique en interne, prend des décisions qu'il n'est pas toujours facile pour les pilotes de comprendre ou de suivre. Et parce qu'ils fonctionnent à grande vitesse, les pilotes ne parviennent pas à suivre le rythme de ces système de prise de décision automatiques.

Michel Guérard évoquait cette transition avec une émotion identique à celle des producteurs de films lorsque certaines vedettes de films muets se sont battues pour qu'arrivent les films parlants. Les pilotes doivent faire confiance à la technologie du « Fly-by-Wire », intervenir quand la situation l'exige, que le pilote automatique se désengage de lui-même ou que le commandant de bord réalise que quelque chose va de travers et décide de reprendre le contrôle. Alors que l'on disait aux équipages que leur charge de travail en serait significativement réduite, certains s'inquiétaient des anomalies qu'il allait être difficile de démêler dans les délais impartis.

« Les relations entre Airbus et les pilotes étaient difficiles, tendues et certainement insuffisantes », se souvient le journaliste aéronautique français Pierre Sparaco, auteur du livre *Airbus, la véritable histoire*. Un des responsables du syndicat français SNPL s'insurgeait que « l'A320 [soit] construit sur les ruines du travail organisé ». Un autre suggéra que cet avion était une insulte aux aviateurs français, « un appareil dénué de sensualité, n'inspirant ni le sens du toucher, ni l'ouïe, juste les yeux ». Pour Bernard Ziegler, tout ceci n'était que lubie : « Après tout, les pilotes de ligne ne sont rien de plus que des chauffeurs de taxi. » Ce débat particulier a été pratiquement éteint par le succès commercial du concept des commandes de vol électriques. L'argument choc de Bernard Ziegler, qu'un avion bien conçu peut pratiquement éliminer le risque d'une erreur du pilote, permit de transformer Airbus en l'une des plus brillantes histoires industrielles du XXe siècle.

Malheureusement, le succès de cette nouvelle technologie n'a certainement pas éliminé le marché des assurances aériennes. « Le risque zéro n'existe pas », déclarait Michel Guérard au début d'une discussion sur ce qui avait pu tourner mal à bord du vol 447. Pourquoi Airbus a-t-il consacré tant de temps, d'argent et d'attention à comprendre cet accident ? Ce n'était certes pas la première fois qu'un avion d'Air France faisait les gros titres. Depuis 1951, il y avait déjà eu 21 accidents, dont trois au cours du XXIe siècle. Après l'accident d'Habsheim, en 1988, il y a eu au total 13 accidents d'Airbus à commandes de vol électriques, dont deux après la perte du vol 447 en juin 2009.

Nous travaillons sur l'expérience

Lors de toutes les autres catastrophes aériennes, les enquêteurs sont parvenus à déterminer les causes et ont recommandé des solutions pour prévenir d'éventuelles tragédies similaires. De nombreuses améliorations fondamentales de la sécurité des vols sont le résultat direct d'enquêtes sur des accidents. Les analystes des règles de sécurité des vols comme les experts du NTSB peuvent passer des années à essayer de convaincre la FAA, laquelle a la double responsabilité de promouvoir à la fois la sécurité des vols et le bien-être des compagnies. Influencer les voyageurs et les gouvernements est nécessaire pour effectuer des changements, mais peut être un long combat. Parfois, il faut un désastre pour servir de déclencheur à une action.

Un cas de ce genre fut le crash en 2008, à Buffalo, d'un avion régional de Continental Airlines opéré par Colgan Air. Les pilotes et les observateurs de la sécurité des compagnies aériennes avaient passé des années à exiger en vain que les pilotes obtiennent des temps de repos plus importants entre les vols dans le monde de l'aviation régionale – qui est parfois un métier infernal. Il fallut cette tragédie – qui coûta la vie aux 49 personnes à bord et à une personne au sol – pour amener la FAA, sous la pression du Congrès, son autorité de tutelle, à augmenter de huit à neuf heures le temps de repos pour les équipages entre deux vols.

Par bien des aspects, la perte du vol 447 était une exception à ce principe. En effet, comme, avant la découverte des boîtes noires, personne ne savait pourquoi l'A330 s'était écrasé, les industriels ont rejoint les familles de victimes pour étudier une large variété d'améliorations qui puissent, en théorie, éliminer le risque d'un événement similaire. Les compagnies aériennes, les agences de régulation, les constructeurs, les scientifiques, les avocats, les compagnies d'assurances et les familles de victimes travaillèrent d'arrache-pied pour répondre à un large éventail d'inquiétudes. L'incertitude concernant les causes de l'accident a créé une opportunité remarquable pour bâtir une coalition, comprenant les industriels et les passagers, pouvant déboucher sur des idées créatives pour améliorer la sécurité des vols.

Une amélioration importante avait été effectuée avec le remplacement des tubes Pitot dont le givrage avait pu contribuer lourdement à la catastrophe. À Air France, et dans d'autres compagnies, les procédures d'entraînement des pilotes avaient changé puisqu'on leur apprenait à éviter le décrochage en simulateur. De plus, de prometteuses nouvelles idées existaient sur la transmission des informations météorologiques, tout comme le suivi des vols, les communications satellites et la transmission des données de vol en temps réel traditionnellement limitée aux enregistreurs.

Tout ce travail est à mettre au crédit des industriels qui tentent de faire ce qu'il faut en dépit d'un contexte économique, politique et législatif plutôt difficile. Pour les passagers qui considèrent juste l'aviation comme un moyen de transport facile et relativement peu cher de rentrer à la maison le vendredi soir, ces défis peuvent sembler peu importants. Mais, quelque part entre la juste émotion d'un passager qui découvre pour la première fois cette fusée blanche et le savoir-faire du *Frequent Flyer Platinium*, il y a une opportunité de prendre de l'avance concernant les problèmes de sécurité.

« Nous travaillons sur l'expérience, expliquait Michel Guérard. Avec une flotte qui effectue 20 000 vols par jour, nous avons un retour d'expérience qui est analysé. Nous essayons d'améliorer la fiabilité du système. Je parle du flot d'informations qui circule entre les compagnies, les constructeurs et les autorités gouvernementales. Il n'y a aucune obligation pour les compagnies de nous faire leurs rapports, mais quand elles le font, cela améliore la sécurité. » Michel Guérard est persuadé que toutes ces améliorations vont renforcer la vision de la gestion du vol telle que la pensait Bernard Ziegler : « Ce dont vous disposez avec les “Fly-by-Wire”, c'est une meilleure conscience de la situation. Ceci se fait avec les écrans d'affichage. Vous étiez habitué à n'y voir que des aiguilles. Pourquoi ne pas décharger le pilote des actions répétitives qui peuvent être effectuées par la machine et le laisser libre de la surveiller ? C'est difficile d'être à la fois le pilote et le superviseur ; vous devez vous dédoubler. Avec un équipage de deux personnes, vous avez un pilote aux commandes et un pilote non en fonction. L'un surveille pendant que l'autre pilote. »

Un avion avec deux pilotes dispose aussi du soutien de cinq ordinateurs, ce qui porte à sept le nombre de décisionnaires à bord. Certaines fois, se répartir l'autorité peut être compliqué spécialement quand les calculateurs ne sont pas en accord. Et même lorsque les pilotes sont aux commandes, ils peuvent ne pas avoir autant de pratique qu'ils le voudraient. Par exemple, précisait Michel Guérard, « sur un long-courrier qui vole douze ou quinze heures avec quatre pilotes, vous pouvez n'effectuer un atterrissage que tous les quatre vols ».

C'est un paradoxe fascinant : Bernard Ziegler, désormais à la retraite, suggère que les avions « Fly-by-Wire » ont créé « un avion trop facile à piloter ». Plusieurs responsables d'Airbus partagent ce point de vue et sont persuadés qu'il est sensé pour les pilotes d'effectuer plus d'heures de vol en pilotage manuel. « Nous devons nous reconcentrer sur le pilotage de base », déclare le commandant Jacques Drappier, vice-président de l'entraînement à Airbus. « Je pense que d'un certain point de vue, nous devons revenir à un petit peu de maniabilité. » Il s'inquiète qu'un pilote qui enregistre huit cents à neuf cents heures de vol par an finisse par ne passer que « moins de trois heures au manche », la plupart du temps à l'atterrissage. « Nous avons aujourd'hui des gens dans notre programme de formation qui ont complètement oublié les fondamentaux du pilotage. C'est un problème qui doit s'adresser à l'ensemble des intervenants de ce business. »

Est-il possible que la technologie surpasse l'entraînement des pilotes ?

« Les commandes de vol électriques sont désormais un standard, expliquait Michel Guérard. Elles apportent tout un tas d'avantages. Le Boeing 777 en est doté, le Boeing 787 également. Les nouveaux avions chinois et russes aussi. Les seules exceptions sont quelques "commuters" moins chers. » De nombreux pilotes de ligne le disent : « Les avions ont de plus en plus d'automatismes si bien qu'on ne touche plus à l'avion au-dessus de 1 000 ou 1 200 pieds. On gère le système. On ne touche plus à rien. L'avion dispose d'un système d'auto-surveillance qui nous annonce tout ce qui concerne ses propres performances. Le rôle du pilote a changé, mais il reste le dernier maillon de sécurité. Lorsque tout tombe en panne, il vaut mieux avoir de bons pilotes. »

Les systèmes sont si fiables que certains sont tentés de se passer de la contribution des pilotes. Mais ceux-ci demeurent le système de sécurité le plus important à bord d'un avion. « Tous les constructeurs sont heureux d'avoir de grands pilotes à bord. Je crois que les compagnies qui n'ont pas d'accident ont une culture de la sécurité profondément ancrée. Il y a forcément une raison pour laquelle Qantas, après quatre-vingt-dix ans d'existence, n'a jamais connu d'accident mortel. Même chose avec Southwest. Ils ont pourtant beaucoup d'avions aujourd'hui et n'ont jamais perdu un passager. Les bons pilotes vont vers les bonnes compagnies. Il y a toujours une différence entre les grandes compagnies et les petites qui payent moins bien. »

Les compagnies tirent bénéfice des avions « Fly-by-Wire» parce que cela leur permet d'employer des pilotes moins expérimentés et de les payer moins que ceux de la génération précédente qui est arrivée dans le métier après s'être fait la main et de l'expérience avec les avions militaires. Prenons pour exemple Chesley Sullenberger, le pilote de US Airways qui a héroïquement fait amerrir son avion dans l'Hudson à New York en 2009. Diplômé de l'académie de l'Air Force, il a volé sept ans dans l'armée. Chesley Sullenberger a mis en cause certains journalistes ayant suggéré que c'étaient peut-être les commandes de vol « Fly-by-Wire » qui avaient sauvé le vol d'US Airways.

« La technologie n'est pas un substitut à l'expérience, l'habileté et le jugement. L'automatisation peut réduire la charge de travail dans de nombreux cas, mais dans d'autres situations, l'utilisation de l'automatisation, lorsque la situation ne s'y prête pas, peut largement augmenter cette charge de travail individuelle. Un pilote doit connaître le niveau d'automatisation approprié à la situation. Une chose a toujours aidé le monde de l'aéronautique à rester fort et fiable, c'est le concept de l'autorité du commandant. Quelle que soit la situation, nous avons une part d'autonomie, la possibilité de prendre des décisions indépendantes, à l'intérieur du cadre des normes professionnelles. » Et Michel Guérard de se souvenir que lorsqu'il a rejoint Airbus dans les années 80, les compagnies aériennes embauchaient des pilotes expérimentés : « Il y a vingt ans, il n'était pas possible d'intégrer une grande compagnie avec moins de 5 000 heures de vol. Désormais, l'entraînement a été optimisé et vous pouvez être formé en moins d'heures car les avions sont plus fiables et il y a moins de situations d'alerte. »

Cela peut-il créer de nouveaux défis ?

« On ne peut pas ignorer le surcroît de sécurité apporté par un équipage expérimenté, expliquait toujours Michel Guérard. Mais désormais, la tendance est d'avoir des pilotes avec moins d'expérience. Il est possible d'obtenir une licence Multi-Pilote (MPL) avec juste 180 heures de vol, et 320 heures de simulateur. On peut ainsi obtenir une qualification de type et débuter comme copilote. Il est même possible de se faire qualifier avec une licence Multi-Pilote sans avoir jamais effectué un seul vol en solo. Certaines compagnies asiatiques procèdent désormais ainsi, et British Airways vient juste de qualifier son premier équipage avec ce type de licence. » Il est évident que les standards appliqués en Europe ne sont pas les mêmes que ceux appliqués en Afrique, en Asie ou au Moyen-Orient. Un titulaire d'une licence Multi-Pilote, laquelle constitue juste un minimum, peut aller travailler dans des pays où il pourra trouver un bon poste. Mais si vous vous retrouvez dans un pays peu scrupuleux, cela peut avoir un impact sur la sécurité.

« Dans les pays où la sécurité est mauvaise, c'est que vous vous trouvez dans un endroit où les gens ne considèrent pas celle-ci comme prioritaire. Il peut y avoir des guerres, des routes défoncées, des maladies. Il n'y a donc pas d'argent et la valeur de la vie humaine n'y est pas la même. Certains ne font pas le travail comme il le faudrait car ils ne disposent pas des budgets nécessaires pour les autorités de régulation et que les autorités ne peuvent pas leur dire de tout stopper. »

Le directeur de la sûreté de la production, Michel Guérard, se montrait également désireux de savoir pourquoi, dans certaines régions, les accidents sont plus rares. « La sécurité est une question d'environnement. J'ai reçu un personnel venu d'Australie et je lui ai demandé s'il y avait une recette pour ces excellents résultats en terme de sécurité. Il m'a simplement répondu : "Il n'y a pas de montagnes et il fait toujours beau". C'est plus sûr que de voler en Sibérie. L'Alaska est encore pire à cause des montagnes et du mauvais temps. Ceci peut expliquer pourquoi les résultats en terme de sécurité en Alaska ne sont pas aussi bons que dans le reste des États-Unis. »

Un élément est revenu à plusieurs reprises dans les analyses météorologiques de l'accident du vol 447, c'est le défi posé par le vol de nuit. Les vols par mauvais temps sont de façon évidente moins complexes de jour. Il est plus aisé de repérer les orages et bien sûr de poser l'avion. Certains pays ont une approche pratique de ce problème : « Il y a très peu de vols de nuit en Chine, précisait ainsi Michel Guérard. Si vous avez une génération de jeunes pilotes, vous devez les aguerrir un peu. Si vous les restreignez aux vols les plus faciles, c'est bon ! »

Bannis à Paris

La France, avec son histoire aéronautique illustre, devrait jouir d'une sécurité des vols record. Le fait qu'Air France, aujourd'hui la cinquième plus importante compagnie aérienne au monde, ait un taux de sécurité inférieur à ses concurrents est perturbant. Depuis 1988, la compagnie et ses filiales ont connu six accidents graves, plus que British Airways (deux), Lufthansa (deux) et Japan Airlines (un) réunis. Le taux de sécurité de l'ensemble de la compagnie est l'un des pires des grands transporteurs européens, 80 % en dessous de la moyenne.

Comme les anthropologistes culturels, les observateurs avancent que l'aviation française s'est forgée au cours de véritables guerres tribales. Les journalistes, les constructeurs aéronautiques, les organismes de régulation, les psychologues et les pilotes d'autres nations ont en tête un stéréotype lorsque l'on évoque l'aviateur français.

Ces critiques avancent que la compagnie aérienne tend à embaucher des esprits matheux, brillants et indépendants, qui pensent au-delà de la planche de bord et qui ne suivent pas toujours les règles. Il existe une théorie dite « latine » selon laquelle certains pilotes français sont persuadés qu'ils sont trop intelligents pour suivre les règles de la compagnie. Le célèbre accident du meeting aérien d'Habsheim a largement contribué à répandre l'idée que les pilotes français, en roue libre, sont des pilotes d'acrobatie qui n'aiment rien tant que se mettre en valeur devant la foule d'un meeting aérien, entourés d'une bande d'hôtesses de l'air dans le cockpit. Et il ne manque pas d'observateurs pour affirmer que les pilotes français ne sont que des égocentriques persuadés qu'ils sont les meilleurs du monde !

« Air France a tendance à recruter des pilotes qui pensent qu'ils sont les meilleurs au monde », observe un industriel qui connaît bien la compagnie. « Vous devez former des pilotes disciplinés. Si vous appliquez simplement les procédures, vous n'obtiendrez pas un bon niveau de sécurité. Chez Air France, les pilotes se gèrent eux-mêmes et s'en prennent à leur encadrement. Il y a plusieurs syndicats au sein des pilotes d'Air France et ils se détestent tous entre eux. Ils déposent des préavis de grève pour se plaindre de problèmes comme payer des impôts sur les vols gratuits auxquels ils ont droit. »

D'autres ont étudié la compagnie du point de vue de sa culture de sécurité. Ils ont découvert une gestion bureaucratique encombrante, avec bien trop de syndicats, qui entraîne une incapacité pour la compagnie à étudier les problèmes de sécurité de façon constructive avec ses pilotes et leurs représentations syndicales.

Le système de gestion de données de vol, imaginé pour obtenir des retours d'information nécessaires pour prévenir les accidents, est malheureusement considéré par certains pilotes comme un outil de répression. La compagnie est également critiquée pour son incapacité à évaluer les imprévus et à modifier ses procédures de vol, conséquences des changements opérationnels liés à l'apparition de nouveaux avions.

Les conflits entre les pilotes et leur encadrement constituent un facteur d'inquiétude et certains pilotes sont accusés d'être élitistes. Sans considération sur le bien-fondé de ces accusations, ceux qui se sont penchés sur cette compagnie pensent que la formation *Crew Resource Management* (CRM) est largement en dessous du niveau de celle des autres compagnies aériennes et qu'elle devrait être mieux intégrée par un travail en simulateur. De plus, de nombreux employés ont noté, de façon indépendante, le manque de confiance envers l'encadrement de la compagnie, un problème qui conduit simplement à des lacunes de coopération.

Toutes ces problématiques sont bien résumées dans une étude menée par un comité indépendant – l'*Independent Safety Review Team for Air France*, ou ISRT– conduite à la demande de la compagnie.

Commandée à la suite de l'accident du vol 447, cette analyse attentive était destinée à démontrer la transparence de la compagnie sur son engagement permanent concernant la sécurité de ses passagers. Bizarrement, la compagnie refusa de publier ce rapport après sa remise au début 2011. Le texte complet du sommaire du rapport, non publié, montre le bon travail de l'équipe qui l'a rédigé et 35 recommandations apparaissent en annexe du document (*voir Appendice A en fin d'ouvrage*).

Ces critiques s'ajoutaient à la confusion et aux incertitudes concernant l'accident. Il n'y avait alors aucun moyen de savoir si une erreur de pilotage avait contribué à cet événement tragique. Mais il était fort probable qu'une combinaison de problèmes d'entraînement et de maintenance avait, directement ou indirectement, contribué à la perte de l'Airbus A330. En conséquence, un certain nombre de ces hypothèses, comme la meilleure façon de récupérer d'un décrochage, étaient à l'étude, même si leur influence, majeure ou mineure, dans ce désastre, n'était pas claire.

Décrochages aérodynamiques

À la différence des petits avions, les jets commerciaux modernes ne réclament pas de décrochage en essais en vol pour leur certification. Aujourd'hui, les constructeurs d'avions comme l'A330 soumettent aux organismes les données recueillies par les pilotes d'essais pour démontrer comment l'avion doit pouvoir récupérer d'un décrochage. Cependant, les pilotes de ligne n'ont pas à en faire la démonstration pendant leur qualification de type, comme l'expliquait Michel Guérard : « Il y avait des essais de décrochage en vol dans les années 50 et 60. Mon père, ancien pilote de chasse puis de ligne sur DC-10, à qui je demandais s'il se souvenait du dernier avion sur lequel il avait dû effectuer des décrochages, m'a répondu que ça devait être sur la Caravelle, dont la production s'est arrêtée en 1972. Les constructeurs n'effectuent plus d'essais de décrochage. Au cours du processus de certification, les pilotes d'essais amènent l'avion proche du buffeting pour voir s'il a un comportement sain. »

Les procédures standards pour un pilote qui s'approche du décrochage aérodynamique sont de suivre le vibreur de manche et les autres alarmes dans le cockpit, de reprendre de la vitesse en baissant le nez et en accélérant. Début 2009, un pilote en approche avec un avion de Continental Express à Buffalo décida de monter après avoir reçu l'alerte de décrochage. L'avion s'est écrasé en tuant ses 45 occupants et un homme au sol. Jusqu'au moment de l'accident, l'équipage, épuisé, discutait de problèmes qui n'avaient rien à voir avec la conduite du vol.

À la suite de l'accident du vol 447, Air France et d'autres compagnies ont mis sur pied des entraînements à la récupération d'un décrochage en simulateur. En février 2011, Boeing, Airbus, la FAA et l'EASA ont convoqué l'ensemble de la profession à Vancouver pour se concentrer sur les bases de la récupération d'un décrochage. « Nous pensions que quelque chose devait être fait », expliquait Michel Guérard.

Les caractéristiques de décrochage des jets modernes ne sont certainement pas un mystère. Une étude méthodique des messages de maintenance envoyés par le système ACARS de l'avion pendant les minutes finales du vol n'expliquait pas totalement ce qui s'était passé.

Un problème crucial dans le débat public entre Air France et Airbus est la panne apparente des trois tubes Pitot, laquelle a conduit à des indications de vitesse erronées qui ont entraîné un passage des commandes de l'avion depuis le pilote automatique vers l'équipage. L'analyse fascinante de Michel Guérard contribua au débat sur le doute qui existait tant que les boîtes noires n'avaient pas été retrouvées.

Les pannes de Pitot ne sont pas nouvelles dans l'aviation à réaction. Des indications de vitesse faussées par des Pitot bouchés, gelés ou cassés ont conduit à des accidents sur des avions de Northwest Airlines, AeroPerú, Air Florida, Austral Lineas Aereas (Birgenair), Florida Commuter Airlines et même de la NASA. Après

435 pannes ayant entraîné des pertes humaines, l'industrie continue de tenter de résoudre ce problème.

Air France a exploité des A320 pendant plus de dix ans avant d'identifier une première anomalie sur un Pitot. En vol à travers une pluie d'orage, le Pitot avait accumulé de l'eau qui n'avait pu être drainée correctement et avait gelé lorsque l'avion avait pris de l'altitude et rencontré des conditions givrantes. En 1999, la compagnie avait résolu ce problème en basculant vers des Pitot français Thales AA deux ans avant que ce changement ne soit recommandé par Airbus. À la même époque, les Pitot Goodrich des A330 et A340 étaient remplacés par les Thales AA.

En 2001, les agences de régulation française et américaine, suivant une recommandation d'Airbus, publièrent une « Airworthiness Directive » – consigne de navigabilité – demandant aux transporteurs de remplacer les Goodrich 0851GR des A330/A340 par des Goodrich 0851HL ou des Thales AA pour la fin 2003. La décision fut déclenchée par la présence de cristaux de glace et/ou d'eau dans les premières sondes Goodrich aux limites hautes de la spécification d'origine.

Alors que les avions d'Air France continuaient à voler sans encombre avec les Thales AA, d'autres transporteurs rencontraient des difficultés avec ce modèle. Entre décembre 2003 et décembre 2006, Airbus reçut sept rapports concernant des indications de vitesse erronées sur des A330/A340 opérant en Amérique du Sud, au Moyen-Orient, dans le Pacifique et en Asie. Tous ces incidents, sauf un, avaient eu lieu à des altitudes comprises entre 28 000 et 37 000 pieds et tous ces avions étaient équipés de tubes Thales.

En 2007, après avoir reçu ces rapports concernant des problèmes sur les Pitot des A330 et A340 sur une période de trois ans, Airbus alerta l'EASA et publia un bulletin-service annonçant l'option pour les compagnies de passer au nouveau Pitot Thales BA. Conçu en 2005 pour « répondre aux problèmes relatifs à l'ingestion d'eau observés sur la famille A320 pendant d'importantes précipitations à basse altitude », ce modèle offrait à Air France et aux autres compagnies une bonne alternative.

« Offrir le choix aux compagnies, des moteurs au radar météo en passant par les Pitot, c'est du ressort de la compagnie lorsqu'ils commandent l'avion ; Air France avait choisi Thales, expliquait Michel Guérard. Air France décida de remplacer les sondes des A330/A340 par les nouveaux modèles seulement lorsqu'un problème apparaîtrait, puisque ces avions n'avaient jamais connu d'incidents concernant les données de vitesse. »

Au printemps 2008, peu de temps après les premiers rapports de problèmes de vitesse par des pilotes d'A330/A340 d'Air France, la compagnie entama des exercices en simulateur pour les pilotes afin d'éviter le problème. Les trois pilotes qui se trouvaient à bord du vol 447 à Rio le 31 mai 2009 les avaient suivis. Marc Dubois avait aussi bénéficié d'un entraînement aux problèmes d'indication de vitesse alors qu'il était pilote d'A320 chez Air Inter.

Cette instruction était-elle suffisante pour faire face au problème survenu dans le cockpit du vol AF 447 ? Au cours des cinq années qui ont précédé le début de l'entraînement des pilotes en simulateur pour les pannes de Pitot, 11 appareils Airbus A330/A340 dans le monde avaient rencontré des problèmes de givrage des tubes Pitot. Dans chaque cas, l'avion était rapidement passé du pilote automatique en « loi normale » au mode « loi alternative » où le pilote prend les commandes tandis que les diverses alarmes s'éteignent.

S'entraîner pour des indications de vitesse douteuses

Sur trois vols, la panne de Pitot entraîna une alarme de décrochage. Des conditions météorologiques anormales et des turbulences rendirent ce problème encore plus difficile pour d'autres équipages. En moyenne, il fallait plus de trois minutes pour régler le problème et revenir à un mode normal. Malheureusement, les sessions en simulateur d'Air France n'entraînaient les pilotes à ne faire face qu'à des pannes de Pitot en « loi normale » lorsque le pilote automatique dirige l'avion. En clair, les pilotes du vol 447 n'avaient rien vécu en simulateur pour les cas en « loi alternative » ou « loi directe » à la suite d'indications de vitesse air douteuses. C'est un peu comme apprendre à nager à quelqu'un à terre. Vous avez une idée du problème, mais vous n'en avez aucune expérience concrète.

Une série de pannes de Pitot a commencé à faire du bruit chez les pilotes d'A330 pendant l'année 2008 et au début 2009. La compagnie ne suivit alors pas la direction des autres compagnies qui avaient déjà effectué le changement des sondes vers les Thales BA ou les Goodrich. Parmi ces dernières, Air Caraïbes, une compagnie française qui avait opté pour les Thales BA dès 2008 après que deux vols eurent rencontré ce problème d'indication de vitesse. Le directeur de la sécurité de la compagnie écrivit même une lettre à Airbus pour se plaindre des procédures du manuel de l'avion concernant la correction du dit problème.

Air France lança une série de discussions avec Airbus pour finalement, en avril 2009, conduire la compagnie aérienne à opter pour les sondes Thales BA pour sa flotte d'A330. Les trois Pitot de remplacement pour l'avion F-GZCP arrivèrent à Charles-de-Gaulle le 25 mai 2009, juste six jours avant que l'avion ne décolle en tant que vol 447 depuis Rio.

Michel Guérard n'a pas critiqué la décision de la compagnie de continuer à faire voler sa flotte d'A330/A340 avec les Pitot AA. Il a cependant relevé que de nombreux pilotes d'avions produits par Airbus, Boeing ou d'autres avaient réussi à se sortir du piège des indications de vitesse incorrectes. Ce problème n'aurait pas, à lui seul, causé l'accident. Il a même déclaré que les pilotes, comme lui, étaient bien entraînés sur la manière de gérer ces pannes : « Un jour, je pilotais un avion civil en Afrique, sur lequel il n'y avait pas d'indication de vitesse. Des insectes avaient fait leur nid dans la sonde. J'ai juste affiché la bonne puissance et la bonne assiette et je suis rentré à Dakar. Quelle que soit la situation, vous ne pouvez pas avoir la garantie que le Pitot ne sera pas obstrué par de la glace, de la poussière ou autre chose. Un Pitot bouché n'est pas quelque chose de mortel. Il est impératif de se référer à la documentation, de couper le pilote automatique et les automanettes, d'afficher la puissance et de mettre l'assiette à un ou deux degrés au-dessus de celle de croisière. Rien de dramatique. Rien de critique. C'est une situation qui se régularise en quelques minutes, une fois que les Pitot se sont réchauffés. »

La glace, le problème le plus fréquent, ajoutait-il, n'entraîne généralement une obstruction que de quelques secondes à quelques minutes, puis le Pitot se libère. Et lorsque la situation perdure, les pilotes d'Air France ou d'ailleurs sont entraînés à afficher une puissance de sécurité et à monter doucement le nez, en augmentant l'assiette de croisière de trois à cinq degrés.

Le vol 447 aurait-il été épargné si les nouveaux tubes Pitot avaient été installés quelques jours plus tôt ? Le transporteur aurait-il dû clouer sa flotte au sol jusqu'à ce que les nouveaux tubes soient installés ? C'est une question cruciale dans un milieu économique où les assurances ne couvrent les coûts d'immobilisation d'une flotte que pour trois jours.

Selon Michel Guérard, le souci provient du style de management d'Air France : « Pour nous, l'équipement de base, c'était les Pitot Goodrich. Thales était un autre fournisseur. Nous disions aux compagnies qu'elles pouvaient installer du Thales en option. Air France avait décidé de faire des Thales son standard et bascula sa flotte d'A320 de AA en BA à l'automne 2007, lorsque les problèmes d'ingestion d'eau à basse altitude se révélèrent. Puis ils nous appelèrent à propos du nouveau problème avec les A330 en 2008 ; nous leur avons dit qu'ils pouvaient changer pour des Pitot Goodrich et ils n'ont jamais rappelé. Beaucoup d'autres compagnies avaient également basculé sur les BA. D'autres employaient les Goodrich. Quand on considère qu'Air France a rapporté bien plus de pannes de Pitot en vol que les autres compagnies, cela commence à devenir une question intéressante. »

Air France, dans un mémorandum destiné aux magistrats en charge de la partie pénale de l'accident du vol 447, déclarait avoir été irrémédiablement bloqué dans ses efforts pour résoudre le problème de Pitot avec Airbus. Le détail des efforts de la compagnie figure en annexe de ce livre.

Certaines études sur l'accident arrivaient à la conclusion qu'il avait fallu bien plus qu'une panne de Pitot pour entraîner vers l'océan l'Airbus A330. Il était possible, comme certains avocats en charge de l'affaire l'ont suggéré, que les pilotes aient eu à faire face à d'autres problèmes comme un dysfonctionnement du calculateur de l'*Air Data Inertial Reference Unit* (ADIRU).

Pour Michel Guérard et les hommes et femmes d'Air France, la seule réponse claire à cette question dépendait donc de la récupération des boîtes noires qui reposaient quelque part dans l'Atlantique. Au printemps 2011, l'espoir demeurait vif que la quatrième expédition de recherche pour retrouver le vol 447 puisse permettre de retrouver les enregistreurs de vol, une recherche qui ressemblait pourtant à remettre la main sur un téléphone portable perdu dans les Alpes. « Cette recherche est menée par les Américains, le *Woods Hole Institute*, expliquait Michel Guérard plein d'espoir, ce sont les gens qui ont retrouvé le *Titanic* ! »

Pourrait-il s'agir de l'ADIRU ?

Le 13 janvier 1982, un Boeing 737 d'Air Florida sur l'aéroport Washington National (aujourd'hui Ronald-Reagan Airport), autorisé à rejoindre la zone de dégivrage, se retrouva recouvert de neige alors qu'il était garé devant sa porte d'embarquement. Lorsqu'un véhicule de repoussage échoua à libérer l'appareil d'une combinaison de glace, de neige et de glycol, le pilote, allant à l'encontre de toutes les réglementations, utilisa la *reverse* (inverseur de poussée des réacteurs) pour faire bouger son avion. Après être passé au dégivrage, le pilote se dirigea vers la piste, décolla, heurta le pont de la 14e rue et s'écrasa dans le Potomac, faisant 74 victimes.

Vingt-six ans plus tard, le pilote d'un bombardier furtif B-2 roulait sur la piste de Guam. Il décolla et soudainement prit 30° de pente à monter, décrocha, bascula et toucha le sol du bout de son aile gauche. Les deux pilotes s'éjectèrent juste avant que l'aile ne touche le sol, arrachant à la fois le train avant et le train d'atterrissage gauche. L'avion de 1,4 milliard de dollars fut totalement détruit. Le premier accident d'un B-2, après 75 000 heures de vol, fut ainsi l'accident aérien le plus coûteux de l'histoire militaire.

L'un de ces avions, le militaire, est un avion à commandes de vol électriques. Le Boeing, l'avion commercial le plus répandu au monde, est, lui, un avion conventionnel avec des commandes hydrauliques. Ces deux avions sont tombés pour des raisons différentes. L'accident d'Air Florida était consécutif à une erreur du pilote car sa décision d'utiliser la *reverse* a aspiré de la glace et de la neige dans le moteur et a gelé les tubes Pitot. Le crash du bombardier furtif a été déclenché par une erreur du Pitot qui a, de façon erronée, communiqué au calculateur de pilotage qu'il roulait 10 à 12 nœuds plus vite que sa vraie vitesse, si bien que l'avion quitta le sol trop tôt et ne réussit pas vraiment à s'envoler. D'après le *Air Combat Command* de l'US Air Force, l'erreur a été engendrée par la non-utilisation du réchauffage Pitot, indispensable pour « enlever toute trace d'humidité avant le lancement de la calibration des données ». En conséquence, l'ordinateur de pilotage a « calculé » une vitesse et une incidence inadaptées au moment du décollage.

Bien que la plupart des pannes de Pitot, et les problèmes qui y sont relatifs, aient généralement lieu une fois l'avion en l'air, ces deux accidents apportaient un éclairage particulier au cœur de l'enquête sur le vol AF 447 : il peut suffire d'une poignée de secondes pour qu'une information incorrecte de vitesse air expédie un appareil au tapis.

Alors que la cause exacte de l'accident de l'A330 restait inconnue, certains experts pointèrent du doigt l'*Air Data Inertial Reference Unit*, une série de calculateurs qui traduisent les informations reçues par un groupe de systèmes de surveillance des données permettant aux ordinateurs de contrôle du pilotage et à l'équipage de diriger l'avion en toute sécurité.

Les jets modernes comme les Airbus A330, A340 ou Boeing 777 dépendent tous de systèmes « Fly-by-Wire » construits autour de l'ADIRU. Les avions Airbus disposent de trois de ces systèmes, tandis que les Boeing en ont deux, un appelé ADIRU et l'autre *Stand by Air data and Attitude Reference Unit* (SAARU). Cette unité utilise des gyrolasers et des accéléromètres pour calculer des vitesses angulaires et des accélérations linéaires. Une fois transmises aux ordinateurs, ces données apportent aux pilotes les informations cruciales dont ils ont besoin tout au long de leur vol. Les informations-clés comprennent l'altitude, les détails des virages et des montées, la vitesse air, la position, la direction, la vitesse du vent, les taux de montée et de descente.

Similaires aux *Air Data System* que l'on trouve sur les avions qui ne disposent pas de commandes de vol électriques, comme le Boeing 747 et le 767, l'ADIRU est le système primaire qui relie l'équipage et le pilote automatique aux modules de collecte de données, tubes Pitot, détecteurs d'incidence, gyroscopes internes et accéléromètres. Les unités « Stand by » fournissent par ailleurs les informations pour le SAARU.

La différence majeure entre le système de commandes de vol « Fly-by-Wire » de Boeing et celui d'Airbus est que le pilote peut outrepasser le pilote automatique tandis que les protections d'Airbus limitent les capacités du pilote à agir au-delà des limites conceptuelles de l'avion en « loi normale » comme en « loi alternative » (en « loi directe », ou mode manuel, le pilote peut dépasser les limites). Alors que la philosophie d'Airbus a sans aucun doute empêché un certain nombre d'accidents, certains pilotes pensent qu'il existe des situations d'urgence où il est nécessaire de dépasser les limites.

Ces approches sont dénommées « hard limits » pour les avions « Fly-by-Wire » et « soft limits » pour les avions classiques. Les « hard limits » des Airbus peuvent être dépassées à une exception près. Le facteur de charge doit demeurer entre -1 « g » et +2,5 « g ». Cette restriction limite la vitesse avec laquelle l'avion va monter ou descendre, que ce soit le pilote ou le pilote automatique qui soit en action.

Une autre différence entre les deux avions, déclare Robert Boser, un ancien pilote de Boeing et rédacteur pour *airlinesafety.com* est que « les poignées des gaz des avions Boeing sont de vraies commandes de puissance dans le sens où les contrôleurs de carburant des moteurs répondent aux mouvements mécaniques de ces poignées. En d'autres termes, même si le système d'automanette ne peut être coupé, les pilotes peuvent contrarier tout mouvement automatique de ces commandes juste en positionnant ces poignées dans la position voulue ».

Cette possibilité offre aux équipages de Boeing 777 une liberté d'action dans le cas où, en situation d'urgence, ils ne seraient pas d'accord avec les intentions du contrôle automatique de l'avion. Robert Boser indique que les manettes de poussée des avions Airbus ne sont pas de « vraies » manettes des gaz . Si le système de vol automatique d'un avion Airbus demande plus de poussée mais que le pilote ne le veut pas, les calculateurs remporteront la bataille et le pilote, en reculant les leviers de commande de gaz vers l'arrière et le ralenti, ne réduira pas la puissance des réacteurs commandée par l'ordinateur.

Bien sûr, les pilotes d'Airbus peuvent prendre le contrôle en manuel, mais ils doivent auparavant couper le pilote automatique puis déplacer la commande vers l'avant ou l'arrière jusqu'au niveau de la puissance affichée à ce moment avant de pouvoir réduire ou augmenter la puissance. Ceci empêche le pilote de choisir accidentellement un réglage de puissance inapproprié au moment où il reprend le contrôle de l'appareil.

Une étude des données du BEA sur les pilotes d'Airbus dans les cas d'urgence de vitesse anormalement affichée démontre que cette étape supplémentaire peut prendre plus de temps que prévu. La moitié des équipages a pris une minute, voire un peu plus, pour couper l'automanette et retrouver le contrôle manuel. Bien que ce délai ne semble pas très long, une minute peut être interminable en cas d'urgence.

Puisque l'équipage de l'AF 447 n'avait reçu d'instruction pour gérer les affichages de vitesse anormales que pour les cas où le pilote automatique était en fonction, il avait pu se retrouver dans une situation où l'entraînement en simulateur pour les situations où il pilotait l'avion manuellement s'est avéré insuffisant. Oui, les pilotes avaient pu comprendre comment effectuer rapidement ce changement, mais ils n'avaient apparemment pas répété suffisamment cette procédure en simulateur !

Ce manque d'entraînement est une des difficultés potentielles spécifiques à cette affaire. Sans accès aux boîtes noires, il était impossible de savoir ce qui s'était réellement passé. Les tentatives pour simuler ces événements par des pilotes travaillant pour le BEA, Stewarts Law à Londres et la BBC montrèrent qu'il était impossible de reproduire tout ce qui avait pu arriver à l'avion. Pour certains paramètres, les limites de conception du simulateur rendaient difficile la reproduction du niveau de turbulence. Et même la BBC, qui a employé un simulateur spécial pour recréer les minutes finales du vol, ne disposait pas de toutes les données nécessaires pour reproduire l'ensemble de la situation.

Si la compagnie, le constructeur et leurs autorités de tutelle ne savaient toujours pas ce qui avait entraîné l'accident après deux ans d'onéreuses recherches, il est compréhensible que les pilotes du vol Air France 447 se soient retrouvés désemparés pendant les seules quatre minutes qu'ils ont eues à leur disposition pour résoudre un problème qui était au-delà de leur entraînement.

Étant donné le long historique des pannes de Pitot et d'ADIRU, il est surprenant que le commandant Marc Dubois et ses copilotes n'aient pas été pleinement entraînés par Air France pour faire face à ce problème. Le fait qu'Air France était sur le point de remplacer les Pitot douteux sur ses avions aurait pu être une bonne raison d'offrir à tous les équipages d'A330 de la compagnie un entraînement spécial en simulateur au cours du printemps 2009.

Il n'est pas aisé pour un pilote de se représenter la vitesse à laquelle son appareil évolue, même s'il peut bénéficier de repères au sol. Par exemple, quand l'équipage d'AeroPerú a appelé les contrôleurs aériens de Lima, peu de temps après minuit, pour obtenir des informations sur sa vitesse et son altitude, les pilotes purent alors bénéficier des données fournies par le transpondeur de leur avion. Malheureusement, le transpondeur émettait les mêmes fausses informations que celles affichées sur les écrans de l'équipage. L'avion s'écrasa dans l'océan lors d'une tentative d'atterrissage car les pilotes n'ont pas été en mesure de réaliser qu'ils volaient trop lentement et trop bas. Il n'y eut aucun survivant parmi les 70 personnes à bord.

En raison du taux de descente élevé, il paraissait peu probable que l'équipage du vol 447 ne se soit pas aperçu que l'appareil se trouvait dangereusement bas. Le fait que l'avion avait une assiette positive lorsqu'il a percuté l'océan confirmait l'opinion des experts que les moteurs fonctionnaient. Mais demeurait inconnue la façon dont les pilotes avaient essayé de corriger l'échec de l'ADIRU à leur fournir – de même qu'au pilote automatique – des informations correctes. Ces pannes en plein vol exigent que les pilotes, bien entraînés, travaillent rapidement de concert avec les contrôleurs et des experts de la compagnie au sol. Lorsqu'un réacteur d'Airbus A380 de la Qantas a explosé en vol, criblant de trous l'aile gauche et le fuselage, juste après le décollage de Singapour, le 4 novembre 2010, il fallut quatre pilotes – qui totalisaient 72 000 heures de vol à eux tous – et plus d'une heure pour couper le réacteur endommagé et gérer une très longue série d'alarmes dans le cockpit. En étroite collaboration avec le contrôle aérien, ils négocièrent une trajectoire d'atterrissage qui amena l'avion et ses 469 passagers à s'arrêter à tout juste une centaine de mètres de la fin de la piste.

Dans le cas d'un Boeing 777 de Malaysia Airlines volant de Perth, en Australie, à Kuala Lumpur, en Malaisie, le 1er août 2005, un ADIRU défectueux a entraîné brutalement l'avion dans une montée de 38 000 à 41 000 pieds tout en réduisant la vitesse au point que les systèmes anti-décrochage se sont activés. Le pilote coupa rapidement le pilote automatique et mit l'avion en descente pour récupérer de la vitesse. Lorsque l'automanette a ordonné une augmentation de la puissance, le pilote reprit le contrôle et plaça manuellement les poignées des gaz sur la position « plein réduit ». L'avion reprit immédiatement 2 000 pieds pendant que les pilotes contactaient le contrôle aérien. Par chance, les contrôleurs furent capables de vérifier la vraie vitesse de l'appareil ainsi que son altitude car il survolait alors la terre. Avec cette information importante, les pilotes commencèrent à descendre vers Perth. À 20 000 pieds, les indications de vitesse corrigées revinrent s'afficher sur le PFD. Malheureusement, à 3 000 pieds, les indications de vitesse erronées recommencèrent et les automanettes déclenchèrent une augmentation de la puissance. Une fois de plus, le pilote surmonta cette décision par un ajustement manuel de la puissance et posa l'avion en toute sécurité. À la suite de l'enquête, on détermina une erreur logicielle à l'origine de cet incident, ce qui entraîna la FAA et les autres agences de régulation à publier une « Airworthiness Directive » un peu plus tard.

La FAA avertit que « des erreurs soudaines et brutales peuvent être causées » par l'ADIRU « utilisant des données venant de sondes en panne. Ceci peut entraîner des anomalies sur les affichages, pour le pilote automatique, les automanettes et le système de freinage automatique » avec pour conséquence « une charge de travail élevée pour le pilote, un déroutement de l'itinéraire prévu et le risque de perte de l'avion ».

Des pics d'erreurs de données

Un exemple dramatique d'un problème similaire eut lieu le 7 octobre 2008 à bord d'un A330 de Qantas assurant le vol de Singapour à Perth. Peu après midi, le pilote automatique se déconnecta et l'avion plongea violemment. Après avoir ramené l'avion à son altitude de croisière de 37 000 pieds, l'équipage géra une série d'avertissements de pannes. Quelques minutes plus tard, l'avion se remit en piqué et l'équipage décida d'effectuer un atterrissage d'urgence sur la base militaire de Learmouth en Australie. Une hôtesse et 11 passagers furent gravement blessés et d'autres furent également touchés.

Un examen des données de vol et des enregistreurs du cockpit attribuèrent le problème à un des ADIRU de l'avion qui « avait communiqué des données fausses sur de nombreux paramètres des autres systèmes de l'avion ». Alors que les deuxième et troisième ADIRU fonctionnaient correctement, « certains pics de données d'incidence n'ont pas été filtrés par les calculateurs de contrôle de pilotage et les ordinateurs et, en conséquence, donnèrent des ordres de mouvements à piquer ». Il était tout à fait possible qu'un événement similaire ait eu lieu à bord de l'AF 447. Si tel fut le cas, pourquoi les pilotes n'avaient-ils pas résolu le problème de la même manière et n'étaient-ils pas parvenus à effectuer seuls un atterrissage d'urgence ?

Quelques facteurs avaient pu placer le commandant Marc Dubois et son équipage dans une situation plus difficile. Les avions de Malaysia Airlines et de Qantas volaient tous deux de jour et par beau temps. Ces deux avions étaient en contact avec les contrôleurs aériens lorsque les ADIRU tombèrent en panne. Les équipages ont pu disposer pratiquement immédiatement de longues pistes tout autant que de contrôleurs qui les aidèrent à revenir en sécurité sur terre. Pour ces raisons, certaines études ont conclu que la panne d'un ADIRU, lié à un problème de Pitot, au milieu d'un orage nocturne, sans aucune communication possible avec le reste du monde, a entraîné le vol 447 dans le drame. Bien qu'il ne s'agît alors que d'une théorie, elle sous-estimait cependant l'un des points les plus importants qui ressortait alors de l'enquête.

Certains des experts les plus fiables, et non sans raison, pensent que le vol Air France 447 est le type même de l'accident qui ne demandait qu'à arriver étant donné le peu de réactivité de l'ensemble du milieu aéronautique à apprendre de ses expériences.

Le fait que de nombreux autres avions, dont des A330 d'Air France, aient tracé cependant leur route dans ce coin de l'Atlantique Sud durant cette même nuit du 1er juin 2009 s'ajoutait au mystère. Pourquoi fut-ce l'équipage et les passagers à bord de cet avion précisément qui furent perdus alors que d'autres avions atteignaient sans encombre leurs destinations en toute sécurité. Pouvait-il s'agir d'un problème de météo ?

En cherchant dans tous les mauvais endroits

Quiconque aurait laissé tomber son téléphone portable depuis un avion au-dessus des Alpes, en pleine nuit, se ferait une idée juste du niveau de difficulté des recherches entreprises pour retrouver les boîtes noires du vol 447. Il suffit d'imaginer ces montagnes alpestres à une profondeur de 4 000 mètres sous l'eau et vous avez l'illustration parfaite du défi que devait relever Olivier Ferrante, l'un des plus grands experts mondiaux de la récupération d'avions submergés. Olivier Ferrante, un homme très occupé, travaillant tout autour du monde afin de localiser les accidents pour le compte du BEA, portant également assistance à d'autres gouvernements pour retrouver des jets tels le MD-11 de Swissair qui s'est écrasé en septembre 1998 près de Halifax en Nouvelle-Écosse.

Au-delà de la seule localisation de l'avion, un certain nombre d'autres difficultés techniques ont fait de cette exploration sous-marine la recherche la plus dispendieuse de l'histoire.

Parce que les batteries qui alimentent les balises servant à localiser les boîtes noires ne permettent des émissions que durant 40 jours, il était vital de déterminer la position exacte de l'épave grâce aux témoins et aux recherches navales et aériennes. « Le point crucial est de trouver l'épave le plus tôt possible », expliquait Olivier Ferrante depuis son bureau au BEA, situé au Bourget, à vingt-cinq minutes en voiture de Paris.

Depuis la disparition de l'avion d'Amelia Earhart lors de son vol trans-Pacifique en juillet 1937 jusqu'à l'accident du vol 447, le monde de l'aviation a toujours couru après une solution pour permettre de retrouver un avion disparu en mer. Malgré que la technologie continue de s'améliorer, chaque recherche est un défi, surtout lorsque le site de l'accident se trouve en eaux peu profondes.

Toutefois, bien que certaines recherches durent des années, la plupart des appareils finissent par être localisés. Les exceptions sont rares. Les archéologues sous-marins et les historiens amateurs sont toujours à la recherche d'un DC-4 de la Northwest qui s'est écrasé dans le lac Michigan le 23 juin 1950 lors d'un vol Seattle-New York ; l'avion et les restes des 58 personnes à bord demeurent introuvables, enfouis sous 70 mètres d'eau près de South Haven. Également disparus, un 707 de la Varig qui s'est écrasé en 1979 seulement trente minutes après avoir décollé de Tokyo ; un Boeing 727 de Faucett Airlines qui s'est abîmé en mer à court de carburant au large de Terre-Neuve en 1990, et un Boeing 767 d'Ethiopian Airlines qui est tombé pour la même raison - après un détournement - près de Moroni, aux îles Comores, en 1996.

Des 27 avions qui se sont écrasés en mer depuis 1980, la plupart sont tombés juste après le décollage ou lors de l'atterrissage. Seulement neuf furent perdus en croisière comme l'AF 447. Généralement, les boîtes noires sont retrouvées avant un mois. Bizarrement, trois des six avions qui se sont écrasés en mer depuis 2007 concernaient la France. Avec un coût prévu de plus de 40 millions d'euros, la quête de l'AF 447 dépassait celui de vingt-cinq autres opérations similaires combinées.

Ce prix élevé fut supporté par Air France, Airbus et le Trésor Public français qui financèrent les équipes navales, les instituts de recherche maritime et les navires privés d'une douzaine de nations différentes.

Le problème principal était la position isolée du F-GZCP. L'Airbus A330 se trouvait à 800 kilomètres plus au large que n'importe laquelle des autres recherches d'épaves d'avions commerciaux tombés en mer depuis trente ans. Bien que cela puisse paraître ne pas être un obstacle majeur à l'époque des satellites de surveillance et des avions militaires à réaction, la logistique exigée reste effarante.

Généralement, les accidents en mer ont lieu à une cinquantaine de kilomètres des côtes, offrant aux équipes de récupération la possibilité de commencer les opérations avant que les débris ne commencent à dériver loin du lieu de l'impact. Si l'avion est proche de la côte, les équipes de repérage peuvent commencer à traquer les émissions sonores des enregistreurs avant que l'avion ne s'enfonce dans la vase ou dans les reliefs sous-marins. Pendant les premières heures, d'autres avions peuvent repérer les débris flottants à la surface et dans quelques cas rares, les transpondeurs peuvent continuer à fonctionner.

Même des eaux peu profondes peuvent ralentir les équipes de secours. En novembre 1996, il fallut quinze jours aux équipes de récupération pour retrouver le *Cockpit Voice Recorder* de l'avion de Valujet qui s'était écrasé dans les Everglades, en Floride, en 1996, une zone où les eaux ne sont profondes que de quelques décimètres... mais infestées d'alligators !

Avant l'accident de l'A330 d'Air France, le site de catastrophe aérienne le plus éloigné en mer était celui d'un 747 de la South African Airways qui était tombé en novembre 1987 dans l'océan Indien, à un peu plus de 200 kilomètres de l'île Maurice. Cet accident, provoqué par un incendie, avait coûté la vie à 159 personnes. Les autres 25 avions perdus en mer lors des trois dernières décennies se trouvaient tous à moins de douze heures de navigation du port le plus proche. Vingt-quatre de ces avions étaient à 50 kilomètres ou moins de la côte et la plupart à moins de 15 kilomètres.

Lors de ces vingt-sept accidents étudiés par le BEA, seulement cinq des balises de localisation ne fonctionnèrent pas. À quatre exceptions près, les CVR et les FDR furent remontés à la surface, généralement avant un mois. Dans un cas, le 747 de la SAA déjà mentionné, le FDR ne fut jamais retrouvé. Depuis 1980, la plupart de ces vingt-sept opérations de récupération d'avion en mer eurent lieu à des profondeurs de moins de 200 mètres. Seulement huit épaves se trouvaient à des profondeurs supérieures à 1 000 mètres de fond. « Le meilleur endroit pour perdre un avion est en eau peu profonde, sur un plateau océanique plat, près de la côte », explique Olivier Ferrante. Par exemple, lorsque le charter de Flash Airlines s'est écrasé en mer Rouge le 3 janvier 2004 en partant pour Paris avec 134 passagers français à bord, les opérations de récupération ont été rapides. Dans les eaux transparentes au large de Charm-el-Cheikh, les équipes de récupération trouvèrent les deux boîtes noires moins de deux semaines après l'accident. Les données furent rapidement décryptées en Égypte et ont été d'une importance capitale pour l'enquête.

Les faux pas du début

Des recherches plus difficiles eurent lieu dans le Pacifique en août 2007 après qu'un Twin Otter d'Air Moorea se fut écrasé, lors d'une liaison vers Papeete qui ne durait que sept minutes, coûtant la vie à 20 personnes. Cette fois, la zone de recherche était d'une profondeur de 800 mètres. « Nos hommes, avec le bon équipement sonar, localisèrent les signaux de la balise du CVR, raconte Olivier Ferrante. Nous avons affrété un navire depuis la Nouvelle-Calédonie pour cinq ou six jours. » Bien que l'avion ait dérivé, les experts furent capables de remonter le CVR trois semaines après l'accident.

Dans le cas de l'AF 447, deux remorqueurs brésiliens rejoignirent un navire français, dépêché depuis le golfe de Guinée, et un navire américain. Tandis que ces navires se trouvaient en route, les autorités brésiliennes furent forcées de revenir sur leurs premières déclarations annonçant qu'ils avaient localisé les débris de l'appareil et une nappe de carburant dès le 2 juin. L'erreur avait été engendrée par une reconnaissance aérienne trompée par l'importance des déchets de toutes sortes qui flottent dans l'Atlantique.

Le premier morceau du vol 447 fut repéré en fait par un navire de commerce, le Ursula, le 6 juin. Un avion radar français AWACS survola le site et les jours suivants le navire brésilien commença à repêcher des débris et des corps. Des plongeurs remontèrent la dérive, la scène fut photographiée et cette image devint emblématique de l'accident. Alors que ces récupérations continuaient, le BEA commença son analyse des courants pour déterminer le site de l'accident où l'essentiel de l'épave et des passagers avaient été entraînés par le fond. « Malheureusement, ce champ de débris fut découvert trop tardivement, explique Olivier Ferrante. Pendant les cinq jours qu'il a fallu pour trouver les premiers débris, ils avaient dérivé de plus de 150 kilomètres.

Lors de la première phase de recherche, nous avions quarante jours pour nous concentrer sur les émissions acoustiques, précise Olivier Ferrante. Il y a deux méthodes de recherche, chacune ayant ses avantages et ses inconvénients. Près de la côte, vous pouvez détecter les émissions en utilisant un hydrophone manuel qui fonctionne comme une baguette magique. Pour les recherches plus profondes, on doit remorquer l'hydrophone au bout de plusieurs kilomètres de câble. Cet équipement est manié par une équipe de l'US Navy comprenant 19 personnes. Il faut le remorquer à une vitesse de trois ou quatre nœuds, en faisant se chevaucher les zones de recherche. Avec cette méthode, on peut couvrir 10 km2 par heure. L'autre méthode est un sonar à balayage latéral, un outil qui s'apparente au radar, pour observer le fond de l'océan. Ce système envoie une impulsion sonore dont la réflexion permet de définir ce qui s'y trouve. Ainsi on peut créer une image du fond de l'océan. Le radar peut être remorqué en profondeur ou bien monté sur des véhicules sous-marins autonomes. »

Les responsables du BEA, comme Olivier Ferrante, ont rapidement affrété engins de surveillance et sous-marins depuis leurs bureaux parisiens. En août 2009, le BEA entama une deuxième campagne de recherche avec la petite armada à sa disposition. Le Brésil contribua avec cinq frégates, des hélicoptères Black Hawk, un C-130 Hercules de transport militaire et des avions de reconnaissance. Des hélicoptères français transportèrent les équipes et le matériel entre les navires et l'île Fernando de Noronha. Ils furent rejoints par un sous-marin nucléaire équipé d'un système de détection par sonar. Trois robots sous-marins furent aussi rassemblés à bord du navire *Pourquoi pas* ? à partir des îles du Cap-Vert.

L'institut océanique Woods Hole se joint aux recherches

Grâce au système sonar, l'équipe d'Olivier Ferrante réussit à dessiner une carte topographique des fonds. « Vous pouvez créer une imagerie du fond pour obtenir une meilleure idée de la géographie de la zone, explique-t-il, vous obtenez ainsi une évaluation plus précise de la nature du sol et de sa géologie, si c'est un terrain rocheux, si ce sont des sédiments. Ce type d'informations permet d'affiner les recherches. »

Comprendre comment les débris ont dérivé a réclamé les efforts combinés de onze organismes de recherche autour du monde. Leur hypothèse a servi de base pour la troisième campagne en avril et mai 2010 : « Cette fois, nous avons eu deux groupes qui ont travaillé sur des trajectoires parallèles. Nous avons défini la zone de crash possible depuis une modélisation des courants. Si vous savez quand et où des débris ont été collectés ainsi que les courants au moment de l'impact, il est possible de remonter à l'endroit exact. Nous avons créé une modélisation des courants à l'aide des meilleurs spécialistes français, américains, russes et britanniques. Le deuxième groupe de recherche était équipé de matériel de recherche dont deux robots sous-marins équipés pour remonter les débris à la surface tout en remorquant un système de sonde sonar. Sur un terrain sédimentaire plat, il est possible de localiser de très petits débris. Le problème, c'est que notre cercle de recherche de 80 kilomètres de diamètre sur la faille Atlantique était hautement technique.

Travailler 700 mètres au-dessus d'une faille qui descend à plus de 4 000 mètres de profondeur, c'est très compliqué. C'est un terrain très escarpé. Il est très difficile de travailler sur les pentes d'un terrain montagneux, comme les Alpes. Bâtir une image d'une pente abrupte est complexe. Ainsi, lorsqu'un accident survient dans les montagnes aux États-Unis, il est parfois difficile de retrouver rapidement l'avion. Imaginez la même situation sous l'eau. Ou considérez qu'un accident en 2009 dans les eaux moins profondes des îles Comores s'est avéré très compliqué même si l'épave n'était qu'à 400 mètres de fond sur une surface relativement plate. Dans ce cas-là, il a fallu soixante jours pour trouver les CVR et FDR avec un sous-marin autonome. »

Parmi les participants à ces deux campagnes de recherche se trouvait l'institut océanographique Woods Hole du Massachusetts, rendu célèbre pour avoir retrouvé le *Titanic* en 1985. La directrice de cette organisation américaine à but non lucratif, Susan Avery, était très optimiste à propos de ses robots sous-marins capables de fonctionner pendant vingt heures, employant un sonar à balayage latéral pour examiner, tout en naviguant, une zone allant jusqu'à 600 mètres de large : « L'institut Woods Hole apporte aux opérations de recherche en mer toutes les technologies nécessaires, les compétences et l'expérience de ce genre de travail sous-marin pour parvenir au succès de ces recherches », expliquait Susan Avery alors que débutait la troisième campagne. Son point de vue était partagé par le directeur des projets spéciaux de l'institut, David Gallo, également confiant quant à la possibilité de retrouver l'avion disparu « étant donné le temps imparti et le financement apporté ».

Chercher au rythme de 50 km^2 par jour avec une paire de sous-marins robots rendait les enquêteurs particulièrement optimistes. Un communiqué en mai 2010 annonça que l'avion avait été retrouvé et fit les gros titres des informations internationales. C'était faux !

« Nous étions tous très confiants lors de la troisième campagne, nous avions tant d'experts qu'il était inconcevable de ne pas réussir. Nous avons été très déçus, à la fin du mois de mai, de ne pas avoir retrouvé l'épave ni les boîtes noires », avoua Olivier Ferrante.

Pendant l'été 2010, le BEA et ses homologues du monde entier se lancèrent dans une nouvelle analyse de toutes les données recueillies. « Ce fut un travail gigantesque, dit Olivier Ferrante. La pression du calendrier n'a jamais été une bonne chose pour le BEA, précisait-il. Nous vivons dans une société où tout doit être rapide, tout doit être instantané. Dans les commentaires de la presse ou à la télévision, le "nous ne connaissons pas encore les causes" est souvent mis en avant. »

Sans réponse claire, les spéculations vinrent s'ajouter à la confusion. Par exemple, le responsable des recherches pour le BEA maritime expliqua ainsi à des journalistes qui suggéraient que la météo avait pu causer l'accident : « Les conditions météorologiques ne sont pas la cause. Bien sûr, nous devons prendre en compte si ces conditions étaient bonnes ou mauvaises au moment de l'accident. Cela peut expliquer certaines réactions de l'avion ou de l'équipage. Cela peut être un facteur contributif, mais cela ne peut pas être la cause. » Ce genre de compte-rendu est fait car le public veut savoir ce qui est arrivé, et au plus vite, et la plupart du temps, il ne s'en tient qu'au premier niveau, aux informations préliminaires.

« Une enquête de sécurité est compliquée, expliquait alors la collègue du BEA d'Olivier Ferrante, Martine Del Bono – la porte-parole de l'agence qui était devenue un visage familier des journaux télévisés français. Un avion est complexe tout comme les humains sont complexes, que le trafic est complexe. Nous sommes, aujourd'hui, dans une société particulièrement sophistiquée. Si nous voulons améliorer la sécurité aérienne et prévenir de futurs accidents, nous devons prendre notre temps pour nous assurer que nos recommandations de sécurité sont les bonnes. C'est un système énorme, et lorsque vous en changez un élément, tout peut changer. Vous pouvez nuire au système si vous allez trop vite. [...] Les journalistes peuvent dire que les pilotes étaient fatigués. C'est la tâche des enquêteurs de déterminer s'ils l'étaient vraiment. Quand vous l'annoncez dans un rapport d'enquête, vous devez le prouver. Les accidents sont des événements spectaculaires, mais lorsque vous déterminez les causes de ces accidents, ce n'est plus aussi spectaculaire. C'est complexe. Vous avez besoin de temps pour défaire les nœuds. Le fait que nous ne pouvons pas retrouver les enregistreurs de vol n'œuvre pas pour nous car, dans le même temps, le public imagine des tas de scénarios, même s'il manque des éléments. Plus vite nous obtenons des informations basées sur des faits avérés, plus vite nous retrouvons les causes.

Si nous ne confirmons pas ces faits rapidement, les gens spéculent. Il y a des réactions émotionnelles. Trente-quatre nations sont impliquées dans cet accident. Il y a des gens de cultures très différentes qui ont été touchés. Ces gens ont besoin de savoir pourquoi leurs proches bien aimés sont morts. [...] Nous étions certains que la troisième campagne allait aboutir. Nous avions travaillé pour cela si dur avec des experts reconnus du monde entier, de Russie, des États-Unis, de France, d'Allemagne et d'Angleterre. Il était inconcevable de penser que nous ne pouvions pas retrouver l'avion. »

Tout comme Olivier Ferrante, Martine Del Bono regrettait que le public comprenne mal les différences existant entre les accidents d'avion et les petits incidents de tous les jours qui concernent tout un chacun. Par exemple, un petit incident peut vous mettre en retard et vous passez au feu rouge ou vous vous retrouvez forcé de conduire par mauvais temps à cause d'une grève de train hivernale. « Soudain, vous tombez et après coup, vous en analysez la cause unique. » Ce n'est pas le cas dans les accidents d'avions. « On fait toujours face à une chaîne d'événements. Il n'y a jamais une cause unique qui entraîne un accident. C'est troublant pour le public car les facteurs contributifs ne sont pas en eux-mêmes des causes d'accident. » Par exemple, les experts du BEA n'ont pas considéré les mauvaises communications avec le contrôle aérien, en raison des perturbations des hautes fréquences, comme une cause de l'accident du vol 447. En éliminant un de ces facteurs contributifs, l'accident aurait lieu de toute façon.

Alors que la quatrième phase de recherche commençait au mois de mars 2011, la plupart des experts qui avaient œuvré sur les campagnes précédentes affichaient leur confiance dans la direction imprimée par l'institut Woods Hole. « Vous devriez attendre pour publier votre livre, me disait Michel Guérard d'Airbus, je pense qu'ils vont trouver l'avion. »

L'échec restait malheureusement une possibilité. Si l'Airbus A330 n'était pas retrouvé, il y aurait un rapport final du BEA dépourvu de conclusions. « Si nous ne pouvons pas déterminer les causes probables de l'accident en raison d'un manque d'informations, expliquait Martine Del Bono en décembre 2010, nous devrons essayer d'étudier et analyser encore et encore ce dont nous disposons. »

La coupe du monde de recherche et sauvetage

Lorsque Arthur Allen, spécialiste des données environnementales de recherche et sauvetage des gardes-côtes américains, arriva à son bureau dans le Connecticut le 1er juin 2009, sa boîte e-mail étaient remplie de messages à propos de la disparition du vol Air France 447 : « Toute la journée nous avons anticipé une demande d'envoi d'un de nos C-130 jusqu'au Brésil pour participer aux recherches. Les *Coast Guard* se tenaient prêts à réagir. »

L'appel de Paris n'arriva jamais. Inquiet, Arthur Allen téléphona à ses contacts au BEA français le matin suivant. « Ils auraient été heureux d'obtenir notre aide pour les recherches, mais ils ne dirigeaient pas les moyens engagés. C'était la marine brésilienne qui s'en chargeait. »

« Ceci, commentait alors Arthur Allen en repensant aux trois phases de ce qui est devenu la plus importante recherche sous-marine de l'histoire, c'est comme la coupe du monde de foot. Le Brésil l'a remportée sept ans plus tôt, la France il y a onze ans. Il y a une forme de fierté nationale des deux côtés. »

Dans leur rapport au BEA, repassant en revue les échecs des trois premières campagnes destinées à retrouver l'avion d'Air

France, les consultants de Metron basés en Virginie, Lawrence Stone, Colleen Keller, Thomas Kratzke et Johan Strumpfer, ont démontré que l'absence de suivi radar ou satellite de l'avion, la profondeur de l'Atlantique et la lenteur de la récupération ont gêné les recherches. Ces consultants du BEA reprochèrent aux autorités brésiliennes de ne pas avoir immédiatement utilisé la technologie éprouvée des *Coast Guard* pour la recherche en mer : « Une des causes majeures de ces incertitudes est l'absence de données sur l'océan à proximité du lieu du crash du 1er au 10 juin. Des corps et des débris ont été retrouvés entre le 6 et le 10 juin. Une connaissance détaillée et précise des courants nous aurait permis d'effectuer une analyse de la dérive qui aurait pu singulièrement réduire l'incertitude sur la localisation de l'épave. En raison des importantes lacunes dans nos connaissances des courants, nos analyses de la dérive ne furent pas suffisantes pour nous apporter les informations de localisation, comme c'est le cas généralement. »

Normalement, les gardes-côtes larguent immédiatement une série de bouées géolocalisées (*Self Locating Data Marker Buoys*) à proximité du crash pour permettre de tracer les courants océaniques. « Quand nous sommes informés de la disparition d'une personne, expliquait Arthur Allen, les informations sont alors forcément partielles. En nous assurant que nous ne sommes pas en contact direct avec la personne en danger, nous faisons de notre mieux pour estimer où elle se trouve. Généralement, il y a un délai. Par exemple, il peut se passer un certain temps avant que l'on nous avertisse qu'il y a eu un incident. Vous partez à la pêche et votre épouse ne s'inquiète pas avant que la nuit soit tombée depuis deux heures. Alors, elle doit avoir le courage d'appeler les gardes-côtes. Ces délais sont systématiques. [...] Même pour l'accident de l'avion d'Air France, il y a eu des délais. L'accident est arrivé de nuit et le temps que nous envoyions nos moyens vers le lieu du crash, il y a eu encore du temps écoulé. Nous devons nous projeter où les épaves et débris seront au moment où nous arriveront sur place. C'est une partie de l'analyse de la dérive. [...] Cet avion est tombé à un endroit où les informations disponibles étaient minimes. Même après deux ans passés à l'étudier, les informations sont encore vraiment maigres. Vous avez besoin de modèles globaux, et ces modèles sont vraiment très limités. Nos bouées autonomes géolocalisées sont largables depuis le ciel. Après un événement important comme celui-ci, nous aurions largué nos bouées depuis un C-130. Elles sont traçables par GPS et dérivent à environ un mètre sous la surface de l'océan. Généralement, nous les utilisons pour rechercher quelqu'un à bord d'un radeau de survie, d'un petit navire ou d'un kayak de mer. [...] La marine brésilienne était responsable sur place. Je devais communiquer mes opinions à quelqu'un qui était peu impliqué et qui observait cela à une grande distance. Ils utilisaient leurs propres outils de cartographie et leurs propres modèles. Je ne suis pas sûr qu'ils connaissaient nos capacités avec nos capteurs et à quel point cela serait important *a posteriori*. Quand les choses évoluent ainsi, il y a toujours l'espoir que les recherches suivantes soient couronnées de succès. [...] S'ils avaient largué leurs bouées immédiatement, ils auraient su quels courants il y avait pendant les cinq premiers jours, les plus cruciaux, lorsque aucun corps ni débris n'avait encore été retrouvé. La grande inconnue demeurait donc les courants de cette période. Même après d'innombrables études et en ayant employé les données du moment, il restait un énorme point d'interrogation. On doit présumer que si les bouées avaient été mises en place à temps et bien réparties, nous aurions disposé d'informations depuis le jour 2 jusqu'au jour 6 lorsque les premiers morceaux ont été retrouvés par un navire de passage. Les expériences américaines précédentes avaient fait de nous des intervenants importants dans les cas de recherche et sauvetage. Si les Brésiliens avaient fait appel à nous dès le début, il aurait été possible de mieux cerner la zone de l'impact et de rendre ainsi plus facile la découverte de l'épave et des corps. [...] Les premiers débris et corps ont commencé à être découverts le 6 juin. Nous avions donc une dérive de six jours. Nous devions donc remonter ces courants. Nous avons pris le point où nous les avions découverts et nous sommes remontés en amont pour voir d'où ils étaient partis. Malheureusement, remonter ce genre de courant s'avère assez long. La zone d'incertitude grandissait de plus en plus. Et nous n'en savions pas plus sur l'endroit de l'impact. »

« La bonne nouvelle, expliquait Arthur Allen à l'époque, c'est que le matériel ne dérive plus. Il finit au fond de l'eau. Mais ce fond est difficile à déterminer et il est escarpé. Il y a beaucoup de roches. On peut rester raisonnablement confiant quant à la possibilité de retrouver ces débris, mais retrouver ces morceaux n'est que le début d'une longue quête pour mettre la main sur les deux enregistreurs. Je tends à penser qu'ils sont intacts. Mais si le fond est un peu vaseux ils ont pu s'enfoncer et cela ne sera pas facile de les identifier. Si c'est un fond plus solide, on sera en présence de nombreux rochers d'une taille similaire. C'est donc une tâche extrêmement difficile et nous sommes encore loin de trouver quelque chose. »

Nous n'avons jamais été dans une situation comme celle-ci

Michael Kutzleb, président de Phoenix International, basé dans le Maryland, partageait les remarques d'Arthur Allen concernant les recherches initiales du vol Air France 447. Au cours des trente-cinq dernières années, il avait participé à plusieurs centaines de missions de recherche et sauvetage d'avions disparus, dont pratiquement tous les plus importants accidents d'avions commerciaux. Généralement, les recherches aériennes permettent de localiser les débris assez rapidement car « un ou plusieurs avions peuvent couvrir une zone d'impact potentielle en une seule journée ». Dans le cas de l'AF 447, plusieurs appareils avaient quadrillé la zone probable de l'accident pendant six jours. Il était difficile de croire qu'ils n'avaient pas couvert toute la zone. « Il a pu y avoir des conditions de mer difficiles, de l'écume recouvrant un avion blanc, il a pu y avoir des tas de problèmes », expliquait toutefois Michael Kutzleb.

Après que les premiers débris eurent été repérés par l'équipage du cargo *Ursula* le 6 juin, il a fallu une semaine de plus pour amener des remorqueurs équipés pour traîner des hydrophones près du fond. Les faire opérer à des profondeurs atteignant jusqu'à 4 000 mètres relevait du défi pour deux raisons : du fait de certaines limites dans leur conception, les balises de détresse attachées aux boîtes noires n'ont d'autonomie pour émettre leurs signaux que pendant trente à quarante jours ; par ailleurs, les fréquences de ces signaux sont choisies pour une transmission optimale dans des eaux relativement peu profondes.

Alors que l'opération américaine menée par Phoenix International était sur le point d'entamer les recherches à grande profondeur le 15 juin, elle subit une demi-journée de délai supplémentaire : le BEA donna instruction aux équipes américaines d'attendre jusqu'à ce qu'un sous-marin français finisse de chercher les « pings » des balises grâce à ses « oreilles d'or ».

Tous ces délais venus s'ajouter au manque de données fiables de dérive rendirent les recherches avec les hydrophones problématiques. « Notre taux de succès pour retrouver un avion est supérieur à 95 %. Mais le fait que celui-ci se trouvait dans une zone isolée et dans un terrain montagneux proche de la faille Atlantique rendait cette opération difficile. Nous n'avions pas une idée juste du lieu où ce que nous cherchions pouvait se trouver, expliqua Michael Kutzleb, nous n'avions jamais été dans une telle situation, avec ces courants circulaires et tourbillonnants. »

Après l'échec des premières recherches, le BEA mandata des experts d'une douzaine d'institutions du monde entier pour effectuer de nouveaux calculs de dérive. Ces recherches menèrent aux deuxième et troisième campagnes de recherche qui ne furent pas plus couronnées de succès. Michael Kutzleb, qui participa à ces deux autres campagnes, s'était prononcé pour une approche différente : « Lors de la plupart des autres recherches d'avion que nous avons menées, nous avions, avant même de partir, une idée de ce qui s'était passé. Ce cas-là est plus mystérieux. Si vous cherchez dans la zone principale et que vous ne trouvez pas l'avion, c'est que vous l'avez raté ou qu'il n'est pas là. Donc vous devez revenir et réexaminer les données fondamentales et analyser tous les scénarios possibles. Tous les experts disent qu'il n'a pas pu voler plus de 80 kilomètres après sa dernière position connue. Oui, mais s'il l'a fait ? Vous devez prendre en compte la possibilité qu'il ait pu aller au-delà de ce périmètre. »

En 1985, au large du Japon, l'équipe de recherche de Michael Kutzleb, en quête d'un hélicoptère CH-53, n'aboutissait nulle part : « À cet endroit, tout le monde nous disait que les courants n'allaient que dans une seule direction. Après trois semaines sans rien trouver, un de nos hommes rencontra – sur la plage où il s'occupait d'une balise de navigation – quelques pêcheurs qui ne parlaient pas anglais. Il leur montra les cartes et ils secouèrent la tête. Ils savaient que les courants arrivaient d'une autre façon. Les schémas de courants que nous utilisions étaient faux de 90°. Nous avons analysé à nouveau les schémas et nous avons trouvé l'hélicoptère en une journée. »

« D'un point de vue recherche et sauvetage, c'est l'accident le plus complexe dans lequel nous avons été impliqués. Les pires coïncidences étaient réunies ! » Michael Kutzleb avait réclamé sans succès qu'on explore le coin sud-est de la zone de recherche, une zone qui avait été écartée : « Les universitaires peuvent faire des analyses jusqu'à leur mort, ils voulaient qu'on le fasse selon leurs règles. » Après l'échec de la troisième campagne, il proposa au BEA d'organiser une recherche qu'il ne facturerait pas en cas d'échec. Le gouvernement français rejeta cette offre qui aurait pu conduire à une facture de Phoenix International si la compagnie retrouvait l'avion.

Bien que la quatrième campagne, conduite par l'institut océanographique Woods Hole pour un coût de 12,5 millions de dollars ne fît pas appel aux services de Phoenix International, Michael Kutzleb remporta quand même une petite victoire : le coin sud-est de la zone de crash potentielle, écartée des trois premières campagnes de recherche, fut inclus dans cette nouvelle campagne. Ceci fit plaisir au consultant de Metron, Johan Strumpfer, l'un des plus éminents planificateurs d'opérations de recherche et sauvetage, dans son bureau en Afrique du Sud. Comme Michael Kutzleb, il lui semblait qu'ainsi les chances de trouver l'avion disparu seraient plus importantes. « Ce que nous ne savions pas, déclare l'ancien scientifique depuis l'Institut de technologie maritime de Capetown, c'est si oui ou non, les boîtes noires seraient retrouvées. »

« La zone qui devait être analysée fait 10 000 km^2, une superficie bien plus grande que certains pays. Aucune zone d'une telle taille n'avait jamais été scrutée aussi attentivement. La zone est particulièrement agitée. Les courants y sont changeants. La plupart des gens ne comprennent pas que l'incertitude augmente avec l'altitude, la taille du rayon d'incertitude augmente parce que l'avion peut voler plus loin. »

Connaître la position de l'avion quelques minutes avant qu'il ne touche l'eau apporte une information cruciale, mais sans écho radar précis de la trajectoire de l'avion en descente, il était difficile de savoir jusqu'où l'avion était allé avant de s'abîmer en mer. Il aurait été bien plus facile de retrouver l'Airbus 330 d'Air France si sa dernière position connue avait été à une altitude de 2 000 pieds plutôt que de 35 000 pieds. « Plus vous êtes haut, explique Johan Strumpfer, plus la taille de la zone de recherche augmente du carré du rayon. C'est un calcul mathématique de base. »

Le pire scénario dans le cas d'une recherche d'épave est de ne pas disposer d'informations postérieures au moment où l'avion a quitté son altitude de croisière. Or c'était exactement le cas de l'appareil AF 447 du commandant Marc Dubois !

Pour Johan Strumpfer, qui avait réexaminé toutes les données recueillies par les trois campagnes de recherche précédentes, il était évident « qu'il y [avait] quelque chose de faux dans ces données. Ce n'[était] pas qu'il [était] possible qu'elles [fussent] fausses, c'est juste qu'elles [étaient] fausses de façon certaine ! Bien que le BEA [eût] effectué des recherches d'une grande précision, il y [avait] toujours de considérables incertitudes. »

En tant que responsable d'une des missions de récupération d'avion les plus difficiles, celle du vol South African Airways 295, Johan Strumpfer était persuadé que la clé de la réussite d'une telle aventure était la rapidité : « L'efficacité est maximum au début. C'est comme perdre ses clés. Il y a une probabilité de 50 % de les retrouver dans les cinq premières minutes car vous allez chercher dans les endroits les plus probables. Dans les quinze minutes suivantes, vous n'obtiendrez que 25 %. Plus longtemps vous cherchez, plus c'est compliqué. »

Les règles d'une recherche en mer

L'accident de la SAA, qui a eu lieu à un peu plus de 200 kilomètres des côtes de l'île Maurice dans l'océan Indien, est un bon exemple, tant les similitudes avec la disparition du vol Air France sont nombreuses. Les recherches ont eu lieu dans une région de montagnes sous-marines en eaux profondes (- 4 400 mètres) très éloignée de la côte. Mais l'équipe de récupération disposait de trois avantages. L'accident du 747, causé par un feu dans le compartiment cargo, avait eu lieu à proximité de trois petites îles où des balises radio avaient été installées pour l'analyse des courants. Une information fiable sur la trajectoire du vol avait donné aux experts une dernière position à une altitude de 14 000 pieds. Trois montres de passagers trouvées dans les premiers débris confirmaient que l'avion avait volé pendant deux minutes et quarante-six secondes avant de toucher la mer.

Ce genre de détail, qui identifie formellement une zone de recherche, est l'une des raisons pour lesquelles il est essentiel que les équipes de gardes-côtes atteignent la zone de l'accident dans les plus brefs délais. Les malheureux délais qui ont gêné les recherches du vol 447 demeuraient une pierre d'achoppement pour les plus grands experts au monde. « Nous avons effectué des centaines de recherches en mer depuis 1975, déclarait alors Michael Kutzleb, c'est la pire des conjonctions de coïncidences dans laquelle nous avons été impliqués. »

Une affaire criminelle

Xavier Mulot n'a jamais à s'inquiéter qu'on ne réponde pas à ses appels. Réunions, vacances, affaires de famille, et toutes les autres excuses que l'on peut inventer ne tiennent pas face à lui. Bien peu se risquent à le mettre en attente ou à lui dire : « Je vous rappelle. » Ce serait une grossière erreur. Peu de gens peuvent se permettre de déprogrammer un rendez-vous avec lui. Xavier Mulot peut toujours trouver un siège à bord d'un avion ou une chambre d'hôtel. Des véhicules banalisés sont à toute heure à sa disposition. Des salles de réunion aux suites des grands hôtels, les responsables n'osent guère le faire patienter. Dans les réunions, il est d'usage de répondre à ses questions avec la précision d'un doctorant en train de passer son grand oral.

Qui est donc Xavier Mulot, et pourquoi donc son nom apparaît-il dans les meilleures suites tout autour du monde ? Commandant la Section de recherches de la gendarmerie des transports aériens française, ce colonel dépend alors du ministre de la Défense.

Lorsque la sécurité des passagers à bord d'un avion français est mise en cause où que ce soit dans le monde, Xavier Mulot et son équipe, depuis leurs bureaux près de l'aéroport Charles-de-Gaulle, se mettent au travail dans l'heure. De même, tout accident dans l'espace aérien français ou tout désastre impliquant un avion français reçoit toute leur attention immédiatement.

L'endurance et la persévérance de cette section de recherches a été comparée à celle de la Légion étrangère. Suivant les petits et les grands événements, Xavier Mulot et son équipe s'envolent pour l'Afrique, l'Amérique du Sud, le Pacifique, partout dans le monde où quelqu'un peut faire la lumière sur une catastrophe aérienne. Qu'il s'agisse d'un avion effectuant des vols de sept minutes entre Moorea et Tahiti ou du pire accident de l'histoire française, le colonel Mulot est comme chez lui au Sénégal, dans les îles Canaries, au Brésil comme aux États-Unis.

En considérant l'ensemble de ses missions sur le long terme, cette équipe impressionnante a toujours fait tout son possible pour aider les procureurs français traitant ces affaires, considérées comme « criminelles », et pouvant s'étaler sur une décennie.

Les agents de maintenance et les contrôleurs aériens, les responsables des compagnies aériennes et les instances gouvernementales qui les gèrent, les scientifiques, les ingénieurs, les météorologistes et jusqu'aux pistards et aux bagagistes, tous peuvent devenir témoins vedettes dans les procès qui font les gros titres des journaux télévisés.

En effet, à la différence de la plupart des pays, le système judiciaire français considère un accident d'avion comme un crime. À l'exception de la France, l'Italie et l'Espagne, les accidents d'avion dans lesquels le terrorisme n'est pas impliqué sont partout traités comme des affaires civiles. Les enquêteurs du BEA déterminent les causes probables et les transmettent au quartier général de l'EASA en Allemagne qui, à son tour, fait suivre l'information aux organismes régulateurs des autres nations. Ces rapports peuvent exiger des actions correctives de la part des compagnies aériennes et des constructeurs. Alors que les compagnies peuvent être assignées en justice pour avoir contrevenu aux règles étatiques, ce sont les proches des victimes qui généralement portent plainte auprès des tribunaux.

Les cas qui parviennent effectivement devant les tribunaux sont rares car les parties adverses préfèrent régler leurs différends en privé avec les compagnies d'assurance qui finissent par payer la note. Une fois le dernier communiqué de presse envoyé par e-mail par les autorités de régulation aux compagnies aériennes, aux compagnies d'assurance et aux avocats, les mécaniciens terminent d'effectuer les changements exigés et les « communicants » viennent répéter au grand public que le transport aérien reste la manière la plus sûre de voyager. Comme nous le savons tous, les pilotes payent les même primes d'assurance-vie que n'importe qui d'autre...

Ce n'est pas le cas en France, en Italie et en Espagne où les affaires aéronautiques peuvent aller, et vont effectivement, devant les tribunaux. Là, plaider coupable ou non coupable n'est pas une option possible. Les procureurs ne négocient pas. Leur but est de définir les responsabilités dans l'accident et de punir les coupables. Même s'il y a des centaines de témoins de la catastrophe aérienne, le traitement de l'affaire peut s'étaler sur une décennie. Les appels sont fréquents. Certaines batailles judiciaires spectaculaires ont pu durer dix-sept ans, avec un dossier se comptant en dizaines de milliers de pages et des témoins à la retraite depuis longtemps qui se présentent devant la cour en fauteuil roulant... Dans certains cas, les coupables écopent d'une peine avec sursis voire, à l'occasion, d'une condamnation à de la prison ferme.

Les indemnités peuvent être lourdes et le cirque médiatique fait ses choux gras de certains à-côtés comme des procès en diffamation, la publication de livres remplis de vérités fracassantes ou de responsables syndicaux ou de juristes venant pleurer pour que l'on cloue au sol des flottes entières. Les familles des victimes créent des associations influentes organisées afin de faciliter la compréhension de ce qui est allé de travers et de prévenir de tels événements. Leurs conférences de presse entraînent des articles dans les magazines et des documentaires pleins de compassion.

Personne ne sait mieux que Xavier Mulot comment ce système judiciaire – issu de l'époque napoléonienne – fonctionne. C'est son travail. Il consiste à collaborer avec les experts techniques et le Parquet pour produire sa propre enquête. Les témoins-clés sont interrogés à la fois par les enquêteurs civils du BEA et par les gendarmes de Xavier Mulot.

C'est alors qu'il se trouvait chez lui pour le week-end de Pentecôte, ce 1er juin 2009, qu'il reçut l'appel de la cellule de crise lui annonçant que le vol AF 447 était manquant et présumé perdu. Après avoir rapidement prévenu le Parquet, il se rendit immédiatement à son bureau pour organiser les informations à communiquer aux médias, aux ministres et au président Nicolas Sarkozy. Alors que les familles, ravagées par la douleur, étaient prises en charge psychologiquement à l'aéroport, les équipes des aviations et des marines brésiliennes et françaises commençaient leurs recherches. Ces unités se rassemblaient depuis tout le pays et des gendarmes furent envoyés à l'ambassade de France au Brésil pour établir des liens directs avec les autorités brésiliennes.

Cinq jours plus tard, des débris et quelques corps furent découverts par des navires brésiliens et ramenés à la morgue de Recife. Les autorités françaises s'assurèrent que les autopsies étaient menées correctement. Les identités des cinquante victimes retrouvées, dont celle du commandant de bord, de la chef de cabine et de trois autres personnels navigants furent établies d'après les fichiers médicaux. « Nous avons demandé aux Brésiliens de s'assurer qu'ils appliquaient les processus d'identification corrects. Ce n'était pas facile car ils pensaient que nous n'avions pas confiance dans leur manière de travailler. Alors que les autopsies avaient lieu, nous avions un second groupe au Brésil qui triait les quelque 1 300 pièces de l'avion que nous avions récupérées, soit à peine 3 % de l'appareil. »

Bien que les scientifiques du BEA aient conduit les missions de récupération et d'analyse en collaboration avec les équipes des aviations et des marines françaises et brésiliennes, les enquêteurs de Xavier Mulot se trouvaient à bord des navires pour s'assurer que leurs manipulations s'effectuaient selon les bonnes procédures. La plus haute priorité était affectée à la récupération des boîtes noires manquantes. Les équipes se mirent sans plus tarder à la recherche des émissions sonores des balises des enregistreurs de voix et de données.

Après l'examen des victimes dans une morgue temporaire, les autorités rapatrièrent leurs restes vers Toulouse ainsi que les morceaux de l'épave. Ces derniers, installés dans un hangar, faisaient penser aux pièces d'un puzzle géant. La plupart des débris récupérés étaient des morceaux légers, en nid d'abeilles ou en composite. Parmi ceux-ci se trouvait le radome, les pylônes des moteurs, le plan horizontal mobile, les gouvernes de profondeur, la gouverne de direction et la dérive, dont la photo, lors des opérations de récupération, a fait le tour des magazines de la planète. Des morceaux des coffres à bagages, des parois, des galleys, des vestiaires et de la zone de repos de l'équipage ont également été analysés par des experts judiciaires. En l'absence de très nombreuses pièces, dont les boîtes noires, le colonel Xavier Mulot devait continuer à procéder dans l'hypothèse où le reste de l'épave serait difficile à retrouver, sur un fond marin escarpé et montagneux, à 4 000 mètres de la surface de l'océan.

L'e-mail manquant du contrôle aérien de Dakar

Pendant que le travail suivait son cours à Toulouse, l'une des équipes de Xavier Mulot se consacra à interroger les autres équipages volant cette nuit-là, les contrôleurs au long de la route, les mécaniciens qui avaient travaillé sur l'avion, les experts de la météo ainsi qu'Airbus et ses fournisseurs. D'autres équipes collaboraient avec les agences comme le BEA, l'EASA et la DGAC.

Une des découvertes les plus intéressantes du colonel Xavier Mulot pendant sa mission de recherche fut réalisée à quelques mètres de son propre bureau, au centre opérationnel d'Air France à Roissy. « Avant qu'un avion ne décolle, un fichier e-mail est envoyé aux pilotes qui vérifient la route et les prévisions météorologiques sur leurs propres ordinateurs. Bien que de gros orages aient été prévus cette nuit-là, le pilote n'a pas modifié la route initiale. Une fois que le pilote eut complété son plan de vol, tous les centres de contrôle aérien sur sa route le reçurent. Malheureusement, la personne alors en charge au centre opérationnel d'Air France a oublié d'envoyer l'information à Dakar ! »

En considérant les errements des communications HF sur les routes de l'Atlantique Sud, l'absence de radar au sol et le temps orageux dans cette région, ne serait-il pas sensé que chaque contrôleur confirme la réception de chaque plan de vol reçu ? Pourtant, « il n'y a pas de confirmation pour les plans de vol envoyés par e-mail », précise le colonel Xavier Mulot.

Malheureusement, la dernière position rapportée, quatre minutes et trente-cinq secondes avant l'accident, ne confirmait pas l'altitude de l'avion. « Au début, nous avons pensé que l'avion pouvait être descendu doucement et avoir amerri. Puis, grâce aux analyses faites à Toulouse, nous avions appris qu'il s'était écrasé en attitude de croisière, qu'il ne tentait pas de se poser. Cela signifiait, en se basant sur les dernières transmissions ACARS vers le centre de maintenance, qu'il pouvait se trouver à moins de 60 kilomètres de sa dernière position connue. Il ne pouvait pas être plus loin, mais il pouvait être plus proche. [...] Une théorie supputait que l'avion s'était incliné et avait tourné à plusieurs reprises pendant ses dernières minutes. À certains moments, l'antenne ne se trouvait pas en direction du satellite et entraînait des interruptions dans les transmissions des messages ACARS. Quelques instants avant de percuter l'océan, il semblait s'être retourné vers sa direction initiale et avoir effectué sa toute dernière transmission satellite. Il y avait plusieurs explications possibles. Le pilote pouvait avoir choisi de contourner l'activité orageuse ou bien l'avion avait pu virer en raison de problèmes sur les commandes de vol », explique le colonel Xavier Mulot.

En se basant sur les recherches du BEA, Xavier Mulot constata que l'avion n'avait pas été dépressurisé et qu'au moins trois des sièges des PNC n'étaient pas occupés. Alors que le corps du commandant Marc Dubois avait été retrouvé, ses deux copilotes ne l'avaient pas été.

« Une découverte intéressante a été de retrouver le siège du commandant de bord intact. Les pilotes disposent de harnais à cinq points, deux sangles aux épaules, deux au niveau de la taille et une entre les jambes, connectée à l'assise du siège. Si les cinq sangles avaient été verrouillées, le siège aurait été brisé. Nous avions trouvé le coussin du siège pilote intact ainsi que le siège lui-même. Le fait que le siège n'ait pas été cassé pouvait signifier deux choses. Dans le premier scénario, le vol était paisible et le pilote n'avait utilisé que les sangles d'épaules et ventrales, et pas la cinquième ancrée sur l'embase du siège. Une autre explication serait que le pilote n'était pas sur son siège. Il était possible qu'il ait quitté le cockpit pour se rendre aux toilettes avant que l'avion ne tombe. Nous savions aussi que l'avion ne s'était pas dépressurisé. Tous les masques à oxygène étaient dans leur position normale, même dans le cockpit. Il était possible qu'en raison de la faible vitesse de l'avion les passagers n'aient pas compris exactement ce qui se passait. »

Le fait qu'au moins trois personnels de cabine n'étaient pas sur leur siège lorsque l'avion s'est écrasé suggérait que le pilote n'avait pas donné l'ordre à ses passagers et à son équipage de se préparer à un amerrissage d'urgence. Le fait que certains passagers n'avaient pas bouclé leur ceinture renforçait cette certitude. Cela pouvait laisser penser que l'avion avait traversé des turbulences orageuses dont les analystes pensaient qu'elles avaient contribué à l'accident. Pour ajouter à la confusion, les messages de maintenance envoyés par l'avion pendant sa chute *via* l'ACARS n'étaient pas chronologiques. « Nous ne savions pas ce qui s'est passé, raconte Xavier Mulot, mais nous en avions une idée. Notre scénario était que l'avion avait réduit sa vitesse en raison d'un problème de Pitot. D'après notre analyse, nous étions certains que l'avion volait en assiette de croisière lorsqu'il s'est écrasé. »

Déterminer où l'avion avait touché l'eau était une autre problématique : « Il n'y avait pas de référence, on ne pouvait pas dire quand les systèmes s'étaient arrêtés, précise Xavier Mulot. Notre travail, c'était de nous assurer de ce qui avait pu se passer. On avait besoin d'éléments de preuves. À ce moment-là, les seules preuves dont nous disposions étaient les corps, des morceaux d'avions, les messages ACARS et toutes les informations d'ordre mécanique ou relatives à la formation des pilotes. C'était un bon avion. Les pilotes étaient entraînés et ils avaient les bons certificats médicaux. Apparemment, la météo n'était pas comme nous l'avions pensé au moment de l'accident. Nous savions aussi, d'après nos interrogatoires, que de nombreux avions avaient traversé le même orage, à la même altitude, et n'avaient eu aucun souci. Il restait une interrogation importante à propos du siège gauche. Nous devions savoir qui était assis, ou pas, à cet endroit-là, et pourquoi ce siège ne s'était pas brisé bien que l'impact ait été très violent. »

En l'absence des boîtes noires, toutes les questions se concentraient donc sur ce que les pilotes faisaient avant que l'avion ne percute l'Atlantique. « À en juger d'après les informations de l'ACARS, l'équipage devait gérer une grande quantité d'informations, vérifier ses manuels et les check-lists, des choses qui peuvent prendre du temps. J'avais déclaré, lors d'une réunion, que notre travail était de nous assurer de ce qui avait pu se passer et d'en apporter les preuves car seules les preuves amènent les certitudes », rappelle Xavier Mulot.

Ce problème aurait pu inciter le centre Atlantico à contacter les autres avions de la zone pour voir s'ils avaient eu des contacts récents avec le vol Air France. Ils auraient pu contacter l'avion d'Air France directement ou bien rappeler Dakar pour savoir s'ils avaient des nouvelles de l'avion du commandant Marc Dubois. Malheureusement, le contrôleur d'Atlantico « a oublié de rappeler le Sénégal ou bien n'a pas réussi à les joindre. Le centre de contrôle de Dakar attendait son appel. Dans leur esprit, ils pensaient que l'avion n'arrivait pas dans leur zone ou bien qu'il avait fait demi-tour ».

Il a fallu deux heures de plus avant que les contrôleurs ne réalisent l'importance de leur erreur. Vers 7 heures 50 minutes, après plusieurs tentatives pour contacter l'avion, Air France contacta le *Search and Rescue Satellite Aided Tracking Center.* Vingt-trois minutes plus tard, le centre de Brest commença à contacter directement les contrôleurs en Espagne, au Maroc, aux îles Canaries et au Sénégal pour savoir pourquoi ce vol accumulait les heures de retard. Juste après 10 heures, le centre de Brest déclencha l'alerte.

Scène de crime

Lorsque les pilotes participent à un meeting aérien, la foule garde les yeux au ciel pendant des heures, s'émerveillant de leurs incroyables acrobaties. Mais lorsque les plus grands avocats et enquêteurs aéronautiques se rassemblent pour une conférence sur la sécurité aérienne, le plaisir d'assister à des démonstrations d'habileté aéronautique laisse la place à de troublantes démonstrations juridiques. On ne tire aucun plaisir à voir ces experts être d'accord pour avouer leurs désaccords à propos de la meilleure méthode de protéger les intérêts des utilisateurs du transport aérien !

Début décembre 2010, alors que l'Europe déblayait les traces des récentes tempêtes de neige, l'Institut de Formation Universitaire et de Recherche du Transport Aérien (IFURTA) accueillait une conférence de deux jours à propos de la sécurité aérienne et des enquêtes judiciaires à l'université de droit Paul-Cézanne d'Aix-Marseille. Pour les jeunes juristes récemment diplômés, cette conférence définissait bien ce que serait leur carrière dans l'aviation.

Une multitude d'experts venus du monde judiciaire, de l'administration gouvernementale, des compagnies aériennes, des constructeurs et de l'armée débattirent de l'intérêt de poursuivre en justice les pilotes, les contrôleurs et les bureaucrates lors d'accidents aériens, en particulier lorsque l'avion en question est porté disparu. Le mystère du vol Air France 447, parmi d'autres cas, fut au cœur des questions évoquées lors de cet événement qui tombait à point nommé. Juste deux jours auparavant, une juge de Pontoise avait mis un point presque final à une décennie de saga judiciaire en condamnant un mécanicien de Continental Airlines, Paul Taylor, pour le crash du Concorde d'Air France en 2000 au décollage de Roissy-Charles-de-Gaulle. La compagnie aérienne américaine niait que la catastrophe – qui avait entraîné la mort de 113 personnes – ait été causée par une barre de titane tombée d'un avion de Continental et qui aurait provoqué l'explosion du réservoir de carburant du Concorde. L'appel de la compagnie pour la suspension de quinze mois de Paul Taylor et l'amende de 1,6 million de dollars permettait à la procédure d'entrer dans une deuxième décennie.

Poursuivre les pilotes

Cet accident était justement l'un des cas juridiques aéronautiques étudiés dans la seule école de droit qui ait jamais reçu le nom d'un de ses anciens cancres, le père de l'art moderne, Paul Cézanne. Au Brésil, en Indonésie, en Italie, en Suisse, en Grèce et au Japon, des accidents aériens ont offert aux procureurs des cas où les affaires s'éternisèrent une fois que les compagnies d'assurance eurent indemnisé les familles des victimes. C'était aussi un rappel du rêve aéronautique français abattu, ces avions supersoniques cloués au sol par le coût du pétrole, leur pollution sonore et l'économie du transport aérien. Trois ans plus tard, à la suite d'une série d'incidents en vol, les ailes de la petite flotte de Concorde furent définitivement coupées et les appareils répartis entre différents musées dont celui de l'Air et de l'Espace du Bourget.

Les experts familiers du cas Concorde, dont la juge Dominique Andréassier, s'adressèrent à l'ensemble de la salle de conférence dont les auditeurs s'étaient massés sur des bancs aussi étroits et inconfortables que des sièges de classe touriste. Un par un, ils débattirent de l'impact des poursuites judiciaires à l'encontre des pilotes, des contrôleurs aériens, des responsables d'agences de régulation, des compagnies aériennes et des constructeurs. Cette approche, qui contraste avec les systèmes judiciaires de pays comme les États-Unis, la Grande-Bretagne, l'Australie ou le Canada, permet-elle de rendre l'aviation plus sûre ? Ou bien, comme certains intervenants de la conférence l'ont souligné, cela n'aurait-il pas tendance à aller à l'encontre des intérêts des usagers du transport aérien ?

Rejetant l'idée, partagée par de nombreux analystes du transport aérien, que les catastrophes aériennes sont causées par des enchaînements d'événements, les procureurs de certains pays ont transformé les accidents d'avions en scènes de crime et souvent pour faire porter la responsabilité sur un seul suspect. Dans la plupart des cas, les accidents d'avions français font immédiatement l'objet d'enquêtes judiciaires, ainsi l'accident de l'A330 est-il devenu l'affaire des procureurs, des gendarmes, des experts et du monde judicaire. À la différence des États-Unis – et d'autres pays ayant des lois similaires – où un défendeur ne peut être accusé d'un crime que s'il est commis à l'intérieur de son pays, la France peut poursuivre une compagnie aérienne lorsqu'un avion, tel l'AF 447, disparaît à l'étranger.

Quand les enquêteurs civils et criminels s'affrontent

Un des problèmes majeurs concernant ces cas « criminels » est la manière dont ils interfèrent avec les enquêtes civiles.

À Rome, les procureurs avaient retenu les CVR et FDR ainsi que les documents indispensables pour analyser l'accident avec l'intention de prévenir des tragédies de cet ordre. Lorsqu'un avion tunisien s'est retrouvé à court de carburant et s'est écrasé dans le détroit de Messine après qu'un mécanicien eut accidentellement installé de mauvais indicateurs de carburant, les pilotes furent jugés par contumace et condamnés à des peines de prison ferme. En Libye, les pilotes d'un avion qui s'était écrasé sur une piste libyenne furent extradés chez eux, en Corée, où ils furent condamnés à un emprisonnement à perpétuité. Dans certains pays, comme l'Indonésie, les contrôleurs ont si peur d'être poursuivis que trente contrôleurs expérimentés ont quitté leur emploi et ont postulé pour travailler dans d'autres pays. Au Brésil, les pilotes américains d'un jet d'affaires qui était entré en collision avec un avion de ligne ont été inculpés et empêchés de quitter le territoire pendant deux mois. Les procureurs immobilisèrent également leur avion sur une base aérienne militaire. Dans un certain nombre de pays, les pilotes et/ou les contrôleurs peuvent être arrêtés, jugés, condamnés et emprisonnés pour homicide.

Nulle part ailleurs ces problèmes de criminalisation des accidents aériens n'ont eu d'impact aussi important qu'en France. À la différence des États-Unis, où le NTSB prend en charge les enquêtes et émet des recommandations pour que la FAA effectue des actions correctives, la France, et un certain nombre d'autres pays, arrivent à consacrer une décennie et plus à trouver et punir les coupables.

C'est une science inexacte car les analyses des accidents aériens dépendent d'enquêtes approfondies, d'analyses rapides et d'une divulgation complète des documents. Dans certains pays, en Afrique notamment, les enquêtes n'ont pas lieu ou leurs résultats ne sont jamais communiqués. Dans d'autres juridictions, les preuves sont retenues par les enquêteurs judiciaires. Ailleurs encore, certains témoins-clés sont réticents à répondre aux questions car ils ont peur d'être poursuivis à leur tour.

La perte de données d'un équipage ou même d'un avion signifie que les enquêteurs travaillant sur ces cas vont inévitablement devoir prendre des décisions difficiles comme pour le vol Air France 447. Était-ce la faute du pilote ou un problème de météo ? Peut-être que la radio HF ou l'altimètre ne fonctionnait plus ? Le radar avait-il pu se tromper ? Ou peut-être que les boîtes noires manquantes empêchaient de découvrir qu'un calculateur important ou un système de navigation était en panne. Et pour d'autres cas, la piste était-elle glissante ou bien y avait-il des cisaillements de vent ? Déclarer un coupable dans une salle de tribunal peut aussi dépendre des dépositions de témoins qui ont certifié l'avion des décennies plus tôt ou d'experts qui n'ont aucune expérience préalable sur l'analyse d'un accident.

La courbe d'apprentissage d'une école de droit

Alors que les compagnies d'assurance et les familles de victimes s'arrangent en quelques années, ces procédures peuvent s'étaler jusqu'à dix-sept ans sans décision, comme dans le cas de l'accident du mont Sainte-Odile et comme cela pourrait être le cas pour le crash du Concorde. Si rien ne change, la plupart des jeunes juristes du programme IFURTA devront chercher leur chemin dans ce dédale juridique pendant le reste de leur carrière. Parmi eux se trouve Catheline Léoni, pilote privée, qui rédige sa thèse sur les implications légales autour de la disparition du vol 447. Elle rêve cependant de devenir pilote de ligne.

Lors d'un dîner à La Grange, non loin du cours Mirabeau à Aix-en-Provence, Catheline Léoni revint sur les nombreux thèmes évoqués pendant la conférence qui tentait de démonter ce système déséquilibré qui rend certains pilotes, ingénieurs, mécaniciens, contrôleurs, cadres des compagnies aériennes et leurs avocats particulièrement nerveux. Contrairement aux États-Unis et à la Grande Bretagne notamment, où les équipages et les contrôleurs bénéficient généralement de l'immunité face aux poursuites lorsqu'ils témoignent devant les enquêteurs, la communauté aéronautique a de bonnes raisons, en France, de répondre avec prudence aux interrogatoires.

« Au bon vieux temps, expliqua Catheline Léoni alors qu'un serveur remplissait son verre de bordeaux, un avion s'écrasait, quelqu'un du BEA arrivait sur le site, triait les débris, interrogeait Boeing ou Airbus, puis rédigeait son rapport. Les enquêteurs civils coopéraient avec le système judiciaire. Le BEA faisait son boulot et s'il apparaissait que quelqu'un pouvait être considéré comme responsable, il était poursuivi devant un tribunal criminel. Par exemple, en 1956, le commandant de bord d'un DC-6 d'Air France qui s'était écrasé alors qu'il tentait de se poser au Caire, coûtant la vie à 56 passagers, fut jugé et condamné pour homicide involontaire. Mais ce n'est qu'au cours des années 80 que ces poursuites commencèrent à atteindre les agences de régulation, les contrôleurs aériens et les responsables d'aéroports. Après que trois passagers eurent été tués dans l'accident d'Habsheim, en 1988, où le pilote d'Air France avait fait un passage trop bas au cours d'un meeting aérien, le système judiciaire s'est intéressé à ses déclarations indiquant que quelqu'un avait échangé les boîtes noires dans une prétendue tentative pour protéger la compagnie et son nouvel Airbus de l'attention des médias. »

Alors que la presse et le public avaient les yeux rivés sur cette histoire sensationnelle d'un pilote s'écrasant pendant un meeting aérien avec un cockpit rempli d'hôtesses de l'air, la bataille juridique entre les enquêteurs civils du BEA et le système judiciaire à propos des boîtes noires de l'avion d'Habsheim reçut moins d'attention.

La plainte du commandant Paul McCarthy

Paul McCarthy, commandant de bord pour Delta Airlines et avocat – ayant piloté des avions de ligne pendant trente-deux ans avant de devenir le représentant de l'*International Federation of Air Line Pilots' Associations* (IFALPA) auprès de l'Organisation de l'Aviation Civile Internationale (OACI) à Montréal –, a souligné que « l'entraînement pour les avions de quatrième génération "Fly-by-Wire" signifie que [les pilotes doivent] adopter une nouvelle façon d'appréhender [leur] rôle. C'est un changement d'état d'esprit. Par exemple, il faut savoir quand couper tous les systèmes automatiques ou quand ne pas leur faire confiance et rester toujours sur ses gardes ».

Puis il confia : « J'assistais récemment à une présentation qui comparait les anciens et les nouveaux avions. La conscience de la situation à bord des vieux avions était notablement plus importante et meilleure que dans les avions modernes bardés d'écrans. Nous n'avons pas maîtrisé l'entraînement des équipages pour des avions de quatrième génération qui constituent aujourd'hui l'essentiel des flottes commerciales. C'est là tout le concept de l'enveloppe de protection. Les avions de ligne à commandes de vol électriques ont largement augmenté le niveau de sécurité. Même les avions à commandes de vol classiques sont devenus plus sûrs en raison des nouvelles philosophies de conception. Mais lorsque quelque chose va de travers, il est devenu plus compliqué pour les pilotes de le détecter et de le corriger. C'est là que l'entraînement doit servir. Au cœur du combat, les pilotes des nouveaux avions doivent être capables d'aller au-delà de l'entraînement classique et de reprendre les commandes de la bonne manière par réflexe. D'un certain côté, c'est aussi la même chose pour la formation des enquêteurs. C'est la raison pour laquelle il faut autant de temps pour que le système judiciaire aboutisse. Les enquêteurs et les experts ne sont pas assez formés. [...] Lorsque vous pilotez un avion moderne, vous devez garder votre esprit en éveil d'une manière différente. Le 727 n'était qu'un banal assemblage de morceaux de métal ! Par contre, ces avions de quatrième génération sont vraiment intelligents et il vous faut être constamment attentif pour continuer à anticiper les choses. Peut-être n'est-il pas raisonnable de s'attendre à réussir dès le début. Si les informations avaient été mieux communiquées lorsque ces avions ont commencé à arriver, nous aurions pu comprendre plus vite que nous avions un problème ! C'est une erreur de ne pas obtenir les informations car nous sommes dans une société généralement répressive. En effet, les pilotes peuvent être punis pour de grosses négligences. Il y a quelques années, un gamin dans l'ouest du Canada s'est retrouvé à court de carburant avec un petit avion. Il avait survolé trois ou quatre endroits où il aurait pu se poser pour faire le plein. Il a raté son approche et a tué ses passagers. Les Canadiens le poursuivent et il va sans doute finir en prison. Mais en général, les pilotes sont plus professionnels que les avocats et même les médecins. Tous les médecins ne travaillent pas autour des tables d'opérations et tous les avocats ne sont pas dans les salles des tribunaux. Mais les pilotes sont tous en vol, de sorte qu'ils ont l'obligation de ne pas se tromper ! [...] La question des commandes "Fly-by-Wire" est de savoir comment nous nous adressons à ces avions complexes dotés d'une enveloppe de protection, de mini-manches latéraux et de commandes de gaz immobiles. Le grand défi des enquêtes est d'obtenir les données nécessaires pour démontrer que l'entraînement du pilote était inadapté. Par certains côtés, l'accident d'Habsheim ressemble au vol 447. Dans ces deux cas, nous n'avions pas obtenu les données juste après l'accident. Pour le vol 447, tout le monde a coopéré, mais les données n'étaient toujours pas là. La seule chose que nous savons de façon certaine, c'est que traîner les pilotes devant les cours de justice criminelles n'est pas une bonne façon d'améliorer la sécurité des vols ! »

Est-ce que les poursuites rendent l'aviation plus sûre ?

Les regrets de Paul McCarthy sont illustrés par d'autres cas qui suggèrent que les enquêtes criminelles ne rendent pas les vols plus sûrs. Après l'accident de l'A320 sur le mont Sainte-Odile, non loin de Strasbourg, qui a coûté la vie, en 1992, à 87 personnes – passagers et équipage – le BEA boucla son enquête en quatorze mois. Puis la justice déclara : « Nous devons trouver qui est responsable ! » Et une procédure pour homicide de dix-sept ans débuta contre un contrôleur, quatre anciens cadres de la DGAC, des employés d'Airbus et d'Air Inter, et elle se solda par l'acquittement de tous les accusés. Parmi eux se trouvaient l'ingénieur en chef Pierre-Henri Gourgeon, alors à la tête de la DGAC et aujourd'hui directeur général d'Air France, ainsi que le directeur technique d'Airbus, Bernard Ziegler.

Catheline Léoni, de l'IFURTA, expliqua – lors d'un entretien à Aix-en-Provence en 2010 – que les personnels civils de la DGAC (l'agence en charge de l'administration de l'aviation civile) sont plutôt enclins à répondre librement aux enquêteurs car ils désirent généralement aider le BEA à améliorer la sécurité des vols. « Mais lorsque les enquêteurs judiciaires viennent interroger ces mêmes officiels de la DGAC, ils se doivent d'être bien plus prudents, car ce qu'ils peuvent dire risque parfois de les mener tout droit en prison. La situation est encore pire en Italie où la criminalisation des accidents est permanente. Il faut trouver le coupable ! En Italie, le pouvoir judiciaire est tout puissant et l'accent est mis sur la recherche de la personne responsable, même si ce n'est pas vraiment sa faute. Notre culture, ici et en Italie, fait qu'on se sent mieux ainsi. C'est ainsi que le pouvoir judiciaire italien a saisi les éléments de preuve d'un accident d'hélicoptère pendant deux ans, empêchant ainsi les enquêteurs civils de faire leur travail. »

Pour Catheline Léoni et le reste de ses collègues d'amphi de l'IFURTA, il est important de faire une distinction entre le système judiciaire américain et le code pénal français. Aux États-Unis, avec les lois sur les délits, les victimes peuvent poursuivre les compagnies qui leur ont porté préjudice. Dans les pays comme la France, l'Italie et l'Espagne, les procureurs peuvent poursuivre des individus soupçonnés d'avoir contribué aux accidents. De façon concrète, cela signifie que les compagnies et les constructeurs peuvent indemniser les victimes et échapper ainsi aux poursuites pénales.

Cette dichotomie est la source de la plus grande faiblesse de l'aviation civile : l'absence d'une réglementation internationale uniforme qui permettrait de préserver les droits des usagers devant n'importe quelle juridiction. Par exemple, un avion qui s'écrase aux États-Unis fait immédiatement l'objet d'un examen approfondi de la part du NTSB. Des recommandations pour l'amélioration de la sécurité sont émises et dans certains cas intégrées immédiatement aux « Airworthiness Directives » de la FAA avant même la fin de l'enquête. Dans d'autres cas, comme celui du Boeing 757 d'American Airlines qui s'est écrasé sur le relief en Colombie, les compagnies aériennes ont équipé rapidement – de leur propre initiative – leurs avions de systèmes d'alerte de proximité du sol

(GPWS). Malheureusement, les enquêtes se déroulant dans certains pays, comme la Libye, sont indéfiniment tenues à l'écart du public. En refusant de partager les informations recueillies, ces organismes entravent l'amélioration de la sécurité des vols de flottes entières.

Les controverses sur la sécurité aérienne italienne

Andrea Boiardi, directeur technique exécutif de l'association des pilotes italiens, expliqua -lors d'un entretien - que « dans le reste de l'Europe, de façon culturelle, l'idée est tolérée que dans des systèmes importants et complexes, les erreurs humaines existent ».

Puis il ajouta : « Mais en Italie, nous sommes loin d'avoir cette culture, même si elle est presque universellement acceptée dans le monde aéronautique. En fait, lorsqu'un accident survient, un magistrat ouvre une enquête parallèle à celle de l'ANSV [l'organisme italien d'enquête sur les accidents équivalent au BEA et au NTSB], souvent en utilisant le matériel rassemblé par l'ANSV, et quelquefois en le confisquant. Le magistrat collabore avec des consultants pseudo-indépendants (souvent eux-mêmes membres de l'ANSV, ou pire encore toujours étudiants en université et sans aucune expérience concrète). L'objectif de cette enquête n'est pas d'améliorer la sécurité mais d'identifier un coupable, généralement facile à reconnaître – un pilote, contrôleur aérien, technicien ou employé de la maintenance. Au cours des dernières années, cette tendance a malheureusement entraîné la condamnation de contrôleurs aériens lors de deux accidents, celui de Linate et celui de Cagliari. Ce qui manque, en tout premier lieu, c'est l'acceptation par les lois italiennes, par la culture et aussi par les juges, de l'existence de l'erreur humaine quand celle-ci est commise de bonne foi et en exerçant la prudence de mise "pour un bon père de famille". Un exemple typique est illustré par la peine de dix ans de prison prononcée par la cour de Palerme pour l'accident de l'ATR 72 de Tuninter en 2005 dans le détroit de Messine, au large de la côte de

Sicile. Les pilotes ont été déclarés coupables après avoir été forcés de se poser en urgence en mer parce qu'un mécanicien avait installé un mauvais modèle de jauge à carburant sur leur avion. En conséquence de quoi, l'avion n'avait en fait pas reçu la quantité de carburant qui était indiquée par l'instrument en question et s'était retrouvé en panne sèche en vol. Les poursuites avaient mis en avant le témoignage d'un expert de l'université de Padoue qui insistait sur le fait que le pilote aurait dû tenter de se poser à Palerme plutôt que d'amerrir. »

Et Paul McCarthy de l'IFALPA de renchérir : « Comme on l'a vu avec l'accident d'US Airways dans l'Hudson en 2009, les pilotes aux commandes d'avions devenus des planeurs ne sont pas toujours en mesure de rejoindre un aéroport. Lors de l'accident de Tuninter, c'est pourtant l'opinion de cet expert qui a entraîné une peine de dix ans de prison pour les pilotes. Il est totalement ahurissant qu'un juge et un jury aient pu le suivre ! »

L'*European Cockpit Association* avança également que le procès et son verdict « étaient totalement immérités. [...] Chercher à blâmer et à punir ne sert qu'à rendre les enquêtes sur de futurs accident bien plus difficiles car impliquant des individus qui pourront avoir tendance à cacher des informations vitales dans la peur d'être poursuivis sur la base de leurs témoignages, ce qui réduit notablement les possibilités d'utiliser ces accidents pour faire progresser la sécurité ».

En octobre 2001, à Milan, un avion de la SAS est entré en collision, sur un taxiway par temps de brouillard, avec un Cessna Citation et entraîna cinq poursuites pour homicide. Parmi les condamnés se trouvait le directeur de l'aéroport de Linate, le responsable de l'agence italienne de contrôle aérien et le contrôleur en charge du vol. À la suite d'un autre accident à Rome, en 2009, les procureurs forcèrent les enquêteurs de l'ANSV à leur retourner les boîtes noires ainsi que tous les documents relatifs à l'accident. La confiscation des éléments des mains des enquêteurs civils de l'ANSV rendait impossible la lecture des données des enregistreurs. L'agence italienne de sécurité des vols avertit qu'elle n'était plus en mesure d'évaluer les dommages ou d'empêcher la détérioration des données et que bloquer son travail pouvait avoir de « graves conséquences pour la prévention, sur le plan national comme international, d'accidents similaires ». Elle plaida avec le corps législatif pour mettre fin au conflit existant entre les règles du code pénal italien et celles de l'OACI dans l'intérêt de la prévention des accidents et de la sécurité des usagers.

Ce conflit d'intérêt entre le monde judiciaire et les enquêteurs civils ralentissait et compromettait les investigations techniques. Du point de vue de l'ANSV, il existe également un conflit d'intérêt « entre les règles du code pénal italien et les conventions internationales de l'aviation civile ».

Une guerre législative de trente ans

Lors du colloque à l'IFURTA, en décembre 2010, la juge du procès du Concorde, Dominique Andréassier, a répondu lapidairement aux critiques concernant les poursuites interférant avec les enquêtes civiles de sécurité aérienne lors des trente dernières années : « Les enquêtes criminelles et les procès criminels sont importants pour les familles des victimes. À la différence des procès civils qui conduisent généralement à fixer le montant des indemnités, un procès criminel désigne publiquement les responsables des accidents. »

Son point de vue a été suivi par Christophe Regnard, président du Syndicat de la Magistrature : « Le problème c'est qu'il n'y a pas d'avions parfaits, ni d'hommes parfaits. Il n'est pas sain que le monde aéronautique soit si fermé. Ils ne parlent que de façon technique, ce qui ne facilite pas le travail de la police dans la compréhension de ce qui s'est passé. Il est important d'obtenir toutes les informations pour déterminer qui est responsable. Le monde judiciaire a un autre point de vue qui peut être utile, un œil neuf. Il est bon de savoir ce qui s'est passé à tous les niveaux dans les enquêtes criminelles. »

Daniel Soulez Larivière, avocat parisien qui représente l'autorité de l'aviation civile française, la DGAC dans ces cas, exprima alors respectueusement son désaccord. Plaidant sa cause lors de la conférence de l'IFURTA, il dénonça les poursuites judiciaires envers les pilotes et les contrôleurs comme le symptôme d'une altération du système judiciaire du pays depuis une trentaine d'années : « Traditionnellement, l'idée qu'un juge puisse faire office de législateur ne fait pas vraiment partie de notre culture. La manière normale de diriger les choses passe par le Parlement et l'administration. On devrait avoir un système judiciaire avec seulement 300 personnes qui pourraient être avocats ou procureurs, par leurs expériences et leurs diplômes. Aujourd'hui, ils sont plus de 3 000 ! Nous sommes très en retard sur l'utilisation des juges et des règles de droit. Le premier cas aéronautique majeur a eu lieu en 1980 lorsqu'un employé de la DGAC a été poursuivi. Dans notre pays, les victimes peuvent lancer des poursuites et peuvent obliger le gouvernement à entamer une enquête judiciaire. La procédure est un moyen pour les juges de commencer à conquérir de nouveaux domaines qui n'étaient pas régis par des lois. Ces crucifixions légales bien saignantes donnent simplement l'impression que les juges se bougent, particulièrement lorsque surviennent les catastrophes aériennes. [...] Depuis cinquante ou soixante ans, nous avions un système d'enquêtes civiles, en ce qui concerne les accidents, qui fonctionnait. C'était une approche en faveur de la sécurité aérienne efficace et sûre. Lorsque la justice a commencé à enquêter sur ces accidents, elle n'avait aucune expérience et a fait un certain nombre de dégâts. Ils arrivaient là sans aucune connaissance. Les juges n'apportent rien en termes d'éthique ou de moralité. [...] Depuis trente ans que je représente la DGAC et ses ayants droit, 98 % des fonctionnaires poursuivis n'ont finalement pas été condamnés. Le système tente de judiciariser des problèmes que l'on est incapable de prévoir, comme l'accident du Concorde. Si les poursuites judiciaires lors des catastrophes aériennes continuent à se terminer par des acquittements, c'est qu'il y a bien quelque chose qui ne fonctionne pas ! Le système judiciaire pense qu'il est le seul à faire correctement son travail.

Les poursuites sont engagées trop rapidement avant même que l'on comprenne ce qui s'est passé. Aucune considération n'est portée à l'importance des enquêtes de sécurité. [...] En 1996, après l'accident du vol 800 de la TWA à New York, le FBI a mis un terme à son enquête terroriste quand ses agents ont réalisé que ce n'était pas un cas de cette nature. Ils ont alors transféré convenablement l'enquête au NTSB qui a fini par émettre des recommandations pour l'amélioration du système de câblage afin de réduire le risque d'une explosion accidentelle. C'est de cette façon que les choses doivent fonctionner ! Peut-être devons-nous trouver une autre manière de donner satisfaction aux familles de victimes pour qu'elles comprennent ce qui est arrivé à leurs proches. »

D'autres avocats, comme Paul McCarthy de l'IFALPA, soutiennent que les poursuites et les condamnations de pilotes ou de contrôleurs dans des pays comme la France ou l'Italie n'ont pas réussi à rendre l'aviation plus sûre : « La peine capitale n'a jamais empêché les meurtres ! Cette approche judiciaire a un effet paralysant. Si vous avez sous la main un pilote qui a survécu, il faut qu'il puisse participer à l'enquête. La plupart des accidents comportent leur part d'erreurs humaines. Nous sommes même très bons pour identifier ce que les hommes font *in extremis*. Grâce à ce que nous avons appris des enquêtes d'accidents précédents, nous avons construit des protections pour empêcher d'autres catastrophes du même genre. Lorsque l'on apporte une réponse judiciaire à un accident, on fait fausse route, on paralyse tout. Est-ce que le pilote participera à l'enquête ou fera appel au Ve amendement et refusera de témoigner ? »

Ce point de vue est partagé par un pilote de ligne qui a écrit sur le forum des pilotes professionnels PPRuNe : « Supposons que quelqu'un se soit approché du mécanicien de Continental et lui ait dit que s'il installait la barre métallique de façon incorrecte, elle allait tomber. Et que peut-être elle pourrait tomber sur la piste. Et que peut-être le prochain avion à décoller roulerait dessus. Et que peut-être cet avion (un Concorde) pourrait faire partie d'une poignée d'appareils, comme cela a été le cas, qui subiraient un accident fatal si un pneu tapait contre la barre de métal. Et que si ça se passait ainsi, dix ans plus tard, il pourrait être condamné à une peine de prison avec sursis dans un pays où il n'avait jamais mis les pieds. Je pense qu'il aurait dit "OK, je vois" et qu'il serait allé faire sa réparation. Et s'il avait changé sa façon de faire, je pense qu'il l'aurait plus fait dans le but d'éviter de causer un accident que par peur de risquer de la prison avec sursis ! [...] Bien sûr, il est important d'empêcher les pratiques dangereuses, mais il me semble qu'une punition moins probable que de gagner à la loterie ne constitue pas une dissuasion. Mieux superviser les mécaniciens, faire que les compagnies soient responsables et qu'elles s'assurent que leurs avions se posent avec l'intégralité des pièces de métal dont ils sont constitués, faire un examen technico-légal de toutes les pièces ou objets étrangers qui finissent sur la piste... je ne sais pas si ces choses-là sont envisageables, mais elles seraient bien plus dissuasives que ce qui s'est passé là ! »

Chez Air France

Au moment de la réunion du déjeuner, à L'Escargot, pendant le colloque de l'IFURTA, le directeur de la sécurité d'Air France, Étienne Lichtenberger, souligna quelques points-clés qui avaient fait débat entre les experts aéronautiques de l'administration, les militaires, les universitaires, les industriels et bien sûr le monde judiciaire. Une tempête de neige avait paralysé le trafic à Paris et avait empêché le directeur du BEA, Jean-Paul Troadec, de venir faire sa très attendue présentation en Provence. Étienne Lichtenberger évoqua les recherches de l'avion disparu et se déclara certain que la quatrième campagne serait la bonne.

Comme bien d'autres, il était convaincu que la plupart des experts qui interviennent dans les procédures judiciaires aéronautiques n'ont pas l'expérience nécessaire pour apporter d'utiles jugements de valeur. Le jeu des condamnations des cours pénales est compliqué parce que l'on essaie de répartir les responsabilités.

Dans certains cas, des retraités de longue date ont été convoqués pour constituer une sorte d'aréopage d'experts en fauteuils roulants...

« Pour l'accident de Concorde, on a rappelé un ingénieur qui avait participé à la certification de l'avion des décennies plus tôt. C'était vraiment difficile. » Le risque de cette criminalisation des accidents aériens est que cela pourrait inciter les compagnies aériennes à ne plus encourager leurs pilotes à participer ouvertement aux enquêtes. Dans cette perspective, il est alors aisé d'expliquer pourquoi Air France a rapporté bien plus d'incidents de givrage de Pitot que ses concurrents : « Il a pu y avoir bien plus d'incidents avec les Pitot, expliquait Étienne Lichtenberger, mais toutes les compagnies ne vont pas les divulguer en raison de leurs éventuelles responsabilités. »

Un problème de cristaux de glace à haute altitude qui a conduit à plus de cent extinctions de réacteurs en vol avait entraîné la compagnie Air France à financer un atelier avec les meilleurs experts du *Joint Industry Engine Harmonization Study Group*. Jeanne Mason, ingénieur motoriste réputée chez Boeing, et le scientifique Walter Strapp, d'Environment Canada, ont collaboré étroitement avec Étienne Lichtenberger. « C'est un problème auquel nous devons faire face depuis les années 80, expliqua ce dernier, et chaque constructeur doit y faire face. C'est l'un de ceux pour lesquels nous sommes le plus désireux d'aboutir. »

Bien que la compagnie ait intensifié les entraînements en simulateur et encouragé ses pilotes à faire davantage de pilotage manuel, il n'est pas possible d'anticiper toutes les situations d'urgence potentielles. « Comme on l'a vu avec le vol AF 447, il n'y a pas moyen de programmer un simulateur pour cet accident. C'est au-delà des limites de l'outil. Et il est vraiment difficile de se retrouver en procès pour un événement comme celui-là alors que l'on ne sait pas encore ce qui s'est réellement passé », confiait Étienne Lichtenberger.

C'est peut-être une des raisons pour lesquelles des responsables de l'aviation européenne comme Étienne Lichtenberger ont réussi à convaincre un puissant allié international.

En effet, à l'automne 2010, le Parlement européen a effectué un pas important dans la direction du NTSB américain et d'autres agences civiles chargées des enquêtes en Grande-Bretagne, en Australie et au Canada. De nouvelles règles stipulaient que « les enquêtes de sécurité » devaient être conduites « sans interférences extérieures ». Pilotes, contrôleurs, responsables d'aéroport, constructeurs et autres experts peuvent être autorisés à témoigner mais confidentiellement, ceci afin de les protéger en tant que « source d'informations valables » et de s'assurer qu'ils ne seront pas poursuivis pour avoir parlé ouvertement de problèmes de sécurité.

Cette décision du Parlement fut applaudie par la représentante du BEA à la conférence de l'IFURTA, Martine Del Bono. Mais comme le journaliste Pierre Sparaco, qui animait les débats de ces deux journées, le souligna, les poursuites judiciaires continuaient à être prépondérantes dans l'aviation française. Continental Airlines a fait appel du verdict du procès Concorde de décembre 2010, ce qui allait forcément ajouter une douzième année de procédure pour ce cas. « Le verdict du Concorde souligne justement que la France a un problème avec la sécurité des vols, que des négociations incessantes, des séminaires et des conférences au cours des trente dernières années n'ont pas résolu », remarquait Pierre Sparaco.

Dans le même esprit que dans le procès Jarndyce contre Jarndyce, de Dickens, qui transformait un litige en un enfer pour la partie adverse, les cas relatifs à l'aviation en France, en Italie et ailleurs encore en Europe, se concentrent sur des points bien éloignés de l'intérêt public. Un système judiciaire indépendant peut, et doit certainement, punir un pilote qui vole en état d'ivresse, mais poursuivre des pilotes décédés ou des ingénieurs à la retraite est loin de répondre aux questions posées par la catastrophe du vol 447.

Une nuit au Passage

Lors d'une réception au restaurant Le Passage, à Aix-en-Provence, les étudiants de l'IFURTA dans leurs costumes noirs se mêlèrent à nombre de responsables de compagnies aériennes, cadres des administrations et autres constructeurs qui pourraient un jour devenir leurs employeurs. Alors qu'un magicien allait de table en table et que les serveurs amenaient des plats d'agneau à la provençale, les conférenciers laissaient derrière eux les sérieuses discussions du jour et profitaient du vin et des conversations animées. Des stars de l'aviation comme André Turcat, le pilote d'essais qui effectua le premier vol de Concorde, conversaient agréablement avec les étudiants tout juste diplômés. Certains travaillaient déjà activement dans l'industrie aéronautique. Parmi eux se trouvait Aurélie Pouzerat, désormais employée par une société d'assurances, qui avait appris que « lorsqu'une flotte est clouée au sol, une compagnie aérienne n'est indemnisée que pour les trois premiers jours ».

Alors que d'autres étudiants discutaient avec des cadres d'Airbus désireux de leur faire faire un tour à bord de leur nouveau Super Jumbo A380 en route pour rencontrer de nouveaux clients au Moyen-Orient et en Asie, les photographes poussèrent les conférenciers à se rapprocher les uns des autres pour une série de photos souvenirs. Ce dîner était l'occasion rêvée pour Stéphane Gicquel, président de la Fédération nationale des victimes d'accidents collectifs, de s'entretenir avec quelques-uns des experts nommés pour assister la cour dans le cas judiciaire du vol Air France 447. Parmi eux, Claudine Oosterlinck, pilote et instructrice d'aviation générale, qui avait subi son premier entraînement sur Airbus. « Ce sont des avions différents, avouait-elle, il y a des moments où l'on n'est pas vraiment sûr de ce que fait le pilote automatique. »

Parmi les disparus

À la fin du mois de mars 2011, la quatrième campagne de recherche de l'épave du vol Air France 447 commença le long de la chaîne de l'Atlantique Sud, à 1 000 kilomètres à l'est de la côte brésilienne. Presque deux ans après que l'avion eut disparu, les explications théoriques de cet accident n'avaient pas vraiment réconforté les familles des victimes et les pourfendeurs de l'enquête. Ceux qui se hasardaient à avancer une opinion étaient prompts à présenter des explications techniques impliquant la technologie des commandes de vol électriques dans l'émergence d'une situation particulièrement confuse dans le cockpit de l'Airbus A330, avion dont la réputation de sûreté était désormais bien entachée.

Alors que les sous-marins autonomes conçus par l'institut Woods Hole exploraient le fond de l'océan jusqu'à plus de 4 200 mètres de profondeur, les scientifiques du monde entier attendaient patiemment de bonnes nouvelles. Ce qui était devenu la plus ambitieuse opération de recherche sous-marine était également une « cause célèbre » et une chance pour l'institut Woods Hole, à sa tête, d'en faire l'opération la plus réussie depuis la découverte de l'épave du *Titanic.* Seulement six de ces chefs-d'œuvre de sous-marins, avec la capacité d'observer une zone de près de deux kilomètres de large, étaient en exploitation au cœur des océans de la planète. Sous la direction de David Gallo et Mike Purcell, de Woods Hole, les opérateurs faisaient remonter les sous-marins depuis les profondeurs pour récupérer les résultats de leurs recherches sonar. Aussitôt que les données étaient mises à l'abri, les machines replongeaient pour continuer leur traque.

Cette campagne commença juste quelques jours après que la magistrate en charge de l'enquête, Sylvia Zimmerman, eut rencontré les directeurs d'Airbus et d'Air France, Tom Enders et Pierre-Henri Gourgeon pour leur notifier que leurs deux sociétés allaient être mises en examen pour homicide involontaire. La perspective de subir une autre interminable procédure judiciaire, quelques mois seulement après le verdict de l'interminable procédure pour le Concorde à Pontoise, soulevait une question juridique intéressante : comment ce cas pouvait-il être traité avec des boîtes noires demeurant introuvables ?

Annonçant son désaccord avec la décision de la juge Zimmerman, Tom Enders déclara : « Airbus continue de maintenir que l'effort doit porter sur la découverte des causes de cet accident pour s'assurer que cela n'arrivera plus jamais ». Pierre-Henri Gourgeon acquiesça : « Nous ne voyons aucune bonne raison pour justifier cette mise en examen et nous allons le démontrer ! » Il ajouta que l'erreur de la compagnie de n'avoir pas remplacé les Pitot suspects « n'aurait rien changé à l'affaire ».

Lors d'une rencontre préliminaire avec les familles, une juge Zimmerman consternée rapporta qu'une commission rogatoire internationale avait échoué dans la récupération des enregistrements du contrôle aérien de Dakar pour la nuit du 31 mai au 1er juin.

Le bureau de la magistrate était également en attente d'une explication de la part de l'EASA quant à sa décision de ne pas émettre une « Airworthiness Directive » au printemps 2009 après que trois compagnies aériennes, dont Air France, eurent rapporté des vols avec une IAS (Indicated Air Speed) douteuse en raison de pannes de Pitot.

Un avocat de Stewarts Law, un cabinet de Londres représentant certaines familles de victimes, pointa que « l'EASA s'était déclarée sous immunité européenne et avait exigé que la cour française fasse une demande formelle par l'intermédiaire du ministre des Affaires étrangères ».

« La lenteur avec laquelle les enquêtes avancent est un écœurement pour les familles qui désirent des réponses sur la perte de leurs êtres chers », déclara Sarah Stewart, l'une des juristes londoniennes travaillant sur ce cas. « Bien qu'Air France ait finalement montré une volonté d'évoquer les revendications d'indemnités, avec l'approche du deuxième anniversaire de l'accident, il restait vraiment peu de temps aux familles pour remplir leur dossier de revendications pour protéger leurs droits d'après la Convention de Montréal. »

Sur le Web, dans les salles de repos, dans les réunions syndicales, les pilotes discutaient des opérations de récupération et continuaient à débattre des différentes théories. Le cabinet Stewarts Law, avec l'aide de pilotes, dans un simulateur d'Airbus, avait avancé la théorie que le mauvais temps, les sondes Pitot givrées, une panne de l'*Air Data Inertial Reference Unit* qui transmet les vitesses et les altitudes à l'équipage et aux systèmes de vol, contribuèrent tous ensemble à créer une immense confusion dans le cockpit dans les dernières minutes du vol. Un documentaire de la BBC sur le vol 447, rediffusé aux États-Unis dans la série NOVA sur le réseau PBS, avançait la théorie que le pilote automatique avait ralenti l'appareil lorsqu'il était entré dans une zone de turbulence juste avant de disparaître. Avec la perte des informations d'indications de vitesse dans l'air, en raison du givrage des sondes, l'avion aurait basculé soudainement du pilotage automatique au pilotage manuel, les pilotes pouvant alors ne pas réussir à augmenter rapidement la puissance pour atteindre les paramètres nécessaires. Si cela s'avérait exact, ceci aurait pu faire décrocher l'avion.

Ou pas...

« Il y a au moins un millier d'autres possibilités », suggérait alors Paul McCarthy de l'IFALPA de Montréal. « Nous ne savons même pas s'il s'agit d'un problème interne ou externe. C'est à peu près comme s'il avait subi l'attaque d'un croiseur Klingon venu pour le descendre autant qu'un givrage de Pitot. Nous ne pouvons pas dire ce qui est arrivé. Il peut tout aussi bien s'agir d'un problème structurel, peut-être une fissure dans l'aile causée par la proximité de l'orage. Mais c'est arrivé ! [...] Personne ne peut dire si le pilote a oublié le radar et s'est enfoncé dans les turbulences et a été martelé par la grêle. Ça pourrait être tout aussi bien un feu d'origine électrique comme pour le TWA 800 ou bien une rupture de la cellule comme l'accident d'American Airlines à New York. La meilleure chance de retrouver les boîtes noires, c'était lorsque les émissions sonores étaient actives dans le mois qui a suivi l'accident. Désormais nous devons trouver l'épave par 4 000 mètres de fond et localiser ces toutes petites boîtes. Sans balise, je peux dire que les chances vont de zéro à rien. La botte de foin est bien trop grosse pour espérer retrouver l'aiguille. »

En attendant des nouvelles des équipes de recherche, le ministère de la Défense français jetait un œil attentif aux débris rassemblés dans un hangar de Toulouse. Ces restes, retrouvés à l'été 2009, pouvaient éventuellement être montrés à la haute cour de justice avant d'être examinés par la juge Sylvie Zimmerman. Travaillant pour son propre compte, la Section de recherches de la gendarmerie des transports aériens commandée par le colonel Xavier Mulot continuait ses difficiles recherches d'éventuels suspects.

Les « et si » se multipliant, le mystère du vol Air France 447 se transformait en un véritable boulet national. La très fière communauté aéronautique française continuait d'espérer des réponses à ces questions vitales : des séances supplémentaires en simulateur auraient-elles permis au commandant Dubois et à son équipage de rejoindre sa destination comme les autres avions qui ont traversé l'Atlantique Sud pendant la nuit du 1er juin ? Le vol aurait-il été en sécurité si les Pitot Thales avaient été remplacés à temps par des Pitot Goodrich ? Que se serait-il passé si la météo avait été meilleure et si les communications à haute fréquence avaient fonctionné ?

Toutes ces interrogations se retrouvaient sur le radar personnel de John Clemes, un banquier d'affaires canadien à Paris, à la tête de « Entraide Solidarité Air France 447 », une des trois associations représentant les familles des 228 victimes de l'accident. Dans son bureau, à quelques pas du palais de l'Élysée, il évoqua ce jour tragique de 2009 où il avait perdu son frère Brad, un cadre commercial de Coca-Cola qui rentrait chez lui près de sa femme et de ses enfants à Bruxelles.

Pour John Clemes, qui a participé à de nombreuses réunions avec le BEA et Air France, le long rapport du BEA soulevait de nombreuses bonnes questions. Jusqu'à ce qu'il perde son frère, John Clemes, comme la plupart des usagers du transport aérien, n'avait jamais rien su de ce qui se passait à l'avant, dans le cockpit. Une bonne partie de ce qu'il a appris est le résultat de ses propres recherches pour le compte des 61 familles françaises qui ont perdu des proches dans cette tragédie. « C'est très difficile pour qui que ce soit de se satisfaire que la réponse n'ait pas été trouvée, expliquait-il dans le bureau qu'il partage avec un avocat d'Air France du cas Concorde. De façon évidente, il y a eu des erreurs et des problèmes. Les interactions entre les contrôleurs sont impressionnantes. Ils sont restés passifs si longtemps. Je n'arrive pas à croire qu'un gros avion de ligne ait disparu depuis cinq ou six heures et qu'un contrôleur dise “peut-être qu'il va se montrer”. Regardez leurs conversations :

– Tu es sûr qu'il arrive ?

– Nous ne l'avons pas vu !

– Tu es sûr à propos de l'avion ?

Et cela a duré pendant des heures. Il y a eu un court moment où ils ont cru qu'un autre avion, qui volait après le 447, était l'avion manquant. Ces avions étaient pourtant identifiés. Ceux qui s'en sortent assez bien sont les contrôleurs du centre régional de Brest qui ont donné l'alarme et ont vraiment tenté de faire quelque chose.

Ils étaient au téléphone avec Roissy-Charles-de-Gaulle deux minutes après le moment où l'avion aurait dû entrer dans leur secteur. Brest a même appelé le centre de contrôle militaire de Cinq-Mars-la-Pile en leur demandant s'il ne serait pas approprié de lancer l'alerte. Ils reçurent comme réponse : “Désolé, ce n'est pas de notre responsabilité !” Là, vous avez des hommes qui ont compris qu'un avion avait disparu. Ils ont appelé le centre des catastrophes et leur ont demandé d'annoncer la nouvelle de cet avion manifestement porté disparu et le centre leur a répondu qu'ils ne pouvaient lancer d'alerte jusqu'à ce que ce soit le moment dans leur propre zone. Brest tenta de lancer l'alerte seul. Il a fallu que passent onze heures pour commencer à chercher l'avion. Rien ne fut retrouvé avant cinq jours. S'il y avait eu le moindre survivant, il n'aurait eu aucune chance. Il a fallu un long moment pour retrouver certaines des victimes. [...] Le BEA et le gouvernement français ont admis que ce n'était pas acceptable. Le BEA a été chargé de faire des recherches en mer pour retrouver l'avion, ce qui n'est pas son rôle. Son rôle est d'analyser les débris de l'avion qui ont été retrouvés sur le lieu de l'accident. Son travail n'est pas d'organiser une mission de recherche dans la zone la plus difficile du monde. Ils ont fait un certain nombre d'erreurs qu'ils ont reconnues. Cela a pris plus de temps et coûté plus cher que si l'on avait fait appel à une agence qui savait ce qu'il fallait faire. [...] Quand vous perdez un avion de cette importance, au XXIe siècle, et que vous n'arrivez pas à le localiser, il y a beaucoup de gens qui trouvent cela difficile à croire ! Vous avez un grand nombre de familles qui pensent vraiment que les autorités ont retrouvé l'avion et que tout ça est délibéré pour masquer quelque chose. Je ne crois pas que ce soit le cas. Mais quand vous ajoutez le fait qu'ils ne communiquent pas bien, des gens sont convaincus que les autorités mentent ou sont incompétentes. [...] Dans un premier temps, nous avons eu des problèmes de transparence avec le BEA. Au début, ils ont fait leur petite affaire dans leur coin et au bout de quatre ou cinq mois, leur réaction a été : “Tenez bon, nous vous dirons tout dans peu de temps”. Nous n'avons pas apprécié et nous avons commencé à leur mettre la pression. Cela a été difficile. Désormais, le BEA rencontre les familles et nous informe régulièrement.

Ces problèmes sont pratiquement résolus aujourd'hui. [...] En raison de leurs caractéristiques culturelles, les familles des 58 Brésiliens disparus avec l'avion sont bien plus dans l'émotion. Les familles allemandes, qui ont perdu 28 des leurs, sont plus orientées vers la technique. Mais une chose sur laquelle nous pouvons nous accorder c'est qu'Air France nous a très bien traités. La compagnie nous a amenés à Rio pour une cérémonie en novembre 2009. Le 1er juin 2010, ils nous ont acheminés pour le premier anniversaire de l'accident. Ils ont été généreux pendant les jours qui ont suivi le drame. Bien sûr, certaines familles ont refusé d'embarquer sur un avion d'Air France pour aller à la cérémonie et ont donc voyagé sur une autre compagnie aérienne. [...] Ce qui motive la plupart d'entre nous est de trouver ce qui s'est passé et ainsi éviter qu'un accident similaire survienne à nouveau. Fondamentalement, vous obtenez des compensations pour les préjudices économiques et non économiques. Les préjudices économiques sont mathématiques : combien la victime gagnait-elle ? qu'aurait-elle fait ? Vous calculez les revenus perdus en vous basant sur l'espérance de vie de cette personne. Mais personne ne veut vraiment aller jusqu'au procès. C'est très mauvais pour la compagnie aérienne et c'est à la fois chronophage et coûteux pour les familles. [...] Passer en détail jusqu'au plus petit débris soulève bien des questions. Personne ne sait pourquoi trois des sièges des PNC étaient vides. Pourquoi les masques à oxygène ne sont pas tombés ou pourquoi le pilote n'a jamais envoyé de message d'urgence. Il apparaît aussi que quelques passagers n'avaient pas bouclé leurs ceintures de sécurité. »

Les recherches personnelles de John Clemes ont aussi soulevé des questions qui ont également sauté aux yeux des équipes de récupération. Avec à la main une copie du deuxième rapport intermédiaire du BEA dans sa salle de réunion, John Clemes se posait des questions à propos des préliminaires aux recherches : « Toute l'hypothèse avançant que l'avion a volé quatre minutes après son report de position à 2 heures 10 minutes est basé sur le fait que le système ACARS a envoyé un message à 2 heures 14 minutes. Il était supposé être suivi par un second message qui n'a jamais été transmis, donnant la certitude au

BEA que l'avion s'est écrasé dans ce délai d'une minute et que le système ACARS n'est pas tombé en panne avant l'accident. Or le second message a très bien pu ne pas pouvoir être transmis à temps parce que l'ACARS s'est coupé. Cela peut vouloir dire que l'avion a pu voler plus loin que les enquêteurs le pensent et qu'il se trouve en dehors de la zone de recherche. »

Le responsable des opérations en mer du BEA, Olivier Ferrante, avait évoqué cette idée avec des experts aéronautiques et l'avait finalement rejetée.

Mais comme d'autres familles de victimes, John Clemes continuait de poser des questions aux autorités ; une de ses plus grandes frustrations étant le manque de communication d'Airbus : « Nous avons demandé au juge un vol de simulation de l'accident. Nous avons eu l'accord d'Airbus au printemps 2010 puis ils ont annoncé qu'ils n'étaient pas capables de le faire. »

Alors, John Clemes se référa au rapport intermédiaire pour poser une question difficile : au milieu de toutes les incertitudes qui entourent cette tragédie, pourquoi ne pas avoir pris certaines décisions simples qui auraient pu faire la différence pour un avion de 200 millions de dollars ? Se tournant vers l'écran de son ordinateur, il afficha un article de 2007 sur un système optionnel d'Airbus nommé *Back Up Speed Scale* (BUSS). Le BUSS, une solution rapide pour des pilotes confrontés à un affichage douteux d'IAS en raison d'un givrage de Pitot ou de tout autre problème d'ordre informatique.

« Regardez ça, dit-il en passant en revue le travail de Joëlle Barthe, ingénieur des opérations d'Airbus. Ce système donne la possibilité d'ajuster et de maintenir le niveau de vol quand une panne de calculateur survient et que vous faites face à un affichage de vitesse douteux. »

Le texte de Joëlle Barthe fait du BUSS une sorte de « must » pour tout pilote d'Airbus. « Si vous perdez le pilote automatique, vous continuez à connaître l'altitude et la puissance. Le BUSS est conçu pour réduire la charge de travail de l'équipage dans le cas d'un affichage de vitesse douteux. »

Parce que les calculs pour le BUSS sont basés sur un détecteur d'incidence, et non pas sur les Pitot sujets aux pannes, cet instrument n'est pas menacé par des problèmes de givrage. Il en résulte que le commandant de bord peut basculer du pilote automatique au mode de pilotage manuel sans supprimer la protection d'alerte de décrochage. En clair, a écrit Joëlle Barthe, le BUSS est une création de génie, sans parler d'une sécurité pour des pilote d'Airbus volant à 35 000 pieds lors d'une sombre nuit d'orage sur l'Atlantique Sud : « L'échelle des vitesses sur l'écran d'affichage principal est immédiatement remplacé par l'échelle des vitesses de secours et une altitude GPS permet aux pilotes de voler à une vitesse sûre, c'est-à-dire au-dessus de la vitesse de décrochage simplement en ajustant la puissance et l'assiette. » L'article de Joëlle Barthe, publié dix-huit mois avant l'accident du vol Air France 447 mentionnait que le BUSS était standard sur l'A380 et en option sur les autres avions à commandes de vol « Fly-by-Wire ».

Alors qu'il éteignait son ordinateur et rassemblait les rapports du BEA, John Clemes était en colère : « Le BUSS est certainement quelque chose qui aurait pu aider l'équipage du vol 447 cette nuit-là. Je ne comprends pas pourquoi cette invention française n'était pas installée sur tous les avions d'Air France. Il devrait être installé de série sur tous les Airbus ! »

Comme toutes les autres victimes du vol Air France 447, le frère de John Clemes, Brad, restait un disparu. Sa mémoire était honorée aux côtés des autres victimes dans deux cimetières, au Père Lachaise, à Paris, et dans celui de Penhasco Dois Irmãos Park, près de l'océan, à Rio. L'artiste Fernando Chancel a sculpté 228 hirondelles sur la stèle transparente du mémorial brésilien où les gardiens entretiennent avec soin 228 plantes. Les mots « *in memoriam* » sur le monument sont traduits en 28 langues.

Alors que le deuxième anniversaire de l'accident approchait, il y avait eu deux changements sur le vol quotidien d'Air France reliant l'aéroport international de Rio Galeão-Antonio Carlos Jobin à celui de Paris Roissy-Charles-de-Gaulle : le vol 447 était désormais devenu le vol 443 et il était assuré par un Boeing 747.

Un avion n'est pas conçu pour se retrouver dans l'eau

Au matin du dimanche 3 avril 2011, le capitaine Hap Heyden s'est réveillé dans ses quartiers luxueux du futuriste navire *MV Alucia* pour débuter le 672ᵉ jour de la traque de l'Airbus d'Air France. En février et mars, Hap Heyden et son équipage avaient traversé 11 000 kilomètres depuis le port de Seattle, dans des creux de 10 mètres et au milieu de vents de la puissance d'un ouragan le long de la côte Pacifique – traversant le canal de Panama – pour rejoindre Suape au Brésil où ils embarquèrent une nouvelle équipe de recherche, conduite par Mike Purcell du l'institut océanographique Woods Hole.

Délaissés lors des deux premières campagnes, les Américains de Cape Cod avaient participé à la troisième campagne, mais sans résultat. Ils étaient désormais à la barre d'une nouvelle campagne avec un budget de 6 millions de dollars, sous les auspices du BEA. Précédemment connu en tant que *RV Nadir*, exploité par l'Institut Français de Recherche pour l'Exploitation de la Mer (IFREMER), l'*Alucia* avait été reconfiguré pour s'adapter à de nombreuses missions aussi différentes que les recherches en mer ou le tournage de films. À la croisée des chemins entre un yacht de luxe et un laboratoire scientifique, le navire de 60 mètres de long est un rêve pour tout « geek » qui se respecte. Aucune dépense n'a été économisée pour cet engin de recherche et d'exploration reconstruit par Deep Ocean Quest, la première société à rendre accessibles au grand public des sous-marins capables d'affronter les abysses. En 2007, son fondateur, Mike McDowell, avait été un des six plongeurs à atteindre la plaine abyssale à 4 800 mètres sous le pôle Nord, à bord du sous-marin de grande profondeur *Mir*.

Pour un coût de 59 000 dollars par passager, Deep Ocean Quest a embarqué 150 explorateurs à plus de 4 000 mètres de fond pour visiter pendant deux heures l'épave du *Titanic*. Vingt-cinq autres clients ont payé 45 000 dollars pour être conduits à 5 200 mètres de profondeur pour admirer les restes du *Bismarck*, le cuirassé allemand de la Seconde Guerre mondiale, coulé à 1 000 kilomètres à l'ouest de Brest.

Avoir été choisi devant des opérateurs de navires de recherche plus expérimentés et plus en vue était un très bon « coup » pour Deep Ocean. « Il y a longtemps, déclarait alors Mike McDowell, les cartes maritimes montraient les zones encore inexplorées par la mention “ici se trouvent les dragons”. C'est exactement la vocation du *MV Alucia*, nous voulons rendre visite aux dragons ! »

Le chef de l'expédition, Rob McCallum, qui avait effectué une navigation circumpolaire dans l'Antarctique en 2001, se tenait prêt à toute éventualité lors de la première mission de recherche de leur navire. « Il s'agit d'une mission à temps plein, 24 heures sur 24, car une fois que nous serons sur place ce sera pour travailler sans arrêt », déclara-t-il aux journalistes de Seattle alors que l'équipe se préparait à quitter le Puget Sound.

Au septième jour d'une expédition tout au fond de l'océan, prévue pour durer jusqu'en juillet, le capitaine Hap Heyden se dirigea vers la salle de contrôle de la mission, où l'équipage allait le « briefer » sur les dernières données recueillies dans la zone de recherche de 17 000 km^2.

Depuis bientôt deux ans, des satellites, avions de reconnaissance, hélicoptères militaires, avions de ligne, cargos, sous-marins nucléaires, navires de recherche, remorqueurs, véhicules sous-marins téléguidés et autonomes, ainsi que des navires de soutien venus de France, du Brésil, des États-Unis, de Norvège et des Pays-Bas, s'étaient joints à la plus coûteuse opération de recherche en mer de l'Histoire. Onze organisations d'élite de recherche en mer, dont l'IFREMER, le Woods Hole Oceanographic Institute, le Leibniz Institute of Marine Science et l'Institut russe de mathématiques, avaient participé avec leurs plus brillants scientifiques à cet effort.

L'histoire de la recherche du vol Air France 447 faisait les gros titres de Papeete à Philadelphie, de Bogotá à Bangalore. Sur le fil de discussion consacré au vol AF 447 sur le forum PPRuNE, les dernières théories faisaient l'objet de vifs débats entre des pilotes et des experts aéronautiques assis devant leur ordinateur, leur portable, iPad ou Smartphone dans le monde entier. Une analyse très bien illustrée des précédentes campagnes de recherche publiée dans le journal brésilien *Zero Hora* était devenue un poster dans les plus importants laboratoires océanographiques. Des publications comme le *New York Times*, *Le Figaro* ou *Der Spiegel* fascinaient leurs lecteurs avec de grands reportages sur le dernier vol de Marc Dubois. Comme l'insubmersible *Titanic*, l'histoire de cet avion considéré comme impossible à faire décrocher paraissait destinée à rester à la une pour des années encore.

La devise de Deep Ocean Quest, « ramener les abysses à la vie », résume bien le défi qui attendait le BEA, la justice française et bien sûr l'institut Woods Hole.

Alors que l'équipage de 33 hommes s'apprêtait à faire cap vers la zone de recherche, le directeur du BEA, Jean-Paul Troadec, debout sur les docks de Suape, exprimait les frustrations des milliers de proches des victimes du vol 447 qui attendaient avec impatience la fin du mystère de l'accident : « La dernière fois, notre stratégie avait ciblé une zone relativement limitée, localisée dans la région nord-ouest du périmètre où nous savons que le crash est arrivé. Cette fois, nous allons examiner toute la zone à l'intérieur du cercle. Ceci n'avait pas été fait précédemment. C'est une situation véritablement particulière. Les circonstances sont rares où lorsqu'un accident survient nous ne sommes pas capables d'en expliquer la cause ni même de retrouver les boîtes noires. »

L'échec de la plupart des chercheurs des plus grands organismes de recherches océanographiques à retrouver l'avion lors des trois campagnes précédentes entraînait Airbus et Air France à financer cette nouvelle expédition. Pour la première fois, le BEA confiait le contrôle des opérations à l'équipe de l'institut Woods Hole et à leurs sous-marins autonomes jaunes de 4 mètres de long, *Maryanne* et *Ginger*, aux côtés d'un troisième AUV, l'*Abyss*, de Geomar en Allemagne.

C'est l'ingénieur et co-inventeur des AUV de l'institut Woods Hole, Mike Purcell, qui avait décidé de baptiser cette paire de sous-marins d'après les personnages des plantureuses actrices Tina Louise et Dawn Wells qui jouaient dans une série télévisée américaine du début des années 60 nommée « L'Île aux Naufragés ». Cette décision préfigurait ironiquement leur dernière mission. Ces véhicules sous-marins en forme de torpille – valant 2,5 millions de dollars chacun – ont la capacité unique d'effectuer des recherches dans les profondeurs de l'océan. Ils peuvent en effet facilement descendre le long des pentes montagneuses et observer les terrains plats avec un sonar latéral capable de sonder sur 1 400 mètres de large.

Maryanne et *Ginger*, et leurs cerveaux de Woods Hole, ont été des apports tardifs dans la recherche du vol 447. En développement à Cape Cod depuis des années, le premier AUV, *Remus*, est entré en service en 2001. L'institut Waites acheta deux de ces engins et les mit à disposition de Woods Hole. Construits par leur voisin Hydroid, une filiale de Konigsburg Industries, ils furent utilisés pour cartographier le site de l'épave du *Titanic*, chercher les restes de l'avion d'Amelia Earhart et localiser le corail au cœur du Gulf Stream. Mais des clients plus importants étaient difficiles à trouver. « Un grand nombre de personnes dans ces entreprises sont très conservatrices, déclarait Mike Purcell. Ils se disent "ça a marché dans le passé, donc continuons à faire comme ça !" Les compagnies pétrolières n'en font pas un grand usage. J'ai l'habitude de comparer notre approche à celle des drones. Ils ont vingt ans d'avance sur nous car dans l'air, il est possible de communiquer avec le véhicule. Nous n'avons pas cette possibilité. Nous avançons à un rythme bien moins élevé mais nous serons un jour autant utilisés que les drones aériens. »

Seulement six AUV étaient en service lorsque le vol Air France 447 a disparu. Bien que le BEA ait tâté le terrain auprès de Woods Hole sur la possibilité de les impliquer dans les recherches dès 2009, aucun contrat ne fut signé. « Nous n'étions pas considérés comme une option possible, expliquait Mike Purcell. Le BEA avait fait une grande partie du travail avec Phoenix International et il n'y avait aucune raison de ne plus les employer. Ils avaient un contrat avec la Navy pour superviser le sauvetage. Phoenix avait retrouvé plus d'avions que n'importe qui d'autre, mais ils n'utilisaient pas notre technologie. Faire ce genre de travail avec un AUV n'avait rien d'habituel. »

Malheureusement, les efforts du BEA, de Phoenix International, des marines française et brésilienne et d'autres sous-traitants s'avérèrent voués à l'échec lors des deux premières campagnes. Au printemps 2010, *Maryanne*, *Ginger* et *Abyss* furent invités à se joindre à Phoenix International pour… l'échec de la troisième campagne de recherche !

Au début de la quatrième campagne, on avait compris que les avions perdus en mer étaient généralement retrouvés dans un rayon de 15 kilomètres autour de leur dernière position connue. Était-il possible que les premières analyses acoustiques effectuées avec un détecteur remorqué aux alentours du lieu du crash aient pu rater l'avion ? Peut-être que les émetteurs étaient en morceaux ou leurs batteries vides ? Comment cela avait-il pu arriver ?

Pour Olivier Ferrante, à la tête des recherches maritimes du BEA, le mot inexpérience est le premier qui lui soit venu à l'esprit.

Bien qu'il se soit écoulé un siècle depuis que les frères Wright ont décollé à Kitty Hawk, il considère l'aviation comme une science relativement jeune. Par comparaison avec le monde maritime, il expliqua, au cours d'une conversation nocturne, après avoir mis sa fille au lit chez lui, à Paris, que le monde de l'aviation avait encore beaucoup à apprendre. « Vous devez garder à l'esprit qu'un avion n'est pas conçu pour se retrouver à l'eau. L'accent est toujours porté sur la façon de garder les avions en sécurité en l'air. Il est extrêmement rare qu'un avion s'écrase dans l'eau loin de la côte. Généralement, les avions qui tombent dans l'océan tombent à proximité de l'aéroport, ce qui rend les recherches plus faciles parce que vous disposez de contacts radar, de témoins, d'un accès rapide au site, une meilleure connaissance des courants et des équipes de sauvetage qui peuvent rapidement collecter les preuves les plus cruciales. Mais dans ce cas, nous n'avions rien, pas de témoins, par de radar. Des débris furent découverts cinq à six jours après l'accident et leurs emplacements étaient très isolés et très profonds. Les balises de localisation ont pu être endommagées à l'impact. Lorsqu'un avion se trouve à plus de 3 000 mètres de profondeur, vous ne pouvez disposer que de deux hydrophones remorqués pour le monde entier pour quadriller de vastes zones sous-marines, et tous deux sont la propriété de l'US Navy. Ce sont des outils très coûteux à utiliser, et encombrants. Nous les avons utilisés, mais les dommages des balises nous ont probablement empêchés de recevoir leur signal. Une meilleure solution aurait été d'installer un système à basse fréquence qui a une plus longue portée et qui pourrait être entendu par tous les chercheurs militaires et les équipes de sauvetage. Tous les avions civils au monde disposent de ces balises, mais seulement deux hydrophones peuvent atteindre les profondeurs pour les retrouver. C'est incompréhensible. »

Pourquoi, alors, cet A330, comme tous les autres jets commerciaux transocéaniques, ne disposait-il pas de balises de détection sous-marines à basse fréquence, comme celles utilisées sur les avions militaires britanniques et français ? Le coût supplémentaire est négligeable pour ces balises à longue portée disposant d'une batterie d'une durée de vie supérieure à quatre-vingt-dix jours et qui auraient probablement pu envoyer un signal détectable.

« Comme tout le monde le sait, reconnut alors Olivier Ferrante, ces accidents n'arrivent qu'aux autres ! Mais cela n'est pas lié au seul monde aéronautique. Changer les fréquences des balises de localisation d'urgence, ce n'est pas sexy ! »

L'échec des recherches des balises n'a pas empêché le BEA de retrouver le vol AF 447 par d'autres moyens. Toutefois, « il est difficile de comprendre pourquoi ils n'ont pas utilisé un sonar latéral ou une recherche AUV dans les 15 kilomètres autour de la trajectoire initiale de l'avion, se demande encore Dick Limeburner, spécialiste des recherches de l'institut Woods Hole. Le sonar a été utilisé en premier lors de la deuxième campagne de recherche de 2009. Le *Pourquoi pas* ? a déployé un sonar latéral remorqué pour faire des recherches dans les 500 km^2 au sud et à l'est de la dernière position connue de l'avion. Je pense que s'ils avaient fait cette recherche depuis la dernière position connue, ils auraient pu le retrouver. C'était une zone qui n'avait pas été explorée avant et il y avait un courant inverse. Cette zone prioritaire formait comme un trou dans le plan de recherche. La récupération des boîtes noires avait bien fonctionné dans le passé pour des catastrophes près de la côte. Mais tout était différent dans cet accident. Ils sont arrivés là avec une attitude qui nous disait de faire comme eux l'avaient fait avant, parce que cela avait marché dans le passé. Ils comptaient être capables de les trouver, mais cela ne s'est pas passé comme ça ».

La troisième campagne connut un mauvais départ bien que reposant sur le travail d'un collectif de chercheurs scientifiques internationaux. Après avoir mené une analyse des courants, ces experts arrivèrent à la conclusion que l'avion était certainement dans le secteur nord-ouest de la zone de recherche. L'échec de cette tentative a été aggravé par une décision au début du mois de mai 2010 de déplacer la zone de recherche à deux heures de navigation vers le sud. Ce changement fut effectué après une nouvelle analyse des données rassemblées en 2009 par la marine française pour identifier d'éventuelles signatures acoustiques de balises de localisation. Cet espoir, né du travail effectué par le sous-marin nucléaire *Émeraude*, retomba rapidement lorsque les équipes ne réussirent pas à trouver une seule trace de l'avion.

Désormais, le retentissement mondial des échecs de la traque du vol Air France 447 entraînait une avalanche d'avis tranchés de la part d'experts autoproclamés. Même les voyants et voyantes commençaient à offrir spontanément leur aide. L'une d'entre eux passa même les palissades du siège de l'institut Woods Hole et frappa à la porte du directeur des projets spéciaux, David Gallo. Jetant un œil à une carte détaillée de la zone de recherche, elle pointa le secteur où l'avion disparu devait simplement se trouver.

Dans le même temps, à Woods Hole, l'expert chevronné Changseng Chen jetait un nouveau coup d'œil au travail que lui et les experts internationaux choisis par le BEA avaient effectué lors de la troisième campagne de recherche. Désormais, à l'université du Campus Dartmouth de l'université du Massachusetts de New Bedford, il travaillait à modéliser une nouvelle analyse des courants en collaboration avec sa propre équipe épaulée par Dick Limeburner de Woods Hole. Ce travail était mené de sa propre initiative, indépendamment du BEA qui ne désirait plus continuer à financer ces analyses des courants.

Le 1er juin 2010, premier anniversaire de l'accident, le BEA fit larguer neuf bouées dérivantes depuis un avion sur le site du crash. Organisées en trois groupes, elles étaient suivies par l'équipe de Changseng Chen qui gardait un œil sur une possible nouvelle modélisation de la dérive en se basant sur les courants correspondant à l'époque de la tragédie.

« Ce travail nous fut véritablement utile, déclare Mike Purcell, ce que Changseng Chen a appris des nouvelles bouées dérivantes était que les modèles internationaux utilisés lors de la phase 3 des recherches étaient insuffisants. » Travaillant seule, sans le financement du BEA, l'équipe de Changseng Chen fut capable de retracer les données de dérive et d'aboutir à un nouveau modèle qui suggérait une autre solution à l'ensemble de la communauté scientifique.

Fin 2010-début 2011, les universitaires américains étaient de plus en plus convaincus que certaines données satellitaires utilisées, ainsi que d'autres sources d'information, n'avaient pas réussi à prendre en compte les conditions locales de l'Atlantique Sud équatorial où les courants finissent parfois par se rencontrer et créer des phénomènes proches des tourbillons. Au milieu de ce qui est l'équivalent océanique de « l'allée des tornades », la zone de l'accident n'était pas devinable car allant à l'encontre de toute intuitivité. Le rapport, annoté par les experts d'Air France, d'Airbus, du BEA, ainsi que Mike Purcell et David Gallo de Woods Hole, avait souligné la nécessité d'une quatrième campagne de recherche.

« Nous étions en train de scruter une zone notoirement isolée où l'on n'avait jamais effectué d'observation directe de l'océan ou de l'atmosphère, explique Dick Limeburner de Woods Hole. Dans cette zone de convergence tropicale, les alizés des hémisphères Nord et Sud se rapprochent. Vous avez également des courants qui se dirigent vers l'ouest, vers le Brésil et d'autres courants qui se dirigent vers l'est, vers l'Afrique. »

Le très prometteur travail de Changseng Chen et Dick Limeburner, accompagné d'un coup de pouce d'Airbus et d'Air France envers l'équipe de Woods Hole, fit de Mike Purcell le chef d'une nouvelle expédition de recherche sous l'égide du BEA. Après des mois de préparation, *Ginger* et *Maryanne* furent convoyés en conteneur à Seattle et embarqués sur l'*Alucia*. À Suape, au Brésil, le capitaine Hap Heyden embarqua l'*Abyss* de Geomar ainsi que des représentants du BEA, d'Airbus et des enquêteurs de la gendarmerie des transports aériens (GTA).

La décision de faire appel à Woods Hole et au sous-marin autonome *Remus* fut une grande déception pour leurs concurrents comme Phoenix International. Bien que Mike Purcell et David Gallo fussent confiants, certains au BEA n'arrivaient pas à digérer le temps perdu lorsque *Abyss* s'était retrouvé perdu pendant la troisième campagne au printemps 2010. L'idée de perdre cet outil de 2,5 millions, indispensable aux recherches, fut un grand stress pour Olivier Ferrante. Heureusement, le lendemain, un rapport de position transmis par le système satellitaire Iridium du sous-marin, permit au navire de soutien *Seabed Worker* de retrouver le submersible à 70 kilomètres plus au nord.

Alors que fin mars, la quatrième campagne débutait, les AUV (véhicules sous-marins autonomes) furent affectés à des missions de vingt-quatre heures destinées à émettre des émissions sonar afin de créer une imagerie permettant de distinguer le relief naturel et les objets créés par la main de l'homme. Un simple pixel peut se figurer d'une telle manière qu'il permette d'identifier des objets à plus de 4 000 mètres au fond de l'eau. Un équipage expérimenté est capable de récupérer des objets métalliques qui ont typiquement des bords coupants ou des angles droits.

Faisant surface juste le temps de recueillir les données emmagasinées par leurs sonars latéraux sur des secteurs de 1 400 mètres de large, les sous-marins œuvraient pour explorer une superficie aussi vaste que la région parisienne.

L'expérience acquise lors des 91 missions conduites pendant la phase 3 des recherches avait donné aux équipes de Woods Hole une longueur d'avance pour ces nouvelles recherches au cœur du sombre fond de l'océan et de ses vastes montagnes. Au cours de l'année écoulée, ils avaient apporté un certain nombre d'améliorations techniques à leurs équipements.

« Au cours de la troisième phase, nous avions cherché pendant vingt-cinq jours et nous n'avions trouvé qu'un seul fût d'essence, raconte Mike Purcell dans son bureau de Woods Hole, à quelques pas des navires d'où débarquent les touristes de Martha's Vineyard. C'était dur. Mais nous avions beaucoup appris sur l'utilisation de ce genre de véhicules dans les terrains difficiles le long de la faille Atlantique. En exploration sur un terrain escarpé, les ROV (véhicules téléopérés) peuvent percuter une montagne ou une falaise. Cela stoppe alors la mission car nous devons larguer du lest pour le ramener à la surface. Un autre problème est l'incapacité du véhicule à suivre certaines pentes rapides. Ce qui veut dire que nous devons le faire parfois revenir en arrière. »

Toute cette expérience accumulée au cœur d'une région qui n'avait pas encore été cartographiée bénéficiait à cette quatrième phase, car les sous-marins autonomes ont systématiquement réussi leurs chasses. Le samedi 2 avril, dans l'après-midi, après une semaine de recherche, le consultant de Woods Hole, Greg Kurras, était en train de discuter sur la manière d'identifier les cibles avec Mike Purcell, Andy Sherrel, un autre consultant, et l'assistant ingénieur Greg Packard. En regardant les dernières images acoustiques de *Maryanne*, il pointa quelques pixels aux arrêtes vives sur son écran :

– Et ça, c'est quoi ?

Toute l'équipe se rassembla autour de l'écran de l'ordinateur :

– Ça ressemble à une bonne cible ! déclara Mike Purcell.

Le représentant d'Airbus à bord fut conduit dans la salle de traitement de l'*Alucia*. Il confirma que cette image enregistrée à 3 980 mètres sous la surface pouvait ressembler à ce qui pourrait être l'Airbus d'Air France.

Mais au lieu de partager cette bonne nouvelle avec toutes les personnes à bord, l'équipe des scientifiques de Woods Hole laissa le reste de l'équipage dans l'ignorance de cette information.

Après bientôt deux ans d'échecs, les responsables de Woods Hole savaient qu'il fallait des certitudes avant de communiquer en direction du grand public. Bien que Greg Kurras fût à 95 % sûr qu'ils avaient bien trouvé l'avion disparu, l'équipe restait prudente. « Il y avait eu tant de fuites désastreuses vers la presse, raconte Mike Purcell, qu'il n'y eut aucune célébration. Nous voulions rester calmes jusqu'à la confirmation. »

Maryanne fut remis à l'eau pour jeter un œil plus précis, suivi par *Ginger* qui fut lancé un peu plus tard cette nuit-là. En stationnaire à 10 mètres au-dessus du fond de l'eau, *Ginger* commença à effectuer un quadrillage sur 20 mètres de large, prenant 15 000 photos avec un flash stroboscopique. Le représentant du BEA, Jean-Claude Vital, appela Olivier Ferrante ainsi que l'enquêteur Alain Bouillard et bien sûr Jean-Paul Troadec.

« Nous étions sceptiques et prudents, déclare Olivier Ferrante, parce que nous avions déjà eu de fausses joies auparavant, des plongées prometteuses sur des cibles qui s'étaient avérées géologiques. Nous voulions des preuves solides pour être certains, mais je voulais être très prudent bien qu'étant presque sûr qu'il y avait quelque chose ! »

Un violent orage le dimanche matin retarda la récupération de *Maryanne* vers 11 heures locales. Deux heures plus tard, *Maryanne* suivi par *Ginger* fut ramené à bord. Vers 17 heures, les scientifiques américains commencèrent à télécharger leurs photos sur un hébergeur FTP sécurisé. À Paris, il était désormais 20 heures quand Jean-Paul Troadec, Alain Bouillard et Olivier Ferrante, ainsi que leurs collègues autorisés, jetèrent enfin un œil aux photos de l'avion.

Comme tout le monde à proximité d'un écran de télévision, d'un ordinateur ou d'un Smartphone, le capitaine de l'*Alucia*, Hap Heyden, découvrit qu'il allait rentrer chez lui trois mois plus tôt que prévu par une annonce du BEA juste avant 22 heures, heure de Paris. Pendant les quelques heures qui suivirent, le communiqué de presse de Martine Del Bono, rédigé depuis son domicile dans la nuit du dimanche, allait faire la Une des journaux du monde entier : « Le BEA informe qu'au cours des opérations de recherche en mer effectuées dans les dernières vingt-quatre heures et dirigées par l'institut océanographique Woods Hole, l'équipe à bord du navire *Alucia* a localisé des éléments d'avion. Ces éléments ont été identifiés par les enquêteurs du BEA comme appartenant à l'avion A330-203, vol AF 447. »

En seulement quelques heures, les premières photos de l'avion prises par *Ginger*, dont des éléments du train d'atterrissage, un des réacteurs GE et des sections de la cellule apparurent sur les télévisions, sur Internet, dans la presse. Des images des restes de plus de 100 passagers retrouvés à une dizaine de kilomètres au nord de la dernière position connue de l'avion ne furent pas communiquées. Même l'incroyable information, arrivée quelques heures plus tôt, qu'une équipe de la Navy SEAL avait abattu Oussama Ben Laden dans sa retraite pakistanaise, ne diminua pas l'intérêt mondial pour la découverte de l'avion.

Parmi les observateurs les plus surpris se trouvait le directeur des projets spéciaux de Woods Hole, David Gallo. Fier de son équipe, il était stupéfait qu'ils aient découvert l'avion dans le secteur J30, c'est-à-dire à l'endroit précis que la voyante qui était entrée dans son bureau avait désigné, bien avant que l'équipe de Mike Purcell ne pose son premier pied sur l'*Alucia* !

Dans le monde entier, des familles reçurent l'information que leurs proches avaient été découverts à l'intérieur de l'avion, certains encore attachés à leurs sièges. Le BEA allait faire de son mieux pour ramener les restes aux familles pour des obsèques dignes de ce nom. Bien que ce soit aller à l'encontre des souhaits de certains proches, la décision du gouvernement français n'était pas négociable.

Ces recherches civiles constituaient aussi une enquête criminelle et la gendarmerie des transports aériens était sur place pour s'assurer que les victimes seraient traitées avec la même dignité que toute victime de crime.

Alors que l'équipage de l'*Alucia* était en train de calculer son itinéraire pour rentrer à son port d'attache, le navire de récupération *Île de Sein* quittait Dakar pour le site de l'accident afin de commencer à récupérer les preuves qui allaient servir pour l'enquête judiciaire en France. Il allait certainement falloir des années pour que les cours de justice aient une chance de prononcer un jour un verdict sur le cas exceptionnel de l'Air France 447. Mais à la toute fin, les responsabilités et les peines seraient prononcées.

Vendu à un propriétaire privé au cours de sa mission de recherche, l'*Alucia* avait gagné sa place dans l'Histoire maritime.

Au cours de sa première et unique mission de recherche, le navire s'était montré une base parfaite pour l'équipe de Mike Purcell. Après une semaine de travail sur le site du crash, l'*Alucia* s'en est allé commencer une nouvelle vie de luxe. À Paris, quelque 85 000 photos prises par *Maryanne*, *Ginger* et le sous-marin allemand *Abyss* allaient être assemblées dans une mosaïque destinée à repérer les boîtes noires Honeywell de couleur orange. Retrouver ces boîtes noires manquantes était vital pour mettre un point final à l'enquête du BEA et déterminer les causes d'un accident qui allait redessiner les règles de la sécurité aéronautique.

Mais en faisant abstraction des responsabilités, ce jour spécial d'avril 2011 avait renforcé les liens entre les familles des victimes et les équipes qui avaient travaillé si dur pour retrouver les passagers et l'équipage de ce tragique vol de nuit au départ de Rio. Par bonheur, les enregistreurs avaient survécu à presque deux ans d'immersion dans un océan glacial et sous une pression équivalente à celle d'un éléphanteau debout sur un timbre-poste !

Paris, nous avons un problème

Lorsque le responsable des essais en vol, Bernard Ziegler, a décollé de Toulouse à bord du tout premier Airbus le 28 octobre 1972, personne ne pouvait imaginer qu'en moins de quinze ans il allait devenir l'une des figures les plus controversées de l'aviation française. Bernard Ziegler, le fils de l'administrateur-gérant d'Airbus Industrie, avait été promu directeur technique et avait démontré un véritable talent pour contourner l'une des plus importantes contributions françaises au monde du travail : la bureaucratie.

Les bureaucrates font partie de la culture française au même titre que le brie et le beaujolais, et ceci permet de comprendre pourquoi l'aviation française a été si lente à réagir lorsqu'elle a été confrontée à d'efficaces concurrents : ses décideurs multipliaient les commissions ! En une seule réunion, en 1984, Bernard Ziegler réussit à persuader le successeur de son père, Roger Béteille, de donner son feu vert à un avion à commandes de vol électriques, un argument commercial qui allait faire d'Airbus un constructeur concurrentiel et un des plus grands succès industriels de l'histoire du XXe siècle. « Je crois que Roger Béteille pensait comme moi », avoua Bernard Ziegler au journaliste Pierre Sparaco.

Non seulement la décision nocturne du patron d'Airbus donnait le signal de la fin du cockpit à trois personnes dans le futur, mais elle offrait à Bernard Ziegler l'opportunité de commencer à saper l'image mythique du pilote perpétuée par des films comme *Écrit dans le ciel* avec John Wayne. Des logiciels sécurisés pouvant être instantanément permutés ou rapidement reprogrammés dans le cas de problèmes techniques étaient préférables à des pilotes qui pouvaient s'avérer incompétents, avoir la gueule de bois ou bien se retrouver faiblement entraînés à cause de comptables radins des compagnies aériennes qui restreignent le coûteux recours au simulateur à une poignée d'heures chaque année.

Et lorsque Ziegler déclara que les pilotes n'étaient guère plus que des chauffeurs de taxi du ciel, il reçut l'approbation de quelques responsables de compagnies aériennes qui avaient le sentiment que leurs équipages étaient surpayés du fait des pilotes automatiques. La réalité avancée par Bernard Ziegler – et que personne ne voulait plus entendre – était que les pilotes et leurs syndicats avaient engendré la pire des bureaucraties. Leur résistance au changement était un frein pour une industrie aussi sensible à l'évolution technologique que l'aéronautique. Pour Airbus, la France, l'Europe et leurs partenaires, le futur dépendait de la certitude que l'automatisation allait rendre l'aviation plus sûre et moins vulnérable à l'erreur humaine. Plus jamais de vol « sur une aile et une prière ». Le pilote d'Airbus du futur allait être l'esclave d'un robot qui ne connaîtrait aucun arrêt de travail, qui ne ferait pas la nouba avec les hôtesses de l'air et n'aurait pas besoin de faire une sieste au milieu du vol !

Le 31 mai 2009, la nuit où le vol Air France 447 s'envola dans les cieux étoilés de Rio, on ne trouvait qu'un équipage de trois personnes pour ce genre de vol long-courrier où un compartiment de repos offrait à chaque pilote la possibilité de se reposer. Voler était devenu si routinier que certains pilotes se plaignaient que le pilote automatique les empêchait de maintenir leur aptitude au pilotage manuel, pourtant indispensable. Un nombre grandissant d'accidents liés à des pertes de contrôle à la suite de pannes de pilotes automatiques faisait la démonstration que certains pilotes n'avaient pas toute l'expérience ou l'entraînement nécessaires pour récupérer ces situations lorsqu'ils devaient soudainement reprendre les commandes. « Nous assistons à une nouvelle sorte d'accidents, avec ces avions ultra-perfectionnés », expliquait Rory Kay, co-président du comité sur l'entraînement des pilotes au sein de la FAA. L'automatisation du vol a également rendu certains systèmes traditionnels démodés. Une de ces victimes a été l'indicateur d'incidence.

Les pilotes ont-ils besoin d'être entraînés pour chaque dysfonctionnement possible ? Lorsque la modification d'un équipement devient nécessaire, est-il indispensable de clouer au sol toute la flotte pour s'assurer que les dernières mises à jour sont bien installées et qu'elles fonctionnent correctement ? Est-il impératif pour les contrôleurs, le long de l'itinéraire, de disposer vraiment du plan de vol de l'avion ? Y a-t-il une nécessité de communications radio permanentes entre les pilotes et les contrôleurs aériens ? Les équipages ont-ils vraiment besoin d'une liaison téléphonique directe, par satellite, avec le centre de contrôle des opérations de leur compagnie pour avoir leur avis sur une difficulté inattendue ? Est-ce que les comptes-rendus sur les turbulences rencontrées par les avions en amont ne servent qu'à éviter au personnel navigant commercial de renverser le champagne sur les genoux de leurs clients VIP ? Si le pilote automatique se déconnecte, les pilotes ont-ils vraiment besoin de feuilleter frénétiquement 20 kilos de manuels de vol pour trouver et suivre la procédure d'urgence ? Les pilotes peuvent-ils être pris de court si les indicateurs de vitesse, les sondes d'incidence et autres instruments critiques comme le directeur de vol s'éteignent au cœur de l'obscurité d'un orage ?

La réponse à chacune de ces questions, de la part d'Airbus et des compagnies aériennes utilisatrices de leurs avions à commande de vol électriques était un « Non » ferme. Dans l'éventualité d'un basculement soudain du pilote automatique au pilote aux commandes, ces problèmes peuvent être résolus par la « mémoire des muscles ». L'entraînement facilite la stabilisation rapide du vol puis la résolution du problème, lequel est signalé de façon systématique par des alarmes ou des alertes sur le tableau de bord. La clé étant de ne pas perdre de précieuses secondes en tentant d'appeler le quartier général ou de suivre les procédures écrites dans les manuels qui nécessitent quelques minutes, voire plus, pour être intégrées. Ces actions sont critiques lorsque les secondes sont comptées après des heures de monotonie. Un article consacré aux « problèmes en plein ciel », dans le magazine interne d'Airbus à destination des pilotes, résumait la bonne solution ainsi : « Ne pas oublier de piloter l'avion ! »

L'essentiel était d'éviter toute distraction et de reprendre les commandes calmement. La technologie « Fly-by-Wire » a rationalisé cette approche par des procédures apparemment simples destinées à devenir l'ADN de chaque pilote, mais au détriment de l'appel à son propre jugement.

Depuis le BEA français jusqu'à Airbus en passant par Air France et la presse, les experts s'accordent à dire que les avions modernes à commandes de vol électriques sont largement supérieurs à leurs concurrents.

Nul besoin désormais d'un long appel d'urgence vers Air France à la façon d'Apollo 13 : « Paris, nous avons un problème ! » À la différence des astronautes menacés sur leur route vers la Lune, il n'est plus nécessaire pour les contrôleurs d'évoquer le problème avec l'équipage. Oublié Robert Stack debout dans la tour de contrôle en train de donner ses instructions pour l'atterrissage à Ted Stryker, l'aviateur victime d'un stress post-traumatique qui tentait de poser son appareil dans le film *Y a-t-il un pilote dans l'avion ?* !

Même le moins expérimenté des pilotes peut rapidement sortir d'une situation difficile en affichant une puissance correcte et le bon angle d'incidence lorsque le givrage bloque les indicateurs de vitesse de l'appareil. Ces instructions claires et simples lui permettent de piloter l'avion en toute sécurité jusqu'à ce que les systèmes électroniques soient « rebootés » et redevenus opérationnels. À Air France, où les pilotes avaient rapporté un nombre perturbant d'incidents quant à la fiabilité des indications de vitesse à haute altitude, causés par des pannes de Pitot, l'encadrement n'a pas vu là l'opportunité de faire passer tous les pilotes d'A330 et d'A340 en simulateur pour un entraînement spécial afin de les aider à faire face au problème. C'était trop cher et trop chronophage !

Les pannes des sondes Pitot étaient perçues comme des problèmes de maintenance et la compagnie s'est concentrée sur la possibilité de résoudre cette anomalie en remplaçant les éléments Thales AA par d'autres, conçus différemment, qui pourraient réduire ou éliminer ces incidents. Des notes de service destinées aux équipages indiquaient clairement que lorsqu'un Pitot se révèle défaillant, une alerte de décrochage sonore avertit les pilotes d'effectuer les actions correctives : affichage de la bonne puissance et de la bonne incidence. Le son de l'alarme, proche de la stridulation d'un criquet, doit inciter l'équipage à s'occuper du problème sans tarder. Aucun entraînement en simulateur n'était prévu car cette solution semblait bien entrer dans les capacités d'un pilote d'Air France.

Ces hypothèses étaient centrales dans la position d'Airbus et d'Air France, alors défendeurs dans l'affaire désormais criminelle du vol AF 447 aux mains du système judiciaire français. Sans les pilotes, sans témoins et encore sans les enregistreurs de vol, les poursuites se limitaient à une parade d'experts présentant leurs théories à propos du pourquoi du comment de l'accident.

Désireux de remplacer toute spéculation par des données fiables, le BEA lança donc sans tarder une cinquième phase dans la recherche de l'avion F-GZCP. En examinant l'immense mosaïque des 85 000 photos du site de l'accident au siège du BEA au Bourget, l'équipe d'Olivier Ferrante découvrit plusieurs objets rectangulaires prometteurs. Pouvait-il s'agir des FDR et CVR disparus ?

Parce que les sous-marins autonomes étaient limités à une profondeur de 10 mètres sous la surface, un nouvel outil de recherche fut déployé depuis Dakar à bord du navire poseur de câbles d'Alcatel-Lucent *Île de Sein*. Désormais engagé dans une course contre la montre, le *Remora 6000*, un sous-marin télécommandé de Phoenix International, était capable d'atteindre le fond de l'océan. Dans la salle de contrôle, l'équipe de recherche étudiait des images de la zone du crash transmises depuis les profondeurs par une liaison par fibre optique.

Comme l'avion avait coulé dans une zone relativement plane, le travail du *Remora 6000* n'était pas gêné par les immenses montagnes qui se trouvaient tout autour. L'équipage, composé de 69 officiels et scientifiques issus des agences de sûreté aéronautique française, brésilienne et britannique, espérait une découverte qui permettrait de remplacer les interrogations par des données vérifiables. Sous la direction du chef des recherches du BEA, Alain Bouillard, l'équipe localisa l'enregistreur des données de vol vers midi, juste six jours après le lancement du *Remora 6000*. La boîte orange vif fut hissée du fond de l'océan par le bras robotisé du sous-marin qui le plaça dans un panier de métal lui-même lentement remonté à la surface. Sept heures plus tard, l'enregistreur Honeywell était à bord.

Comme l'accident, vingt-trois mois plus tôt, cette découverte fit les gros titres dans le monde entier tout en coïncidant avec un jour férié en France. De retour à son bureau un dimanche, Olivier Ferrante commença à travailler avec ses collègues pour avertir les familles des victimes et les médias. Un peu avant minuit le lendemain, ils reçurent une autre très bonne nouvelle. L'enregistreur des conversations du cockpit avait été découvert et remonté. Les deux boîtes noires furent transférées sur un patrouilleur de la marine française, *La Capricieuse* le 7 mai 2011 et ramenées ainsi vers Paris depuis Cayenne, en Guyane française, le 12 mai.

Après avoir exhibé les enregistreurs lors d'une conférence de presse, l'équipe du BEA commença le processus délicat consistant à ôter les cartes mémoire de leurs emplacements, à les sécher dans un four et à enlever leur vernis de protection. Quatre jours plus tard, les données des deux enregistreurs avaient été retranscrites.

Ce jour-là, le 16 mai 2011, il y eut une série de communiqués de presse, un troisième rapport d'étape, quelques fuites dans les médias et la promesse du BEA de publier son rapport final sur les causes de l'accident en 2012. La transcription des enregistrements dans le cockpit et des données de vol avaient rendu possible la reconstitution des dernières minutes du vol. Le *Figaro* rapporta sans tarder qu'Airbus avait envoyé par télex à ses clients une note rassurante leur annonçant que rien, dans ces enregistrements, ne semblait devoir entraîner de rétrofit ou de nouvelles procédures pour les pilotes d'Airbus. Cette histoire fut rapidement contrée par une annonce du BEA, lequel réservait son avis sur des recommandations de sécurité et sur les causes du crash jusqu'à ce que ses analyses soient terminées. Une courte note fut publiée afin de stopper toute spéculation dans les médias en résumant brièvement les premières découvertes.

Bien que les deux enregistreurs soient d'un apport décisif pour l'enquête, il demeurait quelques trous dans le scénario. En plus de l'absence de témoins visuels, le vol n'avait pas été pris en compte par le contrôle aérien au moment de l'accident. Le contrôleur de Dakar, responsable de la prise en charge de l'avion, ne savait même pas que l'appareil était en l'air. Ce n'est que quatre heures après la catastrophe qu'Air France réalisa que l'avion manquant avait probablement disparu dans l'Atlantique.

Le problème avait commencé quand le bureau de l'aviation civile brésilienne, qui gère les plans de vol, oublia d'inclure le centre de contrôle de Dakar dans la liste des centres en route du vol AF 447. Lorsque les contrôleurs en charge du secteur Atlantico, au large de la côte brésilienne, contactèrent le Sénégal pour leur annoncer le transfert du vol Air France vers 3 heures 35 minutes, heure de Paris, le centre africain répondit que ce vol n'était pas sur son planning.

Une erreur typographique mineure aggrava le problème. Le contrôleur sénégalais avait entré AFR 447 à la place de AF 447. En ne vérifiant pas son entrée, il a, pas inadvertance, créé un problème pour Marc Dubois, David Robert et Pierre-Cédric Bonin. Lorsque l'équipage de l'Airbus a tenté de se connecter *via* une liaison satellite, il reçut un message d'erreur et ne fut jamais reconnu par l'ordinateur de Dakar. Un peu de la même manière qu'une banque refuse qu'un de ses clients se connecte lorsque ce dernier introduit son identité de façon incorrecte, l'avion, d'une valeur de 200 millions de dollars, fut rejeté par le centre de contrôle du trafic aérien du Sénégal.

Bien pire encore, le contrôleur d'Atlantico, à Recife, au Brésil, ne reçut aucune confirmation du transfert vers Dakar. Sa tentative pour le faire eut lieu pile au moment où le contrôleur africain s'est retrouvé débordé. Bien qu'on lui ait promis de le rappeler, le coup de fil de confirmation n'eut jamais lieu. Cet imbroglio, couplé aux problèmes de communication sur les hautes fréquences, a eu de sérieuses conséquences.

Les avions volent à des altitudes désignées pour les empêcher d'entrer en conflit avec d'autres appareils. Les augmentations d'altitude sont également limitées par la masse de l'avion, la densité de l'air et la température. Monter lorsqu'un avion est trop lourd ou lorsque la température est plus élevée que prévu peut potentiellement conduire au décrochage. En conséquence, l'air chaud de la zone de convergence inter tropicale et l'importante charge de carburant de l'appareil limitait son altitude à 35 000 pieds. Cette restriction faisait l'objet d'une discussion et d'un accord entre tous les pilotes puis était programmée sur le pilote automatique.

Cette limitation d'altitude est une des raisons pour laquelle ce vol a rencontré des turbulences. Incapables de passer au-dessus du mauvais temps, les pilotes, en route vers l'est depuis le Brésil, ne pouvaient effectuer qu'un léger déroutement, ou si les circonstances l'exigeaient, descendre légèrement si l'équipage avait de bonnes raisons de croire qu'un voyage plus tranquille était possible à un niveau de vol inférieur.

Pour trouver la meilleure route, les pilotes se servent des rapports des contrôleurs et des équipages des autres appareils, y compris ceux qui se dirigent dans d'autres directions. Parce que le vol AF 447 n'a pas pu bénéficier de ces informations, les pilotes ont été forcés de décider unilatéralement que le mieux était de contourner l'orage qui a provoqué ces turbulences peu après 3 heures du matin, heure de Paris. Cette décision, prise alors que l'avion était toujours sous pilote automatique, était bien à l'intérieur des limites de l'avion et de l'enveloppe de protection de la « loi normale ».

Tous les équipages savent qu'un mauvais angle d'attaque, c'est-à-dire l'angle que forme l'aile par rapport au vent relatif, est critique pour le vol. Les indicateurs d'incidence sur certains avions comme les appareils militaires ou ceux que le commandant Marc Dubois a pilotés chez Air Inter avant de rejoindre Air France, avertissent les pilotes qu'ils approchent du décrochage. Les avions les plus modernes, comme l'Airbus A330, utilisent l'alarme de décrochage pour avertir les pilotes lorsque leur angle d'attaque est proche ou au-delà des limites. Cette alarme intègre des données des sondes d'incidence qui ne sont pas affichées séparément sur le tableau de bord. Chaque pilote sait également que lorsqu'un appareil s'approche du décrochage, il est important de réduire l'assiette et d'abaisser le nez. La gravité augmente la vitesse lorsque l'avion descend, évitant ainsi le décrochage. Relever le nez ralentit l'appareil et peut mener à un décrochage aérodynamique qui peut ne pas être récupérable.

Qu'est-ce qui a pu conduire les pilotes à prendre une série de décisions qui a mené leur vol au drame ?

Y a-t-il eu un excès de confiance ? Après tout, ils volaient à bord d'un avion Airbus qui était considéré comme parfaitement sûr. Après le décollage, l'avion a été placé sous pilote automatique et vola normalement pendant plus de trois heures sans rencontrer de turbulences.

À 3 heures 35 minutes, heure de Paris, les contrôleurs d'Atlantico ont perdu le contact avec l'avion. Après avoir échoué trois fois à reprendre contact avec l'appareil, le système de gestion du trafic aérien brésilien cessa ses tentatives. L'équipage a également cessé de tenter de joindre les contrôleurs au Sénégal car les communications radios en HF ne passaient pas et la tentative de connexion avait échoué.

Bien qu'ayant perdu les communications avec le monde extérieur tout en volant à plus de 800 km/h dans l'obscurité – ce qui pourrait sembler être effrayant – les pilotes se concentraient alors sur un autre problème. Pierre-Cédric Bonin zooma sur l'écran du radar météo et nota quelques échos d'orage, ce que confirma le commandant de bord. La possibilité de monter pour passer au-dessus de cette zone de mauvaise météo ne fut pas retenue par l'équipage en raison de la température plus élevée que prévu. Après être entré dans une zone de turbulences légères à 3 heures 45 minutes, heure de Paris, l'équipage réduisit l'éclairage du cockpit et alluma les phares d'ailes pour jeter un coup d'œil à l'extérieur. Alors que les turbulences augmentaient notablement, Pierre-Cédric Bonin proposa de monter jusqu'à 36 000 pieds pour passer au-dessus du nuage. Le commandant de bord lui demanda d'attendre et de jeter un œil de nouveau sur le radar météo. Quelques minutes plus tard, il nota l'apparition de feux de Saint-Elme et annonça : « Ça va turbuler », pendant sa période de repos à venir.

À 3 heures 52 minutes, une fois les turbulences terminées, le commandant de bord réveilla David Robert et demanda à Pierre-Cédric Bonin s'il avait bien une licence de pilote de ligne pour pouvoir être pilote suppléant. Cette question, normalement évoquée lors du briefing avant décollage, faisait partie d'une procédure de double vérification sur les qualifications du jeune homme. Rassuré que le deuxième pilote, assis sur le siège de droite, soit assez qualifié pour prendre la direction des opérations, Marc Dubois est parti se reposer. Après que David Robert se fut assis dans le siège du commandant de bord sur le siège de gauche, il jeta un œil sur le temps à venir : « Le petit peu de turbulence que tu viens de voir on va... on devrait retrouver la même devant, en fait on est dans la couche, malheureusement on ne peut pas trop monter pour l'instant parce que la température diminue moins vite que prévu. »

À 4 heures 06 minutes, alors que les turbulences augmentaient sensiblement, l'un des copilotes avertit le personnel de cabine : « Dans deux minutes, nous devrions entrer dans une zone où ça va bouger un peu plus qu'en ce moment. Soyez attentifs. Je vous rappelle aussitôt que nous en serons sortis. » Il n'ajouta aucune demande aux membres d'équipage de rejoindre leurs sièges et d'attacher leurs ceintures. En fait, Pierre-Cédric Bonin lui-même était assis sans ceinture et David Robert n'avait ni son harnais d'épaule ni sa sangle d'entrejambe verrouillés.

Désormais, les pilotes se concentraient sur le contournement de la couche de nuages pour éviter les turbulences possibles.

À 4 heures 08 minutes, après l'analyse des échos radar, David Robert proposa « d'altérer un peu à gauche ».

Ce détour, d'environ 12° à l'ouest du plan de vol initial, était considérablement plus timide que celui que les autres avions ont suivi cette même nuit. Si leurs communications radio HF avaient fonctionné, il est raisonnable de penser que le vol AF 447 aurait pu suivre les itinéraires plus sûrs choisis par les avions devant eux et qui ont évité avec succès cette partie de la zone orageuse.

En plus de leur tentative de contourner les cellules orageuses visibles sur les échos radar, ils suivirent la procédure d'évitement de turbulence en ralentissant l'avion doucement de Mach 0.82 à Mach 0.80. Alors que l'appareil quittait sa route prévue, il pénétra dans une zone d'air très froid rempli de cristaux de glace en suspension engendrés par l'orage mais invisibles au radar.

À 4 heures 09 minutes 46 secondes, un bruit en arrière-plan, caractéristique de la glace, ne déclencha aucun commentaire de la part des pilotes. Peut-être en raison de leur manque d'entraînement en simulateur pour affronter ce genre de problème, les deux pilotes n'ont pas réussi à percevoir le danger.

C'est alors que, trois heures et quarante et une minutes après le décollage, une alerte sonore a averti les pilotes qu'ils étaient passés de la « loi normale » à la « loi alternative ». Les cristaux de glace avaient gelé les tubes Pitot, entraînant une perte d'indication de vitesse. Soit l'avion avait été directement touché par une pluie givrante, soit des molécules d'eau en surfusion, utilisant l'avion comme noyau, s'étaient transformées en glace. Pour protéger l'avion, le pilote automatique s'est coupé de lui-même et a transféré les commandes aux pilotes.

Pour la première fois, « les chauffeurs de taxi » de Bernard Ziegler n'étaient plus en train de se concentrer sur l'amélioration du parcours. Ils étaient revenus au pilotage de base. Alors que Pierre-Cédric Bonin prit les commandes, il contra une tendance en roulis vers la droite, générée par le pilote automatique, en rétablissant l'appareil vers sa gauche. Pour la première fois, l'avion quitta son altitude de croisière de 35 000 pieds en en perdant pratiquement 400. Une alerte de décrochage entraîna une confusion pour les deux pilotes car rien ne leur permettait de lire leur vitesse sur l'écran.

Juste cinq secondes plus tard, l'alerte de décrochage sonna à nouveau momentanément :

– Qu'est-ce que c'est que ça ?! demanda David Robert.

– Nous n'avons pas une bonne annonce de vitesse ! lui répondit Pierre-Cédric Bonin.

Handicapés par un manque d'entraînement en simulateur pour une situation d'indication de vitesse erronée à haute altitude, les pilotes ne réussirent pas à se concentrer sur l'affichage de la bonne puissance et de la bonne assiette, qui auraient pu permettre de maintenir la vitesse et de conserver l'attitude de l'avion en absence d'instrumentation fiable. Pierre-Cédric Bonin se concentra sur les messages de l'ECAM. Il désactiva ensuite la fonction de verrouillage de la puissance tandis que David Robert enclencha le dégivrage des ailes.

– On a perdu la vitesse ! acquiesça David Robert.

Treize secondes à peine après avoir repris le contrôle de l'avion, Pierre-Cédric Bonin tira en arrière sur son manche latéral, augmentant l'assiette de l'avion de 11 à 13°. Ce fut le début d'une montée qui entraîna l'avion à dépasser son altitude prévue de 35 000 pieds. Normalement, ce genre d'action doit être autorisé par le contrôle aérien pour éviter une collision potentielle. En seulement dix-huit secondes, l'Airbus arriva à 37 124 pieds. David Robert était en alerte car il savait que l'avion approchait d'un décrochage aérodynamique.

– T'es à... redescends ! dit-il à Pierre-Cédric Bonin à 4 heures 10 minutes 36 secondes.

– C'est parti, on redescend, lui répondit Pierre-Cédric Bonin.

Six secondes plus tard, Pierre-Cédric Bonin annonça : « On est en climb », et l'avion remonta à 37 512 pieds. À ce moment, il aurait dû se concentrer sur ce que lui disait David Robert, d'abaisser l'assiette et de redescendre. De plus David Robert était distrait car il cherchait à prévenir le commandant de bord afin que celui-ci revienne dans le cockpit....tandis que l'alarme de décrochage continuait à sonner. Avec les commandes de poussée en position de montée et les moteurs tournant à plein régime, l'incidence grimpait dangereusement.

À 4 heures 11 minutes 10 secondes, l'avion atteignait 37 924 pieds. La vitesse verticale passa de +2 272 pieds/minute à -3 904 pieds/minute. L'avion se trouvait donc au cœur d'un décrochage aérodynamique, ne disposant plus de portance pour le maintenir en l'air. Le vol Air France 447 avait atteint la limite de son enveloppe de vol.

– Surtout essaie de toucher le moins possible les commandes en latéral, hein ! recommanda David Robert.

– Il vient ou pas ?! demanda David Robert... espérant que le commandant de bord arrive à les sortir de cette situation.

– On a pourtant les moteurs ! Qu'est-ce qui se passe ? demandait Pierre-Cédric Bonin tout en donnant des ordres à monter avec son manche ainsi que deux courts ordres à descendre. Avec un angle d'attaque allant jusqu'à atteindre 29,9° et une vitesse verticale tombant à 6 800 pieds/minute, la vitesse de déplacement continuait à s'effondrer.

À 4 heures 11 minutes 32 secondes, Pierre-Cédric Bonin s'exclama :

– Je n'ai plus le contrôle de l'avion là ! J'ai plus du tout le contrôle de l'avion !

Et il continua à tirer sur son manche latéral, maintenant l'avion nez haut.

À 4 heures 11 minutes 38 secondes, David Robert réagit en reprenant le contrôle de l'avion. Son effort pour stabiliser le vol fut interrompu par Pierre-Cédric Bonin qui passa six secondes à maintenir ses ordres à monter.

À 4 heures 11 minutes 43 secondes, le commandant Marc Dubois entra dans le cockpit et demanda :

– Qu'est-ce que vous foutez ?

– Qu'est-ce qui se passe ? J'sais pas ce qui se passe ! disait David Robert.

À 4 heures 11 minutes 45 secondes, avec David Robert reprenant le contrôle, l'avion se trouvait à 35 372 pieds et le décrochage long de cinquante-deux secondes se termina. Alors, la vitesse verticale était de -10 000 pieds/minute. Avec les commandes de gaz positionnées sur « plein réduit », la puissance des moteurs avait été largement réduite et l'incidence grimpa jusqu'à 41°, déclenchant une nouvelle alerte de décrochage.

À 4 heures 11 minutes 53 secondes, le décrochage aérodynamique amena la vitesse verticale à -14 300 pieds/minute.

– J'ai un problème, c'est que j'ai plus de vario là ! J'ai plus aucune indication ! déclara David Robert.

– J'ai l'impression qu'on a une vitesse de fou ! Non ? Qu'est-ce que vous en pensez ? dit Pierre-Cédric Bonin.

Désormais à 29 736 pieds et en descente rapide, les poignées des gaz furent remises en position de montée, rétablissant la pleine puissance des réacteurs en juste dix secondes alors que l'alerte de décrochage continuait de sonner, l'avion étant à 40,4° d'incidence.

– Qu'est-ce que tu en penses ? Qu'est-ce que tu en penses ? Qu'est-ce qu'il faut faire ? demanda l'un des pilotes.

À 4 heures 12 minutes 16 secondes, Pierre-Cédric Bonin reprit les commandes, tira sur le manche et effectua plusieurs impulsions à monter poussant l'incidence jusqu'à 43,6° et déclenchant une nouvelle alerte de décrochage.

– Tu montes... Tu descends, descends, descends, descends ! dit un des pilotes à Pierre-Cédric Bonin.

– Là je monte ! OK ! Alors on descend ! répondit Pierre-Cédric Bonin.

Moins d'une minute plus tard, alors que l'appareil passait 20 000 pieds, Pierre-Cédric Bonin dit :

– J'descends là, non ?

– Là, tu descends, oui ! lui répondit l'un des deux autres.

Avec l'alerte de décrochage qui sonnait par intermittence, Pierre-Cédric Bonin continuait à tirer sur le mini-manche pour forcer le nez à rester en haut.

À 4 heures 13 minutes 23 secondes, Pierre-Cédric Bonin et David Robert étaient en train de donner des impulsions en même temps tandis que le commandant Marc Dubois regardait tout ceci depuis le jump seat. Quelques secondes plus tard, l'avion passait les 10 000 pieds et Pierre-Cédric Bonin annonça l'altitude en diminution. Les impulsions simultanées se poursuivaient et Pierre-Cédric Bonin annonça qu'il était « à cabrer » depuis un moment.

– Non, non, ne remonte pas ! répondit David Robert qui reprit le contrôle du vol, positionnant son manche latéral nez bas.

Quelques secondes plus tard, une autre alerte décrochage retentit et, à 4 heures 14 minutes 5 secondes, l'avion passait 4 000 pieds. Douze secondes plus tard, le commandant de bord et une voix de synthèse indiquèrent aux copilotes de remonter : « Pull up, Pull up ! »

À 4 heures 14 minutes 26 secondes, Marc Dubois demanda l'augmentation de l'assiette et deux secondes plus tard, les enregistrements cessaient.

En moins de quatre minutes, un avion d'une technologique très avancée et volant parfaitement, s'était évanoui en plein ciel, en pleine nuit. La mémoire des passagers qui avaient placé leur confiance dans l'une des plus grandes compagnies aériennes allait être honorée dans de nombreux monuments... Leurs proches et leurs amis, dans 34 pays, devraient attendre plus de deux ans pour découvrir ce qui avait entraîné cette tragédie. L'équipage, comme cela arrive souvent dans ce genre d'accidents, allait être impliqué par certains analystes, des mois avant que le BEA ne publie ses propres conclusions.

Mais n'était-ce qu'une erreur de pilotage ?

228 raisons de se souvenir de l'Air France 447

« Les scientifiques apprennent plus de leurs expériences infructueuses que de celles qui ont réussi, annonce Olivier Ferrante, chef des recherches en mer du BEA pour le vol Air France 447, car on peut déceler ce qui ne va pas dans le processus. »

Après la récupération des boîtes noires, les équipes travaillèrent activement pour retrouver les corps d'une centaine de passagers qui furent placés dans des conteneurs réfrigérés et acheminés vers Bayonne avec un troisième conteneur contenant des débris de l'épave de l'avion. Après une brève cérémonie dans le port, les corps furent conduits à Paris pour des analyses ADN. À l'instar des 50 corps de victimes retrouvés après l'accident, les dépouilles furent finalement rendues aux familles pour leurs funérailles. Les morceaux de l'épave furent ramenés dans un hangar de Toulouse pour y être analysés.

Alors que le BEA n'a de cesse de travailler sur son rapport final – qui doit être publié en 2012 –, de très nombreuses controverses persistent à bouillonner autour de l'observation faite par Olivier

Ferrante : « Personne ne sait vraiment ce qui s'est passé en plein ciel, le long de l'équateur, entre le Brésil et l'Afrique ! »

Pour la nuit du 1er juin 2009, Olivier Ferrante fait référence aux courants océaniques trompeurs et parfois paradoxaux qui constituent eux-mêmes une métaphore de l'histoire de ce vol. Les contrôleurs aériens en Afrique et au Brésil ne savaient pas ce qui se passait car ils n'étaient pas en communication avec l'avion à la fin de son vol. Air France était dans le noir car son centre des opérations n'avait pas de liaison vocale ou satellite autre que les comptes-rendus informatiques relatifs à la maintenance. Bien que la compagnie ait été informée qu'une des toilettes avait un problème, elle n'a pas disposé d'un suivi compréhensible du vol au moment de l'accident. Les trois pilotes manquaient d'une prévision météo précise car aucun radar au sol ou rapport satellitaire n'était disponible. La détection des cristaux de glace ou d'air contenant de l'eau en surfusion était impossible pour le radar météo embarqué.

Pire encore, les pilotes n'ont apparemment pas compris comment se préparer à l'éventualité que leur avion puisse être mis en danger par des cristaux de glace. Ils se sont concentrés sur l'éventualité de turbulences violentes, plutôt que sur le risque d'indications de vitesse erronées dans la zone du Front Inter Tropical, ce qui a détourné leur attention du risque caché – et alors encore pratiquement inconnu – constitué par les cristaux de glace.

Le fait qu'aucun d'entre eux n'avait été pleinement entraîné en simulateur pour faire face à cette situation est au cœur du problème.

Il est également possible que la présence d'un indicateur d'incidence aurait pu aider les pilotes pendant les dernières minutes du vol. La décision, controversée, du BEA de ne pas recommander de modifications sur le système d'alarme de décrochage dans le rapport d'étape de juillet 2011 lui a valu une violente réaction de la part du syndicat des pilotes d'Air France, le SNPL, qui annonça qu'il refusait désormais de collaborer avec l'agence à propos de cet accident.

« Nous n'avons aucun brouillon, explique un pilote expérimenté d'Air France alors que le BEA indique que cette analyse apparaîtra dans le rapport final en 2012. Mais nous savons que le BEA avait demandé de modifier l'alarme de décrochage pour s'assurer que dans tous les cas, et comme exigé par les standards de certification, l'alarme fonctionne lorsque l'appareil décroche ou s'approche du décrochage. »

Ce sujet est central pour toute analyse du troisième rapport d'étape du BEA. Bien que le grand public ne considère plus cet accident que comme un événement survenu deux ans plus tôt, l'agence française pour la sécurité aérienne n'a véritablement entamé son dur travail d'analyse des dernières minutes du vol qu'en mai 2011. Il faut généralement un an, ou plus, pour faire le tour des analyses possibles des enregistreurs de vol. Or ceux-ci ont été retrouvés vingt-trois mois après l'accident ! Amener des conclusions sur la cause de l'accident avant que le BEA ne finisse son travail et énumère ses propres recommandations serait nuisible pour toutes les parties.

Les indications de vitesse incorrectes sont un sujet compliqué à résoudre, particulièrement dans des contextes d'accidents déclenchés par des pannes de Pitot. Sans porter la moindre accusation, il est évident que de nombreux facteurs se sont combinés pour créer une véritable confusion dans le cockpit. Bien que ces problèmes demeurent obscurs pour un passager qui considère comme acquise la sûreté du transport aérien, ils démontrent cependant pourquoi les commandes de vol électriques demeurent controversées des décennies après qu'Airbus les ait introduites sur le marché du transport aérien de masse.

Des sujets aussi sérieux que le givrage des Pitot, l'incidence, l'indication de vitesse erronée et l'alarme de décrochage peuvent être faciles à appréhender en cours théorique. Mais passer de cette théorie à la pratique quand les secondes sont comptées, après des heures écoulées à surveiller si le pilote automatique fonctionne bien, est tout sauf une mission facile pour qui n'a pas suivi de nombreuses sessions d'entraînement en simulateur. En 2009, les plannings d'entraînement comprenaient trois sessions annuelles en simulateur. À ce moment-là, les compagnies couvraient un certain nombre de situations standard : panne moteur, fumée dans le cockpit, perte des circuits hydrauliques ou électriques, mais pas d'entraînement à la récupération des décrochages à haute altitude. Aucun des trois pilotes n'avait effectué d'exercice de résolution du problème de vitesse indiquée erronée, ou ne s'était entraîné pour une défaillance des trois ADR (modules de calcul de la vitesse). Désormais, les équipages suivent quatre sessions en simulateur chaque année, au cours desquelles ils effectuent des exercices de décrochage à haute altitude et pratiquent plus de pilotage manuel et moins d'entraînement sous pilote automatique.

Un pilote d'Air France qualifié sur Airbus et Boeing qui a attentivement étudié le troisième rapport d'étape du BEA a dit : « La logique d'Airbus est que s'il n'y a pas assez de pression dynamique d'air dans le tube Pitot, les indications de vitesse air sont considérées comme non valables. Pour éviter de fausses alarmes au sol, pendant le roulage au décollage, Airbus a décidé d'inhiber l'avertisseur de décrochage. Lorsque les pilotes de l'Air France 447 ont tenté de faire baisser le nez de l'avion, le Pitot a reçu une augmentation d'air dynamique. La vitesse air indiquée, qui était de loin bien trop basse, fut considérée comme valable à nouveau et l'alarme de décrochage a retenti. Il en a résulté que le pilote a pensé que tenter de remettre le nez de l'avion vers le bas était la mauvaise action. »

Mais qu'est-ce qui a pu déclencher une alarme de décrochage fausse ? Une possibilité est un blocage partiel des Pitot lorsque les premières impulsions « à piquer » ont été données. La vitesse relative a pu être enregistrée comme étonnamment basse de façon erronée, assez pour déclencher l'alarme de décrochage lorsque l'avion n'était en fait pas en train de décrocher. Des incidents de vitesse air précédents ont certainement déclenché un comportement anormal de l'avion. Il est possible que Pierre-Cédric Bonin ait été trompé par l'alarme de décrochage et ait décidé de tirer parce que mettre le nez « à piquer » avait, de façon incorrecte, initié l'alarme en raison de problèmes techniques.

« Maintenir le nez bas continuellement aurait permis de diminuer l'incidence et d'augmenter la vitesse et donc, peut-être, de récupérer le décrochage mais l'alarme s'est déclenchée », suggère le pilote d'Air France.

Un autre expert français de la sécurité des vols qui a attentivement étudié l'accident approuve : « L'alarme de décrochage sonne un petit peu avant d'atteindre un angle d'attaque trop élevé et continue à sonner tant que les sondes d'incidence enregistrent des données et que ces valeurs sont interprétables par les calculateurs. Mais lorsqu'un angle d'incidence de 40° est atteint, les sondes sont au bout de leurs possibilités et les calculateurs ne reconnaissent plus les données. Quand l'incidence est réduite, les sondes redeviennent actives et l'alarme recommence à sonner. Si vous n'avez pas correctement analysé la situation, vous pouvez être amené à penser que votre action (réduire l'incidence) vous amène au décrochage. Cela peut vous entraîner à restaurer la situation précédente en tirant sur le manche pour faire remonter le nez. »

Le syndicat de pilotes conteste l'idée que toute la séquence de montée jusqu'à frôler les 38 000 pieds pendant les dernières minutes du vol soit le résultat d'actions incorrectes des pilotes sur les commandes. Lors d'incidents précédents liés aux indications de vitesse, comme pour le vol Qantas en 2008, les Pitot givrés – qui ont entraîné la déconnection du pilote automatique et placé l'appareil en « loi alternative » – ont entraîné un phénomène de « pitch up » (cabrage) dramatique.

Les ordres de Pierre-Cédric Bonin sur le manche, explique le pilote d'Air France « ont été décrits comme majoritairement vers le haut et nous ne savons pas à ce moment si c'était un effet de "pitch up" naturel après la déconnection du pilote automatique, ou non. [...] Aujourd'hui, les procédures relatives aux indications de vitesse incertaines demeurent les mêmes que ce qu'elles étaient en 2009. » L'angle d'incidence recommandé varie avec l'altitude, 15° au niveau du sol après le décollage, 10° pendant la montée et 5° pendant le vol de croisière. Au-dessus de 10 000 pieds, le pilote doit appliquer la puissance de montée et afficher une assiette de 5°. Ceci a lieu en niveau de croisière normale, car une assiette de 5° est plus importante que l'incidence normale en croisière qui est de 2 à 2,5° en fonction de la masse de l'avion.

« En premier lieu, le pilote affiche la puissance et l'assiette de mémoire, car ce sont des données connues par cœur. Puis l'équipage procède avec les check-lists, lesquelles doivent être complétées lorsque le vol est sécurisé. Ceci a été légèrement modifié. »

Les procédures de récupération de décrochage ont changé après l'accident. « Avant 2009, cette procédure faisait l'objet d'un item supplémentaire, ce qui signifie une procédure avec une priorité très basse, qui doit être effectuée en suivant à la ligne les check-lists, explique le porte-parole du SNPL. Après l'accident, la récupération de décrochage est devenue une priorité, un item de mémoire. »

Le rapport final du BEA concernant un autre accident, celui qui a touché un A320 de XL Airways au cours d'un vol de réception au large de Perpignan, le 27 novembre 2008, explique que, après le givrage de deux sondes d'incidence, le pilote automatique s'est déconnecté. Le bureau français a déterminé que « le changement de loi de commande de vol après le déclenchement de l'alarme de décrochage a désactivé la fonction de compensation automatique. Malgré le message ambre "USE MAN PITCH TRIM" affiché dans un premier temps sur le PFD, l'équipage n'a pas modifié la position du stabilisateur qui est resté à "plein cabrer" jusqu'à la fin du vol. Lors du passage en loi "abnormal attitudes", ce message a disparu. Pendant cette phase, les temps d'analyse de la situation et de réaction de l'équipage sont réduits. Enfin, la position du stabilisateur et le couple "à cabrer" généré par les moteurs à puissance maximale n'ont pas permis à l'équipage de récupérer le contrôle de l'avion ».

Le BEA recommanda donc des changements dans les procédures de récupération pour les situations à proximité du décrochage : « Lors du déclenchement de l'alarme de décrochage, l'équipage a réagi conformément à la procédure de récupération d'approche du décrochage en appliquant la pleine poussée sur les moteurs et en essayant de diminuer l'assiette. Le couple généré par l'application de la poussée maximale et la position "à cabrer" du compensateur n'a pas permis à l'équipage d'avoir conscience de la situation et de récupérer le contrôle de l'avion. Par ailleurs, l'utilisation manuelle du compensateur, qui n'est pas rappelée dans les procédures d'approche du décrochage, ne se rencontre que très rarement en exploitation et qu'occasionnellement en entraînement. Plusieurs enquêtes menées à la suite d'accidents et d'incidents [...] tendent à remettre en question les procédures relatives aux techniques d'approche du décrochage pour tout type d'avion moderne et des études sont actuellement menées en vue de faire évoluer ces procédures. »

Par conséquent, le BEA prit en considération ces éléments et recommanda également « que l'EASA, en coopération avec les constructeurs, fasse évoluer les exercices d'entraînement et les procédures relatives aux techniques d'approche du décrochage pour assurer le contrôle de l'avion en tangage ».

Cet accident de 2008, qui a entraîné la mort des sept personnes à bord, a-t-il pu avoir un impact sur l'enquête sur le vol Air France 447, en particulier à la lumière des modifications récentes des procédures de récupération de décrochage ? Un commandant de bord d'Air France pense que les problèmes soulevés par l'enquête sur l'avion d'XL Airways peut éclairer la trajectoire de l'A330 : « Le BEA a toujours un grand nombre de sujets à examiner, comme la raison pour laquelle le stabilisateur horizontal, en raison de la logique de l'auto-trim, est demeuré en position "plein cabré" alors qu'au même moment, la vitesse n'était pas fiable ou en diminution. »

Airbus insiste sur le fait que le stabilisateur horizontal du vol 447 a fonctionné comme il le devait et se trouvait en position "plein cabré" seulement en raison des ordres transmis par le pilote.

Tout jugement définitif sur cette controverse doit attendre le rapport final du BEA. Il est facile de faire porter la responsabilité d'un accident aux pilotes décédés. Ironiquement, ce pourrait être la tragédie finale du vol AF 447. Bien qu'elles soient en violent désaccord, toutes les parties impliquées dans un accident d'avion de ligne, les syndicats, le constructeur, la compagnie, le bureau de sécurité des vols, les agences de régulation et la justice savent bien qu'un accident est le résultat d'une chaîne d'événements qui se combinent pour aboutir à une catastrophe. Mettre en exergue un seul facteur ne permet pas de tirer des leçons valables et d'empêcher de nouvelles tragédies similaires. Ceci est particulièrement vrai lorsque les pilotes doivent reprendre les commandes d'un vol à un moment où ils ne disposent pas de toutes les informations indispensables.

L'industrie aéronautique applique cependant les nombreuses leçons apprises de cet événement car des groupes internationaux travaillent sur de meilleurs moyens pour améliorer l'entraînement des pilotes, détecter les cristaux de glace, améliorer les communications, modifier les balises de localisation d'urgence, avertir les pilotes à distance des zones météorologiques dangereuses avec des rapports satellitaires instantanés, revoir les procédures opérationnelles et même modifier les avions pour améliorer la sécurité.

Quelques étapes simples comme l'augmentation de l'entraînement en simulateur et plus de pilotage manuel sont déjà mis en place. Il peut s'écouler des années avant que le mouvement lent et bureaucratique de la communauté aéronautique internationale n'applique les bonnes solutions. Ce problème est désormais au centre de plusieurs groupes de travail désireux d'accélérer le processus avant qu'un autre accident ne survienne. Un bon point a été la décision, début 2011, de la part des principaux constructeurs aéronautiques et des compagnies, d'améliorer et de simplifier les procédures d'évitement de décrochage pour l'ensemble du monde de l'aviation commerciale.

Aujourd'hui, il y a 228 raisons de se souvenir du vol Air France 447. Cet accident a déjà eu un important impact sur l'avenir de la sécurité des vols. Un vol réussi sera toujours le résultat d'une collaboration étroite entre le ciel et la terre. Il est dangereux de prétendre que la technologie seule peut empêcher le décrochage et aucune organisation ne peut, seule, rendre le vol totalement sûr. Alors que le système judiciaire français besogne pour déterminer les responsabilités et prononcer des sentences, il est évident que le mystère du vol Air France 447 dépasse la possible erreur de pilotage ou le givrage de tubes Pitot. Malgré ses nombreux apports, l'automatisation ne peut nullement empêcher l'ensemble des pannes potentielles. Aucun ordinateur à 35 000 pieds ne dispose de toutes les réponses. Quelquefois, dans nos existences, nous avons véritablement besoin que le bon « chauffeur de taxi » nous ramène à la maison.

SOURCES

Chapitre 1

« A Miracle in the Sky », *New York Times*, 27 octobre 2010 ; *The Guardian*, 16 novembre 2009.

« Parmi les parents », *The (London) Sunday Times*, 15 novembre 2009.

BEA, *Rapport d'étape*, 2 juillet 2009.

Entretien de l'auteur avec le colonel Xavier Mulot, Roissy-en-France, *New York Daily News*, 11 juin 2009. (Xavier Mulot était à l'époque un personnage central de l'enquête. Il s'agit de son seul entretien avec un représentant des médias. Il a depuis démissionné de son poste.)

Chapitre 2

BEA, *Opérations de recherche en mer* phase 3, 2 avril-24 mai 2010.

Bloomberg, 24 mars 2010.

Entretien de l'auteur avec le colonel Xavier Mulot, Roissy-en-France.

Benoît Heimermann & Olivier Margot, *L'Aéropostale*, Arthaud, Paris, 1994 ; Flammarion, Paris, 2010.

Entretien téléphonique avec Walter Strapp d'Environment Canada.

Airbus A330 Qantas : *Australian Transport Safety Board Report*, 2 janvier 2009.

Boeing 757 : National Transportation Safety Board Safety Recommendation, 15 novembre 1996. « Letter to acting Administrator Federal Aviation Administration », www.ntsb.gov/recs/letters/1996/A96_141.pdf

Entretiens de l'auteur avec Érick Derivry, pilote d'Air France, Roissy-en-France ; Michel Guérard, Airbus, Toulouse.

Entretien de l'auteur avec Vincent Dhorne, musée de l'Air et de l'Espace, Le Bourget.

Entretiens de l'auteur avec Pierre Sparaco, Paris.

Entretiens avec Peter Knudson, NTSB.

Entretien avec Bruce Carmichael, *National Center for Atmospheric Research*.

Entretien de l'auteur avec un pilote de la RAF, Londres.

Entretiens avec Daniel Holtgen, EASA, Cologne ; Gideon Ewers et Paul McCarthy, IFALPA ; Fran Hoyas, pilote d'Airbus Iberia ; Patrick Magisson, pilote d'A320 Air France ; Francis Nardy, pilote d'A330.

BEA, *Rapport d'étape.*

« Asia Pacific Airline Training Symposium », Bangkok, 8 septembre 2009.

Note Compagnie de Sécurité des Vols, Hugues Houang, Air Caraïbes ; www.slideshare.net/Unusualattitude/air-caraibes-airbus-a330-memo

Flight Global, 6 novembre 2009 ; www.flightglobal.com/articles/2009/06/11/327738/air-caraibes-atlantique-memo-details-pitot-icing-incidents.html.

Le Figaro, 9 juillet 2009 ; *Minneapolis Star Tribune*, 26 juin 2009 ; *Seattle Post-Intelligencer*, 20 mars 2000.

Chesley Sullenberger & William Zaslow, *Highest Duty*, William Morrow, New York, 2009.

Aviation Today, 9 novembre 2009.

www.airsafe.com/events/models/boeing.htm

Chapitre 3

Entretien de l'auteur avec un pilote britannique au cours d'une session de simulation.

Chapitre 4

Entretiens de l'auteur avec Daniel Holtgen de l'EASA ; Ali Bahrami de la FAA ; Hank Austin, pilote, de Sherlby dans le Michigan ; Tom Ratavsky de la NASA ; Heinz Frühwirth de l'*European Cockpit Association* ; Xavier Mulot, colonel de la Gendarmerie nationale française ; Patrick Magisson, pilote d'Air France ; un pilote d'Airbus de Delta Airlines.

Chapitre 5

Aviation Law Monitor, 4 octobre 2010 ; www.aviationlawmonitor.com/uploads/file/Order%20Granting%20Forum%20Non%20Conveniens%20Dismissal.pdf

Entretien de l'auteur avec Ali Bahrami de la FAA ; Scott Kendall, du *Annis Water Resources Institute*, Muskegon, Michigan ; Bruce Carmichael, *National Center for Atmospheric Research*.

« Jet Engine Power Loss in Ice Particle Conditions, the High Ice Water Content (HIWC) », *Cloud Characterization Study*, 22 mars 2010 ; www.esrl.noaa.gov/gsd/research/events/avi-next-gen/march2010/presentations/day3/3Agency_Icing_HIWC-Strapp.pdf

Chapitre 6

Entretiens avec Michel Guérard, Toulouse ; Érick Derivry, Air France.

NTSB, Report, 2 février 2010.

Statement by Federal Aviation administrator Randy Babbitt and Department of Transportation Secretary Ray Lahood, 10 septembre 2010.

William Langewiesche, *Fly-by-Wire*, Farrar Strauss & Giroux, New York, 2009.

« Asia Pacific Airline Training Symposium », Bangkok, 8 septembre 2009.

Chesley Sullenberger & William Zaslow, *Highest Duty*, William Morrow, New York, 2009.

Aviation Today, 9 novembre 2009.

Chapitre 7

Air Combat Command B-2 Accident Report, 5 juin 2008.

Airlinesafety.com, 29 septembre 2005.

New York Times, 3 décembre 2010.

FAA, *Emergency Airworthiness Directive*, 29 août 2005.

Airbus A330 Qantas : *Australian Transport Safety Board Report*, 2 janvier 2009.

Chapitre 8

Entretien de l'auteur avec Olivier Ferrante, BEA, Le Bourget ; Martine del Bono, BEA, Le Bourget ; Arthur Allen, US Coast Guard ; Michael Kutzleb, Phoenix International ; Johan Strumpfer, Metron.

Michigan Shipwreck Research Associates, Northwest Flight 2501 : http://www.michiganshipwrecks.org/dc4.htm

BEA, *Flight Data Recovery Working Group Report*, 22 décembre 2009.

Metron Report to BEA, 20 janvier 2011.

Chapitre 9

Entretiens avec le colonel Xavier Mulot.

Chapitre 10

Aviation Week, 10 mars 2009 ; 26 mai 2009 ; 6 décembre 2010.

Entretiens avec Paul McCarthy, IFALPA ; Daniel Soulez Larivière, Paris ; Étienne Lichtenberger et Claudine Oosterlinck, Aix-en-Provence.

Sofia Michaelides-Mateou & Andreas Mateou, *Civil Versus Criminal Liability Flying in the Face of Criminalization : The Safety Implications of Prosecuting Aviation Professionals for Accidents*, Ashgate, Farnham, Surrey, England, 2010.

Pierre Sparaco, *Airbus, la véritable histoire*, Privat, Toulouse, 2006.

European Cockpit Association Statement, 3 avril 2009.

125, suppose someone : PPRuNE Network, post 19 décembre 2010 ; http://www.pprune.org/rumours-news/435870-french-concorde-crash-23.html

Chapitre 11

Sarah Stewart, *Stewarts Law Statement*, 7 mars 2011.

« The Mystery of Flight 447 », BBC 2010 ; « Crash of Air France 447 », PBS, 2011.

Entretiens avec John Clemes, Paris ; Olivier Ferrante, BEA, Le Bourget.

Chapitre 12

Entretiens avec Mike McDowell, Mike Purcell, David Gallo et Dick Limeburner, institut océanographique Woods Hole ; Olivier Ferrante, BEA ; Changseng Chen, université du Massachusetts.

Chapitre 13

Entretiens avec Pierre Sparaco.

« We're seeing a new breed of accident », Joan Lowy, Associated Press, 4 septembre 2011.

Dr. Claire Pelegrin, « Situation Awareness and Decision Making, Safety First », *The Airbus Safety Magazine*, Toulouse, août 2010, p. 19.

BEA, *Troisième rapport d'étape*, 29 juin 2011 ; http://www.bea.aero/docspa/2009/f-cp090601e3.en/pdf/f-cp090601e3.en.pdf

Chapitre 14

Entretiens avec Olivier Ferrante, BEA ; avec un consultant auprès des enquêteurs ; avec le porte-parole du SNPL.

Bibliographie

Amedo (Fabrice), *La Face cachée d'Air France*, Flammarion, Paris, 2010.

Bartlett (Christopher), *Air Crashes and Miracle Landings*, Open Hatch Books, Buckinghamshire, 2010.

Bibel (George), *Beyond The Black Box*, Johns Hopkins University Press, Baltimore, 2008.

Gero (David), *Aviation Disasters*, The History Press, London, 2010.

Heimermann (Benoît) & Margot (Olivier), *L'Aéropostale*, Arthaud, Paris, 1994 ; Flammarion, Paris, 2010.

Hewson (Robert), *Airbus A330 and A340*, Airlife Publishing, Shrewsbury, England, 2002.

Langewiesche (William), *Fly-by-Wire*, Farrar, Straus & Giroux, New York, 2009.

Michaelides-Mateou (Sofia) & Mateou (Andreas), *Civil Versus Criminal Liability Flying in the Face of Criminalization : The Safety Implications of Prosecuting Aviation Professionals for Accidents*, Ashgate, Farnham, Surrey, England, 2010.

Mermoz (Jean), *Mes vols*, Flammarion, Paris, 2001.

Newhouse (John), *Boeing Versus Airbus,* Alfred A. Knopf, New York, 2007.

Sparaco (Pierre), *Airbus, la véritable histoire*, Privat, Toulouse, 2006.

Sullenberger (Chesley) & Zaslow (William), Highest Duty, William Morrow, New York, 2009.

Tobin (James), *To Conqueer The Air*, Free Press, New York, 2003.

U.S. Department of Transportation, *Federal Aviation Regulations/Aeronautical Information Manual*, Aviation Supplies & Academics, Newcastle, Washington, 2010.

Documentaires

Darlow Smithson Productions :

« Lost: The Mystery of Flight 447 », BBC, London, 2010.

« Crash of Air France 447 », PBS, Arlington, Virginia, 2011 ; http://www.pbs.org/wgbh/nova/space/crash-flight-447.html

Rapports d'enquêtes

Bureau d'Enquêtes et d'Analyses pour la sécurité de l'aviation civile :

Rapport d'étape, 2 juillet 2009 ; http://www.bea.aero/docspa/2009/f-cp090601e1/pdf/f-cp090601e1.pdf

Rapport d'étape, 17 décembre 2009 ; http://www.bea.aero/docspa/2009/f-cp090601e2/pdf/f-cp090601e2.pdf

Metron Search Analysis, 20 janvier 2011 ; http://www.bea.aero/fr/enquetes/vol.af.447/metron.search.analysis.pdf

Opérations de recherche en mer phase 1, 10 juin-10 juillet 2009 ; http://www.bea.aero/en/enquetes/flight.af.447/sea.search.ops.phase.1.php

Opérations de recherche en mer phase 2, 17 juillet-17 août 2009 ; http://www.bea.aero/en/enquetes/flight.af.447/sea.search.ops.phase.2.php

Opérations de recherche en mer phase 3, 2 avril-24 mai 2010 ; http://www.bea.aero/en/enquetes/flight.af.447/sea.search.ops.phase.3.php

Opérations de recherche en mer phase 4, mars 2011-été 2011 ; http://www.bea.aero/en/enquetes/flight.af.447/sea.search.ops.phase.4.php

Air France, « Point sur les tubes Pitot » ; http://corporate.airfrance.com/fr/presse/AF 447/point-sur-les-tubes-pitot/

Appendice A

Mission d'expertise externe sur la sécurité des vols pour Air France (R. Curtis Graeber, dir. ; Erik Hollnagel ; John Marshall ; Jean Pariès ; Nick Sabatini ; Geoff Sartori ; Roger Whitefield ; David Woods), *Analyses et recommandations*, 24 janvier 2011.

Le Comité indépendant d'examen de la sécurité (*Independent Safety Review Team*, ISRT) a été créé en décembre 2009 à la demande du directeur général du groupe Air France-KLM comme partie prenante des trois initiatives lancées pour améliorer les performances de sécurité d'Air France. Les participants ont été choisis selon un large panel d'experts universitaires ou issus de l'industrie avec pour mission : d'étudier comment Air France identifie et solutionne les problèmes de sécurité ; d'étudier comment les problèmes de sécurité sont perçus et gérés quotidiennement par le personnel d'Air France ; d'identifier les forces, les faiblesses, et les améliorations à court et moyen termes de la sécurité au sein d'Air France.

Le comité a employé une méthodologie constituée d'entretiens, de groupes de discussion, de courriers adressés à un site Web confidentiel, d'observation des situations opérationnelles, de l'entraînement et de la gestion des processus de sécurité. Pour valider les hypothèses établies d'après ces activités, un questionnaire d'évaluation de la gestion de la sécurité – *Safety Management Assessment Questionnaire* (SMAQ) – a été développé pour obtenir la perception de la sécurité de 5 800 employés ; il fut utilisé comme base empirique de comparaison avec les entretiens et les données des groupes de discussion. Le comité a analysé l'ensemble des données en utilisant son expertise collective des opérations aériennes, de la sécurité, des facteurs humains et des pratiques légales. Il a également comparé les procédures et les politiques utilisées par les autres compagnies aériennes dont il a une connaissance approfondie, ainsi que les principes de sécurité établis par les grandes organisations et les standards industriels.

Air France est l'une des plus anciennes compagnies aériennes européennes, avec une histoire très riche. Elle opère en accord avec les standards de l'EASA. Elle est également une compagnie enregistrée auprès de l'*IATA Operational Safety Audit* (IOSA) – partie du programme de supervision de la sécurité de l'*International Air Transport Association* (IATA). Bien que l'ISRT n'ait pas conduit un audit de sécurité, il a jaugé les pratiques d'Air France à l'aune des principes de sécurité d'une compagnie aérienne moderne, efficace et sûre, comme ses membres, anciens employés de compagnie aérienne ou d'administration de régulation l'ont défini collectivement : intégration d'un système de gestion de la sécurité – *Safety Management System* (SMS) –, approche pro-active de la sécurité, structure de gestion et de gouvernance, culture de la sécurité, entraînement et facteurs humains, surveillance des données de vol, fiabilité et résilience organisationnelle.

Comme il est courant dans ce type d'analyse, l'ISRT a découvert des secteurs et des activités dans lesquels la compagnie Air France est excellente en comparaison avec ses homologues, d'autres où elle se trouve dans les normes, et certaines où elle se révèle en dessous des standards et pour lesquels une amélioration est impérative. L'ISRT est persuadé que si Air France adopte les 35 recommandations de son rapport, la compagnie effectuera un pas énorme lui permettant de faire la différence avec ses concurrents. Pour cette étude, les recherches ont été groupées en trois domaines principaux : structure organisationnelle, culture et comportement et responsabilité individuelle.

STRUCTURE ORGANISATIONNELLE

La gouvernance de la sécurité d'Air France est d'une structure extrêmement complexe, conduisant au chevauchement et au flou au niveau des responsabilités, des rôles et des activités des organismes de sécurité de la compagnie, ce qui entraîne une certaine opacité dans l'esprit de nombreux personnels qui s'interrogent sur les aspects de la sécurité dont leurs cadres sont responsables. La plupart des compagnies ont un administrateur exécutif pour l'ensemble des programmes de sécurité au sein de l'entreprise, y compris la sécurité du personnel, et sous la responsabilité d'un cadre dirigeant. À Air France, l'administrateur en charge de la sécurité pour l'entreprise ne se trouve pas sous l'autorité d'un dirigeant ; les autres cadres en charge de la sécurité se réfèrent à leur responsable de département et n'ont pas de relations hiérarchiques directes avec l'administrateur exécutif.

Air France a également adopté une structure dans laquelle les titulaires de postes opérationnels se réfèrent à un directeur général délégué opérations (DGDO), un dirigeant en charge des affaires réglementaires, et au directeur général pour les autres problèmes. Bien que cette structure soit conforme aux règlements de la DGAC et de l'EASA et que la délégation de pouvoir statutaire des quatre détenteurs des postes opérationnels soit claire (ainsi que la manière dont ils se réfèrent à leurs dirigeants, et les sujets qu'ils abordent), la plupart des cadres dirigeants des autres compagnies se réfèrent directement au dirigeant responsable des problèmes tombant dans leur domaine de responsabilité. C'est une structure plus simple qui rend les limites de responsabilité en terme de sécurité plus claires pour le personnel exécutant de l'organisme.

Air France a besoin d'entreprendre une révision de son organisation de gouvernance de la sécurité en commençant à partir du sommet de la hiérarchie. Une structure simplifiée doit être établie, comprenant des responsabilités claires et des modalités d'information, ainsi qu'un département de sécurité de l'entreprise au centre, responsable de la politique de sécurité et de sa coordination. Cette structure doit comprendre un conseil de surveillance en charge de la supervision de l'ensemble du système. Air France doit également clarifier les rôles, le niveau hiérarchique et les responsabilités des structures de sécurité de l'entreprise, sécurité du groupe et toutes les organisations de sécurité des services opérationnels (c'est-à-dire prévention et sécurité des opérations en vol, département d'analyse des vols, opérations au sol, etc.) et s'assurer que chaque département de sécurité de chaque service ait un lien direct avec le centre de sécurité de l'entreprise.

L'ISRT est persuadé qu'il y a, en général, une absence de forte volonté sécuritaire à tous les niveaux au sein de l'encadrement, indispensable pourtant pour introduire des considérations de sécurité dans les actions quotidiennes et les processus de décision. Au cours des entretiens relatifs à la sécurité des vols, les cadres seniors d'Air France font clairement état de leur engagement envers la sécurité et présentent la sécurité comme la plus haute, et incontestable, priorité d'Air France. Cependant, ce message ne semble pas avoir pénétré profondément la main-d'œuvre. « La sécurité en premier lieu » n'est pas une notion commune. Cela peut conduire certains employés à se persuader que les considérations de sécurité sont secondaires comparativement aux considérations commerciales. Le directeur général et l'encadrement supérieur doivent diriger cette stratégie de sécurité en affichant une volonté politique plus visible et plus claire, en termes de politique de développement, de mise en œuvre et, plus important, s'approprier cette politique de façon personnelle et visible.

L'ISRT trouve qu'Air France dispose de niches d'excellence dans la gestion des risques, comparables aux autres compagnies, en utilisant des processus formalisés pour identifier les risques et appliquer des stratégies de correction appropriées. Cependant, le flux d'informations et les boucles de communications pour le retour d'expérience dans le système de gestion de la sécurité actuel n'a rien d'évident et s'avère un processus trop complexe.

Air France est en train de définir ses systèmes de gestion de la sécurité en accord avec les standards industriels actuels et intègre la plupart des outils standard de gestion de la sécurité. Un processus d'évaluation des risques amélioré et plus structuré a été progressivement introduit permettant l'examen des incidents afin d'en déterminer les éventuelles causes afin de prévenir des événements plus sérieux, et des changements majeurs ont été évalués dans leurs implications pour la sécurité. L'ISRT soutient fortement Air France dans son effort visant à développer des méthodes prédictives d'indentification des risques. Cependant, ces processus de prédiction ne sont pas encore totalement matures, ni complètement intégrés, ni même mis en œuvre de manière constante et encore moins appliqués de façon systématique au sein des secteurs opérationnels.

Bien qu'ayant participé à de nombreuses réunions relatives à la sécurité et interrogé les personnels-clés, l'ISRT confirme également que, en dehors de la communauté des experts de sécurité, la culture de la sécurité dans les différents niveaux de l'entreprise et des départements des opérations en vol est toujours primo-réactive (elle tend à prévenir des événements similaires en supprimant leurs causes) plutôt que d'être pro-active et prédictive (tendant à comprendre les événements en tant que symptômes d'un système de sécurité mal conçu et d'anticiper les risques).

Notre étude révèle que la majorité des employés de première ligne ont confiance en la confidentialité des comptes-rendus de sécurité et signalent les événements relatifs à la sécurité quand ils surviennent. Étant donné l'importance fondamentale d'une telle confiance dans la gestion de la sécurité, c'est très encourageant.

En relation avec les autres formes d'indentification des risques, Air France dispose, depuis 1974, d'un service d'analyse des données de vol. Malheureusement, ce service est considéré par certains pilotes comme un service « répressif » et non pas comme un outil pro-actif pour améliorer les procédures et la sécurité. Cependant, il a moins d'impact que ce qui serait souhaitable sur la gestion de la sécurité. Au fil des ans, le programme de gestion des données de vol a été à la pointe du développement et de l'innovation au sein de l'entreprise ; cependant le protocole original qui détermine l'emploi de ces données exige une mise à jour urgente pour s'assurer que les leçons peuvent être appliquées aussi judicieusement que possible. Cela permettra à Air France de s'aligner avec les autres grandes compagnies aériennes.

Air France dispose d'un processus formel pour les changements de gestion (Concerto Majeur), mais il existe des signes montrant qu'il n'est pas systématiquement appliqué. Il y a aussi des preuves que l'étape finale d'un système de gestion de la sécurité mature, « examen et suivi », est souvent absente. Cette pauvre gestion des effets d'un changement peut augmenter le risque de conséquences inattendues. L'introduction d'une analyse des risques sécuritaires, actuellement en cours de développement pour tous les nouveaux équipements et les processus opérationnels, est un développement positif.

Culture et comportement

Le groupe suivant d'analyse et de recommandation concerne la culture des équipages navigants et leur comportement. L'absence d'adhésion aux règles et aux procédures d'Air France par une petite minorité de pilotes, rapporte l'ISRT, est une cause sérieuse d'inquiétude et reflète la discipline générale dans les cockpits. Le manuel des opérations générales autorise les commandants de bord à dériver des procédures d'Air France si nécessaire, pour la sécurité de l'avion et des passagers. Une autorité similaire est généralement acceptée de façon internationale et se résume par un « en cas d'extrême urgence ». Malheureusement il y a un petit pourcentage de commandants de bord qui abusent de cette tolérance et ignorent régulièrement certaines règles.

Il doit être noté, en se basant sur les réponses aux questionnaires, que les employés pensent que les équipes d'Air France (pas seulement les pilotes), utilisent parfois des raccourcis de procédures voire les contournent. Alors que de telles actions peuvent être nécessaires pour être adaptées aux exigences opérationnelles, l'ISRT pense que le problème doit être mieux compris et géré.

D'autres départements, principalement la maintenance et les équipages de cabine, expriment leurs difficultés dans leurs relations avec les pilotes (commandants de bord) qui les traitent d'une façon autoritaire et arrogante. Une fois de plus, il peut s'agir d'un petit pourcentage de pilotes mais l'effet sur le moral, la discipline et le *Crew Resource Management* (CRM) est sans comparaison avec le nombre de contrevenants. Air France doit régler ceci rapidement, ainsi que les frictions entre les départements.

Nous avons été régulièrement avertis par les pilotes, entre autres, que les chefs de service ne sont pas autorisés à tenir les pilotes pour responsables de leurs actions impropres. Ainsi, l'ISRT pense que le service des opérations doit s'assurer que ces responsables aient tous les outils nécessaires à leur disposition pour s'acquitter efficacement de leurs responsabilités dans la gestion des pilotes. Ceci consiste non seulement à soutenir et renforcer les pouvoirs des cadres supérieurs, mais aussi à revoir les fondamentaux de la sélection des candidats à ce rôle et à leur fournir une formation efficace pour développer, chez eux, des compétences managériales.

Un effet collatéral de ces problèmes de conformité chez Air France est la tendance à régler certains problèmes en ajoutant des procédures plutôt que de faire appel à la discipline individuelle. L'ISRT pense que cela participe à complexifier les procédures au sein d'Air France qui sont déjà substantiellement plus lourdes que chez ses concurrents. Les procédures à Air France ont besoin d'être simplifiées avec des objectifs clairs comprenant l'emploi des manuels originaux des constructeurs et une standardisation des procédures.

Un certain nombre de problèmes de sélection se sont révélés dans notre analyse des relations entre le rôle des instructeurs de pilotage, et les pilotes récemment embauchés. L'ISRT pense que le processus de sélection des instructeurs et des évaluateurs doit devenir plus substantiel, ouvert et transparent. Une analyse des sélections initiales de pilotes et des programmes d'entraînement peut fournir une opportunité afin de développer une population de pilotes plus orientée sur le travail en équipe et moins élitiste.

La qualité de l'entraînement reçu par les équipages affecte leurs capacités à mener leurs missions en ligne de manière satisfaisante. L'entraînement à la coordination en équipage est un élément-clé de cet entraînement. De nombreux témoignages, à la fois des équipes de cabine et de groupes de pilotes, ont fait état que les cours théoriques du CRM étaient inefficaces, trop conceptuels et trop routiniers. L'ISRT pense donc que le CRM a perdu de son efficacité à Air France, et il peut ne pas avoir autant évolué que l'ont fait les programmes équivalents des autres compagnies. La formation CRM doit évoluer avec une insistance portée sur l'établissement d'un système intégrant l'entraînement en simulateur et les connaissances obtenues par les données du SMS et du *Line Operations Safety Audit* (LOSA).

Responsabilités individuelles

Le troisième groupe de recherche est relatif aux responsabilités individuelles. L'ISRT croit que la culture au sein d'Air France ne reflète pas le niveau de confiance et de coopération que l'encadrement supérieur aimerait voir et qui est typiquement considéré comme l'apanage des meilleures compagnies aériennes. Ce manque de confiance génère des recoupements non nécessaires et chronophages, avec un questionnement constant sur la production et un refus qu'une personne d'un autre service ait la possibilité, la formation et l'engagement professionnel, pour procéder aux contrôles efficacement et complètement. Cette culture d'entreprise se distingue également par une confiance médiocre des employés envers leur encadrement.

Un point-clé existant au cœur des organisations les plus fiables est un niveau de confiance mutuelle tout au long de la chaîne hiérarchique. Afin d'améliorer notablement sa sécurité et sa productivité, Air France doit s'attacher à établir une culture interne où les différents services pourront œuvrer ensemble comme une équipe. Établir cette confiance nécessite de modifier les relations entre les différents services en insistant sur le travail d'équipes inter-services. Il est vital que, en tant qu'individu, chaque personnel d'Air France se sente intégré à la « famille Air France » et soit motivé pour faire tout ce qu'il peut afin d'améliorer la sécurité et le bien-être des passagers comme celui de ses collègues. Les exercices de cohésion, en particulier inter-services, doivent améliorer ce comportement, autant qu'une volonté de sécurité forte et visible de la part de la direction tout comme au sein des différents niveaux de la hiérarchie.

Avoir une culture bien intégrée dépend également du soutien des syndicats au règlement de ces problèmes de sécurité. Le grand nombre de syndicats de pilotes rend difficile l'obtention d'un consensus. Malheureusement, les relations malsaines qui existent aujourd'hui entre l'encadrement et les syndicats sont en partie le résultat de l'approche d'Air France relative aux syndicats : « La paix sociale à n'importe quel prix. » L'ISRT pense qu'il y a là un risque potentiel pour la sécurité en raison de la pression syndicale, particulièrement parmi les pilotes, qui a envahi le domaine opérationnel. Air France n'applique pas la bonne méthode pour discuter de sécurité avec les syndicats. Donc, en pratique, la sécurité est officiellement en dehors, mais implicitement au cœur du cadre des discussions entre la direction et le personnel. Les politiques opérationnelles, les règles et les procédures ne doivent pas être l'objet d'une quelconque forme de négociation syndicale, mais les apports d'informations et les recherches techniques des syndicats doivent être bienvenus, comme dans les autres compagnies aériennes, dans le débat collectif. Au-delà des efforts récents, comme pour la formation du Comité Mixte de Propositions (CMP), cette situation doit être abordée si Air France souhaite améliorer les relations de travail avec les syndicats et s'assurer que ceux-ci demeurent pour l'encadrement des « partenaires pour la sécurité ».

Les relations de travail avec les partenaires externes, dont celles avec la DGAC ont été également fait l'objet de l'étude de l'ISRT. Certains problèmes ont été identifiés en ce qui concerne le niveau d'expérience des inspecteurs de la DGAC et des soucis qui peuvent en résulter au moment des activités de surveillance. L'ISRT reste conscient que les transporteurs aériens qui entretiennent une relation « travailler ensemble » avec leur agence de régulation connaissent de meilleurs niveaux de performance de sécurité. Ceci exige qu'il existe un partage ouvert des données de sécurité et un partenariat avec l'administration pour capitaliser sur cette expérience d'identification des risques afin d'effectuer les actions correctives. Notre examen de ces relations indique clairement qu'une attitude de collaboration de la part des deux parties se ferait au bénéfice des deux organisations.

RÉSUMÉ ET REMARQUES DE CONCLUSION

La formation de l'*Independent Safety Review Team* de manière publique et en lui fournissant une large latitude de travail pour examiner la sécurité des vols à Air France est un acte courageux. C'est un exemple de volonté rarement observé dans l'industrie aéronautique internationale de nos jours. Chaque membre de l'ISRT se sent honoré d'avoir été appelé pour assister Air France dans cette entreprise importante et espère sincèrement que notre rapport sera accepté dans le sens que nous voulions lui donner : un examen honnête et franc des fondements essentiels de la sécurité des vols et une tentative sincère d'offrir une aide, des points de vue valables et des recommandations qui permettront à Air France de devenir un des leaders mondiaux de la sécurité aérienne. Le lecteur doit garder à l'esprit que nous n'avons pas examiné la majeure partie d'Air France, pas plus que nous n'avons effectué un audit de sécurité. En raison de ces omissions intentionnelles et de la nature de notre travail, il serait irresponsable de tenter de relier ce rapport et ses découvertes avec un quelconque accident, passé ou à venir.

Comme, à la fois, les employés et leur direction nous l'ont inlassablement déclaré, ce rapport offre à Air France une opportunité rare d'effectuer des améliorations majeures en terme de sécurité en accord avec la position historique de la compagnie au sein de l'aviation internationale. Il y a un certain nombre de manières pour Air France d'améliorer la façon de gérer la sécurité de ses opérations, à la fois au niveau de la forme (conception de systèmes) et de la pratique (travail effectif). Nos recommandations sont conçues pour aider, et nous croyons qu'elles doivent être mises en place aussi vite que possible.

Nous sommes particulièrement heureux qu'Air France ait déjà commencé à mettre en place quatre d'entre elles, dont l'établissement d'un comité de supervision de la sécurité et nous espérons qu'ils accepteront la responsabilité de superviser la mise en œuvre des recommandations ci-dessous.

Nous sommes particulièrement heureux que les syndicats se soient réunis sous la direction de la CMP pour mener un LOSA. Il est à porter à leur crédit et à celui des opérations aériennes qu'Air France soit la première compagnie aérienne majeure en Europe à entreprendre un LOSA en utilisant une organisation indépendante externe. Nous espérons qu'une telle démonstration de confiance des pilotes servira d'exemple pour rétablir la confiance au sein de tout le personnel.

Bien que certaines recommandations soient relativement aisées à mettre en œuvre, d'autres devront nécessiter des efforts considérables de la part de la direction et du personnel et pourraient prendre une décennie avant de devenir véritablement efficaces. Ce ne sont pas les recettes de remèdes à court terme. Un volontarisme fort et efficace est indispensable pour atteindre le succès. La nécessité de redéfinir les relations entre la direction et les syndicats sera particulièrement compliquée, pour déterminer comment ils pourront travailler ensemble afin d'améliorer la sécurité. Le travail d'équipe et la confiance mutuelle doivent être les fondamentaux de la sécurité pour s'assurer d'un changement profond et de longue durée.

Grâce à notre volonté de nous concentrer sur des changements à long terme, nous pensons qu'Air France a besoin de revoir son approche traditionnelle par projets pour considérer la création d'équipes de changement pour aller au-delà de la vision à court terme de deux ans. Le Comité Mixte de Proposition et le Programme Trajectoire déjà existants sont deux efforts qui peuvent apporter des bénéfices significatifs à l'amélioration de la sécurité dans le futur. Nous pensons fermement que l'usage régulier du SMAQ pendant les prochaines années permettra à Air France et à sa direction de superviser l'impact de nos recommandations autant que les autres actions menées pour améliorer la culture sécuritaire au sein d'Air France. Les résultats doivent également permettre à la direction de mieux comprendre quels pans de la sécurité et quels domaines opérationnels doivent recevoir le plus d'attention.

Après avoir passé un an au contact de la direction d'Air France et de ses employés, nous croyons que d'importants progrès sont possibles mais si, et seulement si, ils sont menés depuis le sommet. Nous le souhaitons tous et nous les remercions pour l'attitude coopérative qu'ils nous ont constamment montrée.

Liste des recommandations

1/ Air France doit établir un comité en charge exclusive de la sécurité afin de fournir une vision indépendante, une politique de sécurité visible et volontaire, l'assistance au conseil d'administration afin qu'il puisse remplir ses responsabilités de gouvernance au regard de la sécurité opérationnelle et des risques possibles, en conformité avec les obligations légales relatives à la sécurité et au risque.

Il doit comprendre au moins trois membres, dont le directeur général et au moins deux administrateurs non exécutifs, et être dirigé par un administrateur non exécutif indépendant. Le comité devra confirmer que l'encadrement a établi et utilise un système de gestion des risques, qui identifie, évalue et surveille la sécurité opérationnelle.

2/ Air France doit analyser les qualités et les défauts des indicateurs de sécurité recueillis - basés sur l'analyse des données de sécurité - et les risques qu'ils posent afin de prendre des décisions éclairées en ce qui concerne les indicateurs à suivre.

3/ Air France doit établir une supervision de la sécurité des compagnies aériennes filiales, en particulier de celles portant sa marque. Cette surveillance doit inclure des indicateurs de performance de sécurité spécifiques à ces compagnies aériennes.

4/ La COMEX doit renforcer et développer l'efficacité de son plan de communication dans toute l'entreprise pour expliquer et renforcer l'adhésion des employés et des cadres à ses attentes en terme de sécurité.

5/ La politique de sécurité qui établit les objectifs d'Air France doit provenir du niveau hiérarchique du directeur général.

6/ Afin de simplifier la structure de la gouvernance sécuritaire de l'entreprise et en refléter les meilleures pratiques, Air France doit envisager des structures alternatives qui peuvent :

– 6a/ modifier la structure de gouvernance de l'entreprise pour avoir des responsables désignés sous l'autorité de leur dirigeant ;

– 6b/ établir une hiérarchie formelle des réunions de sécurité au sein de chaque service, du niveau local jusqu'au conseil de sécurité ;

– 6c/ s'assurer que les liens entre ces réunions soient, au moins, les représentants du département de sécurité de la compagnie et qu'ils disposent de bases de données communes.

7/ Air France doit communiquer et expliquer les rôles, le rang hiérarchique et les responsabilités de toutes les organisations de sécurité des services opérationnels (c'est-à-dire prévention et sécurité des opérations en vol, département d'analyse des vols, opérations au sol etc.), de la sécurité de l'entreprise, du groupe, et s'assurer que chaque département de sécurité de chaque service dispose d'un lien direct vers la sécurité de l'entreprise.

8/ Les rôles des cadres, leurs responsabilités et leur autorité concernant la sécurité doivent être clairement définis par écrit tout comme leur poste. Leurs performances doivent être évaluées au moins sur une base annuelle.

9/ Air France doit s'assurer que la collecte des données de sécurité et les méthodes d'analyse utilisées par tous les départements de sécurité soient cohérentes et communiquées clairement à toutes les équipes.

10/ Air France doit revoir et mettre à jour le protocole de surveillance des données de vol pour que :

– 10a/ le processus soit simplifié afin de permettre aux enquêtes d'être achevées avant la réunion suivante, dans la mesure du possible ;

– 10b/ les membres d'équipage impliqués participent à l'enquête dans la mesure du possible ;

– 10c/ un pilote compétent, et bien informé, par flotte représente tous les syndicats ;

– 10d/ la direction d'Air France ait la possibilité de déterminer quels événements sont imputables à un seul ou plusieurs individus, au fil du temps.

11/ Air France doit continuer à développer sa gestion pro-active des données de sécurité, où l'on tente de comprendre les événements comme symptômes de la conception d'un système et pour anticiper les risques avant que les accidents ne surviennent, et également poursuivre ses efforts pour parvenir à un état prédictif où les risques sont anticipés, soupesés et répartis avant que des événements symptomatiques ne surviennent.

12/ Air France doit s'assurer que les exigences des évolutions prévues et les atténuations de risques qui touchent les opérateurs en première ligne soient supervisées pour confirmer que le changement comportemental nécessaire est obtenu.

13/ Air France doit renforcer l'implantation de Concerto Majeur, et s'assurer que l'analyse formelle des risques inter-services est conduite dès le départ et à toutes les phases de tous les projets (pas seulement ceux qui impliquent les problèmes opérationnels), que les risques identifiés soient réduits de manière satisfaisante avant de procéder, en conformité avec les exigences du SMS, et que ces atténuations soient surveillées pour s'assurer qu'elles ont l'effet attendu.

14/ Air France doit s'assurer d'un processus adapté pour gérer les inacceptables faibles performances dans certains domaines opérationnels, afin de les éliminer.

15/ Air France doit institutionnaliser le LOSA comme outil incontournable pour examiner les opérations de vol de routine. Les résultats et les actions suivantes doivent être supervisés par le comité de sécurité. La compagnie doit considérer le fait d'étendre les observations type LOSA aux autres domaines opérationnels et utiliser tous les moyens d'information disponibles supplémentaires (c'est-à-dire rapports d'incidents, retour d'expérience des instructeurs, retour des cadres de première ligne, etc.) pour élaborer des indicateurs réalistes du travail quotidien, des opérations quotidiennes qui à leur tour peuvent guider les décisions à propos des procédures, des compétences, du travail d'équipe et du contexte de travail.

16/ Les responsables des flottes doivent être, et se sentir, poussés à gérer la sécurité et entreprendre des actions disciplinaires lorsque c'est nécessaire pour responsabiliser leurs équipes.

17/ Les processus de la liste « no fly » doivent être gérés d'une manière cohérente entre les flottes. Cette liste doit être utilisée pour apporter des retours d'information et pour signaler des comportements inappropriés, et non pas pour les éviter.

18/ Air France doit entreprendre un programme de développement du leadership pour ses cadres des opérations de vol.

C'est-à-dire que :

– 18a/ Air France doit établir un pool d'équipages à fort potentiel pour de futurs postes d'encadrement ;

– 18b/ les membres de ce pool doivent recevoir une formation à l'encadrement et être évalués sur une période donnée (deux, trois ans). Ces individus doivent devenir une source pour la sélection de futurs pilotes cadres.

19/ Dans le but de s'assurer des meilleures candidatures, le processus de sélection pour les postes de dirigeants des opérations en vol doit être ouvert et transparent.

20/ Dans le but de s'assurer des meilleurs candidats, le processus de sélection pour les instructeurs en vol doit être ouvert et transparent, et les promotions basées sur la performance.

21/ La sélection initiale des pilotes et les programmes de formation doivent être revus et si nécessaire changés pour développer un type de pilote plus orienté sur le travail en équipe et qui doit se comporter d'une manière moins élitiste.

22/ Air France doit poursuivre ses efforts pour simplifier sa politique et ses manuels au sein des services opérationnels en incluant l'emploi des manuels originaux des constructeurs des équipements, ainsi qu'en standardisant les procédures en anglais dans l'entreprise.

23/ Air France doit communiquer, expliquer et illustrer les moments et les circonstances dans lesquels les commandants de bord peuvent exercer leur liberté d'action.

24/ L'encadrement supérieur d'Air France doit clarifier et promulguer ses positions et sa politique concernant les actions disciplinaires relatives à certaines non-conformités, afin de renforcer sa cohérence procédurale et d'assurer une gestion de la sécurité efficace au quotidien.

25/ Air France doit améliorer la qualité globale et la standardisation de son instruction en vol par :

– 25a/ l'amélioration du processus de sélection des instructeurs ;

– 25b/ la standardisation de l'entraînement et de son contenu ;

– 25c/ la formation continue en matière de pédagogie pour les instructeurs ;

– 25d/ la supervision des processus de l'instruction en vol, y compris à travers le retour d'expérience des stagiaires ;

– 25e/ l'introduction des principes du CRM dans l'entraînement et l'évaluation ;

– 25f/ l'intégration réaliste des leçons tirées des incidents dans le programme d'entraînement afin d'atténuer ces risques comme le détermine la sécurité de l'entreprise.

26/ Air France doit revoir et mettre à jour son entraînement CRM afin d'établir une relation solide entre l'entraînement en simulateur, la formation CRM et la surveillance SMS et les indications du LOSA, et finalement inclure le CRM en tant que domaine inter-plateformes dans toutes les opérations dont l'entraînement et aussi :

– 26a/ employer un questionnaire détaillé avec tous les équipages pour évaluer et comprendre les forces et faiblesses de l'entraînement CRM ;

– 26b/ renforcer l'importance des capacités CRM dans la sélection des pilotes ab initio et les critères d'embauche, dans l'évaluation des performances des pilotes et dans les critères de sélection des instructeurs ;

– 26c/ renforcer les capacités à l'observation des problèmes de CRM aussi bien que les problèmes de briefing et débriefing CRM dans l'entraînement initial et continu des instructeurs et leurs évaluations régulières ;

– 26d/ collecter les retours d'expérience des instructeurs à propos de l'évolution des capacités CRM des stagiaires et les faire parvenir aux responsables des programmes CRM, les responsables des opérations et les responsables de la sécurité des opérations ;

– 26e/ impliquer les facilitateurs CRM dans une collecte systématique et synthétique des critiques et des suggestions exprimées pendant les sessions d'entraînement au CRM afin d'améliorer ces entraînements ;

– 26f/ renforcer la coopération inter-domaines (c'est-à-dire avec la maintenance) pendant les discussions des sessions de CRM ;

– 26g/ incorporer les conclusions des récents accidents d'Air France, les principaux résultats LOSA et les priorités de la gestion des risques d'Air France au sein des sessions CRM ;

– 26h/ impliquer les facilitateurs CRM/experts en facteurs humains (pas seulement pilotes) dans la conception des processus opérationnels et les changements de procédures.

27/ Air France doit s'assurer que le projet FAR continue à aborder les processus pré-vols qui réduisent la charge de travail des pilotes.

28/ L'encadrement supérieur d'Air France doit clarifier ses attentes envers les personnels opérationnels, dont les équipes de cabine, sur le comportement à adopter quand la pression de la productivité semble entrer en conflit avec la nécessité de maintenir la sécurité à son plus haut standard.

29/ Air France doit établir un département de sécurité des équipes de cabine efficace pour gérer avec les PNC les problèmes de sécurité et avoir les même structures de communication que dans les autres divisions (une ligne de communication avec le responsable de secteur et une ligne vers la sécurité de l'entreprise).

30/ Les dirigeants seniors et tous les autres niveaux de management doivent démontrer leur travail en équipe et mettre l'accent sur son importance en célébrant les exemples positifs.

31/ Air France doit lancer une initiative hautement visible, au sein des différents départements et services, pour briser les murs qui existent entre les organisations (c'est-à-dire comme chez British Airways : « Putting people first »). Cette initiative doit apporter des opportunités pour des fonctionnements croisés entre les équipes pour travailler ensemble sur des projets significatifs.

32/ Les politiques opérationnelles, règles et procédures ne peuvent en aucun cas faire l'objet d'une quelconque forme de négociation avec les syndicats. Par contre, la recherche des apports techniques des syndicats, comme dans les autres compagnies, doit faire partie des débats collectifs. La sécurité des vols doit être explicitement incluse au meilleur niveau au sein des discussions entre la direction et les syndicats de pilotes.

Pour cela :

– 32a/ un « point » officiel doit être établi pour les discussions à propos de la sécurité opérationnelle entre la direction et les syndicats, à différents niveaux au sein de l'organisation (comités techniques au niveau des services et un comité plus stratégique au niveau de l'entreprise) ;

– 32b/ il doit y avoir deux représentants des syndicats au niveau de l'entreprise, nommés globalement par les syndicats, et pas un représentant par syndicat ;

– 32c/ les représentants des syndicats doivent avoir la connaissance et l'expérience de la sécurité aérienne. Air France doit les encourager et les aider à obtenir cette expertise (c'est-à-dire en leur fournissant la formation) si nécessaire.

33/ Afin de définir et de communiquer les limites entre le comportement acceptable et l'inacceptable et protéger ceux qui rapportent des erreurs ou des lacunes de sécurité, l'encadrement d'Air France ainsi que les syndicats doivent développer et introduire une approche, au sein de tous les aspects des opérations, qui reflétera les meilleurs pratiques de l'industrie aéronautique internationale en suivant les directives de l'OACI comme modèle.

34/ Tous les syndicats d'Air France doivent établir un forum commun pour discuter de façon permanente de la coopération inter-domaines en faveur de la sécurité des vols.

35/ Air France doit développer une relation plus coopérative avec la DGAC. Par exemple, Air France doit promouvoir, encourager et accepter la participation d'inspecteurs de la DGAC dans leurs sessions de partages de données (c'est-à-dire RX2).

Appendice B

Une courte histoire des Pitot d'Air France

Dans sa volonté de transparence sur les affichages de vitesse, qui ont été un point de focalisation de l'enquête sur la catastrophe du vol AF 447, le service des relations publiques de la compagnie a publié ce résumé un peu candide qui remonte à un peu plus de deux décennies. Le grand nombre de fabricants, d'améliorations et de modifications, autant que les intenses discussions entre Air France et Airbus éclairent quelques-uns des défis techniques du système de commandes de vol « Fly-by-Wire » de l'avionneur.

Ici, dans les propres mots naïfs d'Air France, se trouve une observation lumineuse des défis auxquels est confrontée une compagnie aérienne qui tente de résoudre un problème technique qui demeure le sujet d'enquêtes réglementaires internationales.

Chronologie

1988 – Février 2001

À l'origine, tous les Airbus court et moyen-courriers A320 d'Air France et d'Air Inter étaient équipés de tubes Pitot fabriqués par Badin Crouzet, qui deviendra Sextant Avionics puis Thales Avionics.

En 1999, en raison des risques d'ingestion d'eau et d'écarts de vitesse en cas de fortes précipitations et/ou de conditions givrantes, Air France décide, conformément à une recommandation d'Airbus, de remplacer ces sondes par des Thales AA.

Avant même que la recommandation d'Airbus ne devienne obligatoire, le 4 décembre 2001, tous les A320 d'Air France sont équipés de sondes Thales AA le 8 février 2001.

Août 2001

À la suite de fluctuations et/ou d'incohérence des indications de vitesse aérodynamique sur Airbus long-courriers A330 et A340 rapportées par certaines compagnies, la direction générale de l'aviation civile (DGAC) publie une consigne de navigabilité rendant obligatoire un bulletin-service pour imposer le remplacement des sondes Rosemount P/N 0851GR, soit par des sondes Goodrich P/N 0851HL, soit par des sondes Sextant (Thales) P/N C16195-AA. Cette opération doit être terminée avant le 31 décembre 2003.

En effet, les services officiels attribuent ces événements à la présence de cristaux de glace et/ou de quantités d'eau qui excèdent les spécifications des sondes P/N 0851GR fabriquées par la société Rosemount – qui a été rachetée en 1993 par BF Goodrich.

En accord avec la consigne de la DGAC, le modèle Sextant (Thales) P/N C16195-AA (Thales AA), équipant déjà les A320, est installé sur la flotte A340 d'Air France.

À partir de décembre 2001, Air France reçoit ses premiers A330, déjà équipés des sondes Thales AA de façon à n'avoir qu'un type de sonde pour tous les avions Airbus.

Aucun événement de ce type ne sera rapporté sur les A330 et A340 d'Air France jusqu'en mai 2008.

Septembre 2007

Airbus émet des notes techniques (bulletins-service) qui recommandent, sans être obligatoires et hors tout contexte affectant la navigabilité des avions, le remplacement des sondes Thales AA installées sur les flottes A320/A330/A340 par des sondes d'un nouveau modèle Thales P/N C16195-BA (Thales BA).

Il est indiqué que ce modèle améliore la tenue de la sonde en limitant les conséquences d'ingestion d'eau par fortes pluies et en réduisant le risque de givrage.

Après analyse, les équipes techniques d'Air France décident de lancer cette modification sur la flotte d'A320 qui connaît des incidents avec incohérence des indications de vitesse à basse altitude lors de fortes pluies. Elles décident de remplacer les sondes sur A330/A340 par les nouveaux modèles uniquement en cas de panne, ces avions ne connaissant alors pas d'incidents avec incohérence des informations de vitesse.

Mai - Août 2008

Les premiers événements d'incohérence des informations de vitesse sont rapportés sur A340 d'Air France, alors qu'aucune panne de ce genre n'avait été signalée auparavant.

Air France interroge immédiatement Airbus sur leur origine et sur les mesures permettant d'y remédier.

Septembre - Octobre 2008

De nombreux échanges avec les équipes techniques d'Airbus ont lieu alors que deux nouveaux incidents sont enregistrés par la compagnie.

Le constructeur répond que :
- l'origine supposée de ces incidents est une accumulation de cristaux de glace dans les sondes de mesure de vitesse ;
- le nouveau modèle Thales BA n'a pas été conçu pour répondre au problème de givrage et donc ne devrait pas apporter d'amélioration significative au problème ;
- les sondes installées sont conformes et même excèdent les exigences réglementaires en termes de navigabilité et de sécurité des vols.

Novembre 2008

Suite à différentes relances des services techniques d'Air France, Airbus corrige ses notes techniques de septembre 2007. Une révision de ces notes techniques dans une édition en date du 12 novembre 2008 annule la recommandation de septembre 2007. Dès lors, la version révisée de ces notes ne recommande plus l'installation des sondes Thales BA afin de réduire le risque de givrage.

Une réunion entre les directions techniques d'Air France et d'Airbus aborde longuement les incidents d'incohérence des informations de vitesse. Air France demande que soit rapidement apportée une solution. Airbus confirme à nouveau que l'origine de ces incidents est un givrage des sondes, que le modèle Thales BA ne traite pas le sujet et que les sondes installées sont conformes aux exigences de navigabilité et de sécurité des vols.

Air France demande s'il est possible de les remplacer par des sondes Goodrich, sachant que la modification d'un avion déjà équipé de sondes Thales nécessite l'émission préalable par Airbus d'une instruction technique spécifique (émise finalement en août 2009). Airbus enregistre la demande d'Air France et indique vouloir en vérifier la faisabilité.

Février 2009

Devant l'insistance d'Air France pour trouver une solution, des travaux en soufflerie sont finalement menés par Thales et Airbus sur le comportement de la sonde Thales BA.

Mars 2009

Fin mars 2009, deux nouveaux incidents sont enregistrés dont un premier sur A330. Cela porte au total le nombre d'incidents à neuf, dont huit sur A340 et un sur A330. Airbus, à nouveau sollicité à plusieurs reprises par Air France, répond en confirmant la présomption de givrage des sondes et renvoie vers une procédure de maintenance et de vérification des sondes.

Avril 2009

Dans une lettre du 15 avril 2009, Airbus infléchit sa position : la sonde Thales BA n'a pas vocation à répondre au problème de givrage des sondes, mais les tests menés par Thales montrent un comportement nettement meilleur que celui du modèle AA. Compte tenu des limitations des tests en soufflerie, Airbus suggère une expérimentation sur des avions d'Air France pour vérifier si une amélioration est confirmée en situation réelle.

Sans attendre cette expérimentation, Air France décide immédiatement le remplacement des sondes Thales AA par des sondes Thales BA sur l'ensemble de ses Airbus A330 et A340.

Un document technique interne de lancement de la modification est établi par Air France le 27 avril 2009. Les sondes ont été commandées auprès de Thales. Le début de la modification des avions est planifié dès réception des pièces, à raison de plusieurs avions par semaine, à partir du 1er juin 2009.

Mai – Juin 2009

En mai 2009, Air France demande à Thales d'accélérer le calendrier de livraison des sondes. Celles-ci sont livrées à partir du 26 mai 2009. Au 12 juin, tous les Airbus A320, A330 et A340 en exploitation à Air France sont équipés des sondes Thales BA.

Juillet – Août 2009

Une étude menée par Airbus et présentée à l'EASA conduit cette dernière à rendre obligatoire, avant le 7 janvier 2010 (dans une « Airworthiness Directive ») et par principe de précaution, l'installation d'au moins deux sondes Goodrich PN 0851-HL sur toutes les flottes A330 et A340. Conformément à la note technique d'Airbus du 30 juillet 2009, toute la flotte A330 et A340 d'Air France est équipée de ces sondes depuis le 7 août 2009. La modification des avions déjà équipés de sondes Thales est alors rendue possible par l'émission d'un document technique temporaire d'Airbus le 3 août 2009 puis d'un document définitif de modification le 12 août 2009 (bulletin-service 34-3231).

23 septembre 2009

L'EASA a publié une « Airworthiness Directive » (A/D) applicable le 23 septembre 2009, demandant à tous les opérateurs d'Airbus A330/A340 équipés de sondes Pitot Goodrich 0851-HL portant certains numéros de série de procéder à une vérification de celles-ci.

Air France tient à préciser que tous les avions concernés par cette A/D ont déjà fait l'objet de l'inspection demandée, entre le 5 et le 9 septembre 2009. Cette vérification a été effectuée sur la base d'une information technique préalable émise par Airbus.

Remerciements

Nombreux sont les éditeurs à penser que les catastrophes aériennes sont mieux couvertes par les informations télévisées, les quotidiens ou les articles de magazines. Il faut rendre crédit à mon éditeur, Altipresse, ainsi qu'à Jean-Pierre Otelli, également pilote, d'avoir cru que l'histoire de la plus importante campagne de recherche en mer pour un avion disparu et ses 228 passagers méritait d'être racontée en détail principalement par certains des meilleurs experts aéronautiques. La plus importante catastrophe de l'histoire d'Air France est devenue la pièce centrale d'une redéfinition de la sécurité des vols transocéaniques.

Des hommes et femmes ont consacré leur vie aux problèmes du vol et travaillent au cœur d'une industrie très concurrentielle. Alors que les compagnies aériennes et leurs équipages reçoivent l'attention de tous, les agences de régulation, les scientifiques et les fondations qui enquêtent sur les accidents sont rarement salués pour leur remarquable travail. Les journalistes aéronautiques font également preuve de compétence pour couvrir ce domaine complexe et évoluant très rapidement.

N'importe quel livre relatif à un mystérieux accident aérien est une collaboration entre l'auteur et les experts qui se consacrent à comprendre et à résoudre les problèmes ayant conduit à ce tragique événement. J'ai eu la chance, non seulement, de bénéficier de la coopération des autorités, mais également d'obtenir le premier entretien avec Airbus au sujet de l'accident. Beaucoup de pilotes de ligne se sont prononcés sur les causes possibles de cette catastrophe aérienne et j'ai été aussi amené à m'entretenir avec un certain nombre d'instructeurs, d'avocats, d'experts en météorologie, d'ingénieurs et d'hydrologues.

Collectivement, leurs points de vue ont permis à ce livre d'ouvrir les portes d'une histoire qui raconte bien ce que l'aviation commerciale est devenue, et dans quelle direction elle doit aller. Je suis reconnaissant envers les pilotes Hank Austin, Gideon Ewers, Heinz Frühwirth, Francis Nardy, Paul McCarthy et Claudine Oosterlinck. Au sein du BEA, Olivier Ferrante et Martine Del Bono ont été généreux de leur temps. Daniel Holtgen de l'EASA, Ali Bahrami de la FAA et Peter Knudson du NTSB ont répondu à nombre de questions importantes.

Les avocats Daniel Soulez Larivière et Eileen Gleimer ont démythifié les pratiques légales complexes. Arthur Allen, Bruce Carmichael, Scott Kendall, Michael Kutzleb, Walter Strapp et Johan Strumpfer ont attentivement analysé certains des facteurs qui ont pu contribuer à cet accident. J'ai également apprécié l'aide aimable d'Étienne Lichtenberger d'Air France, d'Andrea Boiardi de l'ANSV italienne et de Vincent Dhorne du musée de l'Air et de l'Espace du Bourget. Au sein du SNPL, le syndicat des pilotes d'Air France, les commandants de bord Érick Derivry, Patrick Magisson et leur collègue Carole Arnaud-Battandier sont venus m'apporter leurs lumières sur ce mystère. À Toulouse, chez Airbus, Michel Guérard et ses collègues m'ont apporté une vue d'ensemble pertinente des commandes de vol électriques et de l'A330.

À l'institut océanographique Woods Hole, Mike Purcell, David Gallo et Dick Limeburner m'apportèrent des informations inestimables ainsi que l'opportunité de découvrir *Maryanne* et *Ginger*. Remerciements également à Changseng Chen de l'université du Massachusetts, campus de Dartmouth.

Pierre Sparaco, certainement, le plus reconnu des journalistes aéronautiques français, m'a ouvert de nombreuses portes et partagé d'inestimables points de vue. Je suis également reconnaissant à Bernard Pestel et Michel Groisne de l'IFURTA de m'avoir accueilli lors de leur très complète conférence relative à la sécurité aérienne. Aurélie Pouzerat, traductrice compétente, et Catheline Léoni, qui m'ont assisté sur les questions juridiques soulevées par ce cas, ont apporté également leurs utiles points de vue. Nicola Clark, m'a aussi apporté une aide efficace.

Je suis particulièrement reconnaissant à Tuvia Fogel, de Il Caduceo, qui a cru en l'importance de ce récit et a joué un rôle prépondérant dans la publication de ce livre. J'ai apprécié la diligence de mon ami éditeur Richard Harris et de sa relectrice Megan Trank, qui furent des partenaires essentiels pour ce projet. Mon épouse, Martha Ferribi, est responsable d'une bibliothèque et dispose d'un solide sens de l'humour. Elle et son équipe, à la bibliothèque publique d'Hackley, furent assez aimables pour ne pas fuir chaque fois que j'arrivais avec une nouvelle série de recherches.

Finalement, je souhaite remercier mon père, Dan Rapoport. En tant qu'ingénieur, directeur de l'usine de céramique de Misco – la compagnie de Détroit qui allait devenir Howmet, la filiale d'Alcoa produisant les parties chaudes, comme les pales des compresseurs, de réacteurs pour le monde entier –, il a participé au monde aéronautique pendant plus de trente-cinq ans. Bien que nous n'en ayons pas beaucoup parlé ensemble, son nom est associé à l'un des brevets les plus importants de la compagnie. J'ai toujours un souvenir fort du jour où il est rentré à la maison en 1957 pour annoncer que les jets de ligne volant avec des pièces Misco avaient réduit le temps de vol entre New York et Los Angeles à tout juste cinq heures.

Il s'est intensément intéressé à ce livre et nous avons eu de nombreuses et très longues conversations à propos des différentes théories relatives à cette catastrophe. Bien que ce ne soit pas un sujet de réjouissance, nous avons, tous deux, partagé la peine des familles des victimes. Si des leçons doivent être retenues de cette tragédie, qu'elles puissent mener à des améliorations permettant au monde aéronautique d'éviter que survienne à nouveau de tels drames ! C'est un objectif noble et digne qui vaut tous les efforts d'un travail d'équipe international tel que celui réalisé pour ce livre.

Roger Rapoport

Muskegon, Michigan

Juin 2010

Editions Altipresse

Collection Histoires authentiques

Erreurs de pilotage

par Jean-Pierre Otelli

Erreurs de pilotage, 1, 2, 3, 4 : 22 €

Erreurs de pilotage 5 : 24 €

L'être humain est faillible. Il commet des erreurs, y compris cet être un peu mythique qu'est le pilote d'avion. Et dans ce cas, la sanction de l'erreur est parfois dramatique.

Les récits rassemblés dans les cinq volumes de la série "**Erreurs de pilotage**" le prouvent.

Autant de raisons pour que des leçons soient tirées de ces évènements, afin qu'ils ne se reproduisent pas.

Chaque récit fera naître des frissons dans le dos du lecteur en même temps qu'il stimulera son imagination et son intelligence.

Bonne lecture

Consulter notre site

www.altipresse.com

retrouvez-nous aussi

sur facebook et twitter

Editions Altipresse
le magazine

J'aime PILOTER et... je m'abonne !

Tarifs inchangés depuis 4 ans. La revue directement chez vous tous les deux mois !

Et pour l'information au quotidien, pour les bonus vidéo, le blog du magazine www.pilotermag.com

Bimestriel - 100 pages - 7,50 €
Abonnement 39 € pour 6 numéros,
soit 6,50 € le numéro

Abonnement, sommaires et achat d'anciens numéros en ligne

Consulter notre site

www.altipresse.com

retrouvez-nous aussi
sur facebook et twitter

Editions Altipresse

Collection Histoires authentiques

As de légende

par Antony Angrand

Même les grands noms de l'histoire aéronautique, que nous croyons pourtant connaître, recèlent encore bien des secrets.

Héros de la Seconde Guerre mondiale, défricheurs des domaines inconnus du vol, pilotes d'essais, tous ont vécu des aventures qui valent d'être relatées.

C'est ce à quoi s'attache Antony Angrand dans **"As de légende"**, qui nous enmène sur les ailes ou dans le cockpit de celles et ceux dont le ciel fut, ou est encore, le champ d'actions préféré.

Bonne lecture

22 €

Consulter notre site

www.altipresse.com

retrouvez-nous aussi

sur facebook et twitter

Sommaire

Dans la collection
HISTOIRES AUTHENTIQUES
aux Éditions Altipresse

Jean-Pierre OTELLI
CATASTROPHES AÉRIENNES *Les passagers ont le droit de savoir...*
LES MIRACULÉS DU CIEL *Histoires de survies extraordinaires...*
LE SECRET DES BOÎTES NOIRES *Enregistrements avant le crash...*
GANGSTERS DU CIEL *Histoires authentiques de pirateries*
POURQUOI ILS SONT TOMBÉS *Les faits... la vérité*
LES FOUS DU CIEL *Ce qui s'est vraiment passé dans les avions*
ERREURS DE PILOTAGE *Ces accidents qu'on aurait pu éviter*
ERREURS DE PILOTAGE vol. n°2, vol. n°3, vol. n°4 et vol. n°5
PASSAGERS INCONTRÔLABLES vol. n°1 et vol. n°2
PILOTES DANS LA TOURMENTE *Secret Défense*
CANADAIR *Ces héros qui nous protègent*
CHARTERS *Pour ne plus voyager en mauvaises compagnies*
PILOTE D'HELCOPTERE
CARNETS DE VOLS *Album avec dessins de* **François BOUSSEAU**
URGENCES À BORD *Album avec dessins de* **François BOUSSEAU**
CE JOUR-LÀ *Album avec dessins de* **François BOUSSEAU**

Germain CHAMBOST et Jean-Pierre MITHOIS
PILOTES *Histoires d'aviation*

Germain CHAMBOST
MISSIONS DE GUERRE
PILOTES D'ESSAIS
LE CIEL SOUS CONTRÔLE

Frédéric LERT
PILOTES EN AFGHANISTAN

Bernard THOUANEL
AVENTURES DANS LE CIEL

Michael DURANT et Steven HARTOV
PILOTES EN MISSIONS SECRÈTES

Pappy BOYINGTON
TÊTE BRULÉE, *ma véritable histoire*

Antony **ANGRAND**
AS DE LÉGENDE, vol. n°1, vol. n°2 et vol. n°3

Lutz WARSITZ
PREMIER PILOTE DE JET

Frédéric ZUMBIEHL
PILOTES DE L'AÉRONAVALE
PILOTES DE CHASSE
PILOTES DE L'EXTRÊME

Neil Williams
J'AI EU 9 VIES !

Eugene CERNAN et Don DAVIS
J'AI ÉTÉ LE DERNIER HOMME SUR LA LUNE

William PROCHNAU et Laura PARKER
(préface de J.-P. Otelli)
MIRACLE SUR L'HUDSON *Le témoignage des rescapés*

Dans la collection
ALTIPOLAR
aux Éditions Altipresse

Jean-Pierre OTELLI
OMEGA POINT

Dans la collection
L'HISTOIRE DANS L'HISTOIRE
aux Éditions Altipresse

François BESSE
HIROSHIMA

Anne-Marie MONMMESSIN
FEMME À SA TOILETTE *beauté et soins du corps à travers les âges*
FEMMES CRIMINELLES ? *Coupables hier... Innocentes aujourd'hui*

Achevé d'imprimer en novembre 2011 sur rotative offset Variquik
par l'Imprimerie Sagim à Courtry (Seine et Marne).

Dépôt légal : novembre 2011
N° d'impression : 12637

Imprimé en France

L'imprimerie Sagim est titulaire de la marque
Imprim'vert® depuis 2004